Die Einführung des WTO-weiten Erschöpfungsgrundsatzes in das Markenrecht der EU und der USA

Frankfurter wirtschaftsrechtliche Studien

Herausgegeben von
Theodor Baums, Friedrich Kübler, Hans-Joachim Mertens,
Eckard Rehbinder, Gunther Teubner

Band 45

PETER LANG
Frankfurt am Main · Berlin · Bern · Bruxelles · New York · Oxford · Wien

Michaela G. Döbler

Die Einführung des WTO-weiten Erschöpfungsgrundsatzes in das Markenrecht der EU und der USA

PETER LANG
Europäischer Verlag der Wissenschaften

Die Deutsche Bibliothek - CIP-Einheitsaufnahme

Döbler, Michaela G.:

Die Einführung des WTO-weiten Erschöpfungsgrundsatzes in das Markenrecht der EU und der USA / Michaela G. Döbler. - Frankfurt am Main ; Berlin ; Bern ; Bruxelles ; New York ; Oxford ; Wien : Lang, 2002
(Frankfurter wirtschaftsrechtliche Studien ; Bd. 45)
Zugl.: Frankfurt (Main), Univ., Diss., 2001
ISBN 3-631-39093-9

D 30
ISSN 0723-0427
ISBN 3-631-39093-9

www.peterlang.de

Vorwort

Die Erschöpfungslehre der gewerblichen Schutzrechte ist eine seit der vorletzten Jahrhundertwende vieldiskutierte und heftig umstrittene Materie. Trotz zahlloser Diskussionsansätze und Klärungsversuche hat das Thema bis heute, insbesondere im Markenrecht, nicht an Aktualität verloren, wie das im November 2001 vom EuGH entschiedene Urteil in Sachen Davidoff, Levi Strauss / Tesco, Costco zeigt.

Die Debatte um die Reichweite der Erschöpfung ist im Markenrecht typischerweise getrieben von den wirtschaftlichen Interessen der Markeninhaber, Parallelimporteure und Verbraucher. Wirtschaftliche und rechtliche Aspekte sind stark verquickt und fordern nach einer interdisziplinären Lösung, die im Zeitalter der Globalisierung nur im internationalen Rahmen gesucht werden kann. Die Arbeit untersucht sowohl die rechtlichen als auch handelspolitischen Hintergründe der Erschöpfungsregimes der EU und der USA. Das vorgeschlagene Konzept der Einführung der WTO-weiten Erschöpfung in das Markenrecht der EU und der USA verfolgt Gesichtspunkte der Praktikabilität und Wirtschaftlichkeit und weist daher rechtspolitische Züge auf, die den dogmatischen Charakter der Prüfung des WTO-Rechts ergänzt.

Anlass dieser Untersuchung war die Silhouette-Rechtsprechung des EuGH aus dem Jahre 1998. Sie ist berechtigterweise auf starke Kritik in der Literatur gestoßen und belebte erneut die Diskussion um die alte Streitfrage, inwieweit der Ausschluss von Parallelhandel aus Drittstaaten für Europa und seine Handelspartner rechts- und handelspolitisch wünschenwert sei. Die Arbeit berücksichtigt die Rechtslage bis November 2001.

Danken möchte ich meinem Erstgutachter Herrn Prof. Dr. H.-J. Mertens für seine Unterstützung, der Rechtsanwaltskanzlei Gleiss Lutz Hootz Hirsch für die Förderung meiner Forschung in den USA im Rahmen des Alfred-Gleiss-Stipendiums, der Hessischen Landesgraduiertenförderung für die Abschlussförderung meiner Arbeit sowie Patrick und meinem Eltern für ihre liebevolle Anteilnahme.

Inhaltsverzeichnis

Literaturverzeichnis

Adams, John N.: Trade Marks Law: Time to Re-examine Basic Principles?, 12 European Intellectual Property Review (1990), 39 ff.

Albert, Florian/ *Heath*, Christopher: Anmerkung zu dem BGH Urteil "Gefärbte Jeans", GRUR Int. 1996, 275 ff., zit.: (Gefärbte Jeans)

Albert, Florian/ *Heath*, Christopher: Dyed But Not Exhausted – Parallel Imports and Trade Marks in Germany, 28 IIC 1997, 24 ff., (zit.: Exhausted)

Albert, Florian/ *Heath*, Christopher: Markenrecht und Paralleleinfuhr, GRUR Int. 1998, 642 ff., (zit.: Paralleleinfuhr)

Amador, Vicente B.: The Philippines Finds New Answer to Parallel Imports, IP Worldwide, March/ April 1997

Ammon, Gerhard: Voraussetzungen und Folgen regionaler Integration in Amerika, dargestellt am Beispiel von NAFTA und MERCOSUR, Nürnberg 1998

Andrade, Richard M.: The Parallel Importation of Unauthorized Genuine Goods: Analysis and Observations of the Gray Market, 14 University of Pensylvania Journal of International Business Law (1993), 409 ff.

Arnold, Gabriela: Sollen Parallelimporte von Arzneimitteln zugelassen werden?, Basel, Schweiz 2000

Atwood, John: Import Restrictions on Trademarked Merchandise – The Role of the United States Bureau of Customs, 59 The Trademark Reporter (1969), 301 ff.

Awuku, Emmanuel Opoku: How do the Results of the Uruguay Round Affect the North-South Trade?, 28 Journal of World Trade (1994), 75 ff.

Bail, Christoph: Geistiges Eigentum in der Uruguay-Runde des GATT – Generelle Aspekte, in: Hilf, Meinhard/ Oehler, Wolfgang (Hrsg.), Der Schutz des geistigen Eigentums in Europa, S. 139 ff, Baden-Baden 1991

Ballreich, Hans: Enthält das GATT den Weg aus dem Dilemma der steckengebliebenen PVÜ-Revision?, GRUR Int. 1987, 747 ff. (zit.: PVÜ-Revision)

Ballreich, Hans: Ist "Gegenseitigkeit" ein für die Pariser Verbandsübereinkunft maßgebliches Völkerrechtsprinzip?, GRUR Int. 1983, 470 ff. (zit.: Gegenseitigkeit)

Baudenbacher, Carl: Between Homogeneity and Independence: The Legal Position of the EFTA Court in the European Economic Area, 3 Columbia Journal of European Law (1997), 169 ff., (zit.: Homogeneity)

Baudenbacher, Carl: Trademark Law and Parallel Imports in a Globalized World – Recent Developments in Europe with Special Regard to the Legal Situation in the United States, 22 Fordham International Law Journal (1999), 645 ff., (zit.: Parallel Imports)

Baudenbacher, Carl/ *Joller*, Gallus: Bundesgericht erlaubt Parallelimporte, SZW 1997, 91 ff.

Beckmann, Roland Michael: Die Reichweite des Erschöpfungsgrundsatzes nach neuem Markenrecht, GRUR Int. 1998, 836 ff.

Beier, Friedrich-Karl: Anmerkung zum Urteil des BGH „Maja“, GRUR Int. 1964, 205 ff., (zit.: Maja)

Beier, Friedrich-Karl: Gewerblicher Rechtsschutz und freier Warenverkehr im europäischen Binnenmarkt und im Verkehr mit Drittstaaten, GRUR Int. 1989, 603 ff., (zit.: Gewerblicher Rechtsschutz)

Beier, Friedrich-Karl: Grenzen der Erschöpfungslehre im Markenrecht, GRUR Int. 1978, 263 ff., (zit.: Erschöpfungslehre)

Beier, Friedrich-Karl: Grundsätze zur Beurteilung der Verwechslungsgefahr in den USA, GRUR Int. 1991, 92 ff, (zit.: Verwechslungsgefahr)

Beier, Friedrich-Karl: Industrial Property and the Free Movement of Goods in the Internal European Market, 21 IIC (1990), 131 ff. (zit.: Industrial Property)

Beier, Friedrich-Karl: Objektive oder subjektive Marktabschottung?, in: Jürgen Baur et al (Hrsg.), Festschrift für Ralf Vieregge zum 70. Geburtstag, S. 43 ff., Berlin 1995, (zit.: FS Vieregge)

Beier, Friedrich-Karl: Territorialität des Markenrechts und internationaler Wirtschaftsverkehr, GRUR Int. 1968, 8 ff., (zit.: Territorialität)

Beier, Friedrich-Karl: Trademark Conflicts in the Common Market: Can They Be Solved by Means of Distinguishing Additions, 9 IIC (1978), 221 ff., (zit.: Additions)

Beier, Friedrich-Karl: Zur Zulässigkeit von Parallelimporten patentierter Erzeugnisse, GRUR Int. 1996, 1 ff., (zit.: Erzeugnisse)

Beier, Friedrich-Karl/ Krieger, Ulrich: Wirtschaftliche Bedeutung, Funktionen und Zweck der Marke, GRUR Int. 1976, 125 ff.

Beier, Friedrich-Karl/ *v. Mühlendahl*, Alexander: Der Grundsatz der internationalen Erschöpfung des Markenrechts in den Mitgliedstaaten der EG und ausgewählten Drittstaaten, Mitt. 1980, 101 ff.

Bercovitz, Alberto: Copyright and Related Rights, in: Correa, Carlos M./ Yusuf, Abdulqavi A. (Hrsg.), Intellectual Property and International Trade: The TRIPS Agreement, 1998, S. 145 ff.

Bereskin, Daniel R.: A Comparison of the Trademark Provisions of NAFTA and TRIPs, 83 The Trademark Reporter (1993), 1 ff., (zit.: NAFTA)

Bereskin, Daniel R.: The Canada - United States Free Trade Agreement: Are Trademarks a Barrier to Free Trade?, 80 The Trademark Reporter (1990), 272 ff., (zit.: Barrier)

Berlit, Wolfgang: Markenrechtliche und europarechtliche Grenzen des Markenschutzes, GRUR 1998, 423 ff.

Beußel, Reiner: Die Grenzbeschlagnahme von Parallelimporten, GRUR 2000, 188 ff.

Bicks, Robert A.: Antitrust and Trademark Protection Concepts in the Imports Field, 49 The Trademark Reporter (1959), 1255 ff.

Bieri-Gut, Marianne: Parallelimport und Immaterialgüterrechte nach schweizerischen Spezialgesetzen und dem Recht der EU, AJP 1996, 559 ff.

Blanchet, Thérèse/ *Piipponen*, Risto/ *Westman-Clément*, Maria: The Agreement in the European Economic Area, Oxford, UK 1994

Blakeney, Michael: Trade Related Aspects of Intellectual Property Rights: A Concise Guide to the TRIPs Agreement, London, UK 1996

Bleckmann, Albert: Der gemischte Vertrag im Europarecht, EuR 1976, 301 ff.

Bodenhausen, Georg H. C.: Pariser Verbandsübereinkunft zum Schutz des gewerblichen Eigentums, Kommentar, München 1971

Bodewig, Theo: On the Misuse of Intellectual Property Rights, in: Albach, Horst/ Rosenkranz, Stefanie (Hrsg.), Intellectual Property Rights and Global Competition, S. 231 ff., Berlin 1995

v. Bogdandy, Armin: Eine Ordnung für das GATT, RIW 1991, 55 ff., (zit.: GATT-Ordnung)

v. Bogdandy, Armin: Internationaler Handel und nationaler Umweltschutz: Eine Abgrenzung im Lichte des GATT, EuZW 1992, 243 ff.,(zit.: Internationaler Handel)

Bohrer, Andreas: Kennzeichenrechte und freier Warenverkehr im GATT, SMI 1994, 151 ff.

Bollinger, Erwin: Die Regelung der Parallelimporte im Recht der WTO, sic! 1998, 541 ff.

Brand, Ronald A.: Private Parties and GATT Dispute Settlement Resolution: Implications of the Panel Report on Section 337 of the US Tariff Act of 1930, 24 Journal of World Trade (1990), Issue 3, 5 ff.

Brandi-Dohrn, Matthias: Durchsetzung von Rechten des geistigen Eigentums - Verletzung und Haftung bei Patenten, GRUR Int. 1997, 122 ff.

Braun, Gerald: NAFTA und EU: Konflikt oder Kooperation?, Rostock 1996

Briner, Robert G.: Parallelimporte, in: Rehbinder, Manfred (Hrsg.), Marke und Marketing, S. 235 ff., Bern, Schweiz 1990

Bronckers, Marco C. E. J.: The Impact of TRIPS: Intellectual Property Protection in Developing Countries, 31 Common Market Law Review (1994), 1245 ff.
Brown, Jeremy R. C.: Parallel Imports, Exhaustion of Rights in EU, 32 Les Nouvelles (1997), 49 ff., (zit.: Imports)
Brown, Richard Nicholas: The Little Recognized Connection Between Intellectual Property and Economic Development in Latin America, 22 IIC (1991), 348 ff., (zit.: Connection)
Buck, Petra: Geistiges Eigentum und Völkerrecht, Berlin 1994
Burchfiel, Kenneth: Die wichtigsten Bestimmungen über das geistige Eigentum des Omnibus Trade and Competitiveness Act von 1988, GRUR Int. 1990, 179 ff.
Charnovitz, Steve: Exploring the Environmental Exceptions in GATT Article XX, 25 Journal of World Trade (1991), Issue 5, 37 ff.
Chrocziel, Peter: Einführung in den Gewerblichen Rechtsschutz und das Urheberrecht, München 1995
Coggio, Brian D./ *Antler*, Adriane M.: The Utilization of United States Patents to Prevent the Importation and Sale of Gray Goods, 83 The Trademark Reporter (1993), 481 ff.
Cohen Jehoram, Herman: International Exhaustion versus Importation Right: A Murky Area of Intellectual Property Law, GRUR Int. 1996, 280 ff.
Cohen, Laurence J./ *Cooke*, Adam N.: How Trademarks and Other Rights May Be Used to Limit Parallel Imports in Europe, 81 The Trademark Reporter (1991), 371 ff.
Cornish, William R.: Trade Marks: Portcullis for the EEA, 20 European Intellectual Property Review (1998), 172 ff.
Correa, Carlos M.: Layout Designs of Integrated Corcuits, in: Correa, Carlos M./ Yusuf, Abdulqavi A., Intellectual Property and International Trade, The TRIPS Agreement, S. 223 ff.
Cottier, Thomas: Das Abkommen über handelsbezogene Aspekte der Rechte an geistigem Eigentum (TRIPS), in: Thürer, Daniel/ Kux, Stephan (Hrsg.), GATT 94 und die Welthandelsorganisation, S. 193 ff., Baden-Baden 1996, (zit.: TRIPs)
Cottier, Thomas: Das Problem der Parallelimporte im Freihandelsabkommen Schweiz-EG und im Recht der WTO-GATT, SMI 1995, 37 ff., (zit.: Parallelimporte)
Cottier, Thomas: Der Schutz des geistigen Eigentums im Europäischen Wirtschaftsraum: eine Übersicht (Art. 65 § 2 EWR-A), in: Jacot-Guillarmod, Olivier (Hrsg.), EWR-Abkommen, S. 411 ff., Zürich, Schweiz 1992, (zit.: EWR)

Cottier, Thomas: Implications Of WTO Law Issues, 33 Les Nouvelles (1998), 152 ff., (zit.: Implications)

Cottier, Thomas: The Prospects for Intellectual Property in GATT, 28 Common Market Law Review (1991), 383 ff., (zit.: Prospects)

Cottier, Thomas: The Role of Intellectual Property in International Trade and Policy, SMI 1992, 11 ff., (zit.: Intellectual Property)

Cottier, Thomas/ *Stucki*, Marc: Parallelimporte im Patent-, Urheber- und Muster- und Modellrecht aus europarechtlicher und völkerrechtlicher Sicht, in: Dutoit, Bernard (Hrsg.), Conflit entre importations parallèles et propriété intellectuelle?, S. 29 ff., Genf, Schweiz 1996

Dam, Kenneth W.: Trademarks, Price Discrimination and the Bureau of Customs, 57 The Trademark Reporter (1967), 14 ff.

David, Lucas: Das neue Markenschutzgesetz: Änderungen aus der Sicht des Praktikers, SJZ 1993, 109 ff.

Derenberg, Walter: Markenrechtliche Probleme des Einfuhrhandels, GRUR Int. 1960, 593 ff., (zit.: Einfuhrhandel)

Derenberg, Walter: Territorial Scope and Situs of Trademarks and Good Will, 47 Virginia Law Review (1961), 733 ff., (zit.: Goodwill)

Dhanjee, Rajan/ *Boisson de Chazournes*, Laurence: Trade Related Aspects of Intellectual Property Rights (TRIPS): Objectives, Approches and Basic Principles of the GATT and of Intellectual Property Conventions, 24 Journal of World Trade (1990), Issue 5, S. 5 ff.

Donnelly, Darren E.: Parallel Trade and International Harmonization of the Exhaustion of Rights Doctrine, 13 Santa Clara Computer and High Technology Law Journal (1997), 445 ff.

Dreier, Thomas: TRIPS und die Durchsetzung von Rechten des geistigen Eigentums, GRUR Int. 1996, 205 ff.

Drexl, Josef: Nach "GATT und WIPO": Das TRIPs-Abkommen und seine Anwendung in der Europäischen Gemeinschaft, GRUR Int. 1994, 777 ff.

Dugan, Elin: United States of America, Home of the Cheap and the Gray: A Comparison of Recent Court Decisions Affecting the U.S. and European Gray Market, 33 George Washington International Law Review (2001), 397 ff.

Ebenroth, Carsten Thomas: Gewerblicher Rechtsschutz und europäische Warenverkehrsfreiheit, Heidelberg 1992, (zit.: Gewerblicher Rechtsschutz)

Ebenroth, Carsten Thomas: Neue Ansätze zur Warenverkehrsfreiheit im Binnenmarkt der Europäischen Union, in: Willi Erdmann et al (Hrsg.), Festschrift für Piper zum 65. Geburtstag, S. 133 ff., München 1996, (zit.: FS Piper)

Ebenroth, Carsten Thomas: Visionen für das internationale Wirtschaftrecht, RIW 1995, 1 ff., (zit.: Wirtschaftsrecht)

Egli, Patricia/ *Kokott*, Juliane: International Decision: Sebago Inc. and Ancienne Maison Dubois & Fils SA v. GB-Unic SA. Case C-173-98, 94 American Journal of International Law (2000), 386 ff.

Emmerich, Volker: Die gewerblichen Schutzrechte im Gemeinsamen Markt, DB 1972, 1275 ff.

Evans, Gail E.: Intellectual Property as a Trade Issue – The Making of the Agreement on Trade-Related Aspects of Intellectual Property Rights, 18 World Competition (1994), 137 ff.

Fath, William C.: How to Develop and Manage Successful Distributor Channels in World Markets, New York, USA 1995

Feingold, Stephen: High set to Revisit Gray Market Goods Issue, 12 The Corporate Counselor (1997), 3 ff.

Fezer, Karl-Heinz: Das Markenrecht im Aufwind des europäischen Binnenmarktes, in: Wild, Gisela/ Schulte- Franzheim, Ine-Marie/ Lorenz-Wolf, Monika (Hrsg.), Festschrift für Alfred-Carl Gaedertz zum 70. Geburtstag, S. 153 ff., München 1992, (zit.: FS Gaedertz)

Fezer, Karl-Heinz: Grundprinzipien und Entwicklungslinien im europäischen und internationalen Markenrecht, WRP 1998, 1 ff., (zit.: Grundprinzipien)

Fezer, Karl-Heinz: Markenrecht, Kommentar zum Markengesetz, zur Pariser Verbandsübereinkunft und zum Madrider Markenabkommen, 2. Auflage, München 1999, (zit.: Markenrecht)

Fikentscher, Wolfgang: GATT Principles and Intellectual Property Protection, in: Beier, Friedrich-Karl, Schricker, Gerhard (Hrsg.), GATT or WIPO? New Ways in the International Protection of Intellectual Property, S. 99 ff., Weinheim 1989

Flaherty, James J.: Trademarks and the Common Control Exception: A Study in Confusion: Lever Bros. Co. v. United States, 9 Connecticut Journal of International Law (1994), 325 ff.

Fogel, Richard A.: Gray Market Goods and Modern International Commerce: A Question of Free Trade, 10 Fordham International Law Journal (1986), 308 ff.

Franzosi, Mario: Grey Market – Parallel Importation as a Trademark Violation or an Act of Unfair Competition, 21 IIC (1990), 194 ff.

Franzosi, Mario/ *de Sanctis*, Guistino: Are National IP Rights Becoming Obsolete?, IP Worldwide, May/ June 1996

Frenkel, Michael/ *Bender*, Dieter: GATT und die neue Welthandelsordnung, Wiesbaden 1996

Friedman, Lawrence M.: Business and Legal Strategies for Combating Grey-Market Imports, 32 The International Lawyer (1998), 27 ff.
Fritze, Ulrich: Durchsetzung von Rechten des geistigen Eigentums – Verfahren und Sanktionen bei einer Verletzung von Patenten und Marken (TRIPS und das deutsche Recht), GRUR Int. 1997, 143 ff.
Faupel, Rainer: GATT und geistiges Eigentum, Ein Zwischenbericht zu Beginn der entscheidenden Verhandlungsrunde, GRUR Int. 1990, 255 ff.
Gantz, David A.: A Post-Uruguay Round Introduction to International Trade Law in the United States, 12 Arizona Journal of International Trade (1995), 7 ff.
GATT Sekretariat: The Results of the Uruguay Round of Multilateral Trade Negotiations: The Legal Text, Genf, Schweiz 1994
Geiger, Rudolf: EUV/ EGV, Kommentar, 3. Auflage, München 2000
Geller, Paul Edward: Geistiges Eigentum auf dem Weltmarkt: Welche Bedeutung hat die Streitbeilegung nach TRIPS?, GRUR Int. 1995, 935 ff.
Gervais, Daniel: The TRIPS-Agreement: Drafting History and Analysis, London, UK 1998
Gey-Ritter, Katja: Internationalrechtliche und europarechtliche Aspekte des liechtensteinischen Immaterialgüterrechts – mit besonderer Berücksichtigung des Markenrechts und seiner Erschöpfung, Schaan 1999
Gielen, Charles: EC Ponders Radical Change in Exhaustion of Trademark Rights, IP Worldwide, July/ August 1996
Gilbert, Scott D./ *Ludwig*, Eugene A./ *Fortine*, Carol A.: Federal Trademark Law and the Gray Market: The Need for a Cohesive Policy, 18 Law and Policy in International Business (1986), 103 ff.
Gladwell, David: The Exhaustion of Intellectual Property Rights, 8 European Intellectual Property Review (1986), 366 ff.
Gonzalez, George Y.: An Analysis of the Legal Implications of the Intellectual Property Provisions of the North American Trade Agreement, 34 Harvard International Law Journal (1993), 305 ff.
Gorelick, Jamie S./ *Little*, Rory K.: The Case for Parallel Importation, 11 North Caroline Journal of International Law and Commercial Regulation (1986), 205 ff.
Gosh, Shubha: An Economic Analysis of the Common Control Exception to Gray Market Exclusion, 15 University of Pensylvania Journal of International Business Law (1994), 373 ff.
Grabitz, Eberhard/ *Hilf*, Meinhard: Das Recht der Europäischen Union, Kommentar, 15. Ergänzungslieferung, München 2000

Von der Groeben, Hans/ *Thiesing*, Jochen/ *Ehlermann*, Claus-Dieter: Kommentar zum EU-/EG-Vertrag, Band 3, Art. 102a-136 a EGV, 5. Auflage, Baden-Baden 1999

Haedicke, Maximilian: Schutzrechtsverletzende Importe in die USA, Das Verfahren nach "Section 337" und TRIPS, GRUR Int. 1999, 497 ff., (zit.: Importe)

Haedicke, Maximilian: Urheberrecht und die Handelspolitik der Vereinigten Staaten von Amerika, München 1996, (zit.: Urheberrecht und Handelspolitik)

Hahm, Heon: Gray Market Goods: Has a Resolution been Found?, 81 The Trademark Reporter (1991), 58 ff.

Haq, Arif S.: Martin's Herend Imports, Inc. v. Diamond & Gem Trading USA, Co.: Gray Market Goods; Reason Makes a Run for the Border, 23 North Carolina Journal of International Law and Commercial Regulation (1998), 381 ff.

Harte-Bavendamm, Henning/ *Scheller*, Eva: Die Auswirkungen der Markenrechtsrichtlinie auf die Lehre von der internationalen Erschöpfung, WRP 1994, 571 ff.

Hausen, Christof H.: Das grundsätzliche Verhältnis der Rechtsprechung von EuGH und EFTA-Gerichtshof, RIW 1998, 842 ff.

Hauser, Heinz/ *Schanz*, Kai-Uwe: Das neue GATT, 2. Auflage, München 1995

Hays, Thomas: The Silhouette case: The European Union moves to the Highest common Denominator on the Gray Market Question, 88 The Trademark Reporter (1998), 234 ff.

Heald, Paul: Trademarks and Geographical Indications: Exploring the Contours of the TRIPs Agreement, 29 Vanderbilt Journal of Transnational Law (1996), 635 ff.

Heath, Christopher: From "Parker" to "BBS" – The Treatment of Parallel Imports in Japan, 24 IIC (1993), 179 ff., (zit.: Parker)

Heath, Christopher: Zur Paralleleinfuhr patentierter Erzeugnisse, RIW 1997, 541 ff., (zit.: Paralleleinfuhr)

Hiebert, Timothy H.: Foundations of the Law of Parallel Importation: Duality and Universality in Nineteenth Century Law, London, UK 1990, (zit.: 19th Century Law)

Hiebert, Timothy H.: Parallel Importation in the U.S. Trademark Law, Westport, USA 1994, (zit.: Parallel Importation)

Hilke, John C.: Free Trading or Free Riding: An Examination of the Theories and Available Empirical Evidence on Gray Market Imports, 12 World Competition, (1988), 75 ff.

Hilpert, Hanns Günther: TRIPS und das Interesse der Entwicklungsländer am Schutz von Immaterialgüterrechten in ökonomischer Sicht, GRUR Int. 1998, 91 ff.

Hörner, Thomas: Schicksale ursprungsgleicher Warenzeichen dargestellt am EG-Recht, Hamburg 1994

Hoth, Jürgen: Territoriale Grenzen des Schutzbereichs von Warenbezeichnungen, GRUR 1968, 64 ff.

Hughes, James D.: Japan's Supreme Court Affirms Legality of Most Parallel Imports, IP Worldwide Nov./ Dec. 1997, 5 ff.

Ingerl, Reinhard/ *Rohnke*, Christian: Die Umsetzung der Markenrechts-Richtlinie durch das deutsche Markengesetz, NJW 1994, 1247 ff., (zit.: Umsetzung)

Ingerl, Reinhard/ *Rohnke*, Christian: Gesetz über den Schutz von Marken und sonstigen Kennzeichen, Kommentar, München 1998, (zit.: Markengesetz)

Inman, James E.: Gray Marketing of Imported Trademarked Goods: Tariffs and Trademark Issues, 31 American Business Law Journal (1993), 59 ff.

Jackson, John H.: Restructuring the GATT System, New York, USA 1990, (zit.: GATT)

Jackson, John H.: The Jurisprudence of GATT and the WTO, Cambridge, UK 2000, (zit.: Jurisprudence)

Jackson, John H.: The World Trading System, 2. Auflage, London, UK 1997, (zit.: System)

Joliet, René: Markenrecht und freier Warenverkehr: Abkehr von Hag I, GRUR Int. 1991, 177 ff.

Joller, Gallus: Anmerkung zum Urteil des EFTA-GH "Maglite", GRUR Int. 1998, 311 ff., (zit.: Maglite)

Joller, Gallus: Zur territorialen Reichweite des Erschöpfungsgrundsatzes im Markenrecht, GRUR Int. 1998, 751 ff., (zit.: Erschöpfungsgrundsatz)

Joos, Ulrich: Die Erschöpfungslehre im Urheberrecht, München 1991

Karl, Joachim: Zur Multilateralisierung bilateraler Abkommen in der Europäischen Gemeinschaft, EuZW 1991, 363 ff.

Kasto, Jalil: The Functions and Future of the World Trade Organization – International Trade law between GATT and WTO, Kingston, UK 1996

Katzenberger, Paul: TRIPS und das Urheberrecht, GRUR Int. 1995, 447 ff.

Katzenberger, Paul/ Kur, Annette: TRIPs and Intellectual Property, in: Beier, Friedrich-Karl/ Schricker, Gerhard (Hrsg.), From GATT to TRIPs – The Agreement on Trade-Related Aspects of Intellectual Property Rights, S. 1 ff., Weinheim 1996

Kelly, Richard B.: An Overview of the Influx of Gray Market Goods Into the United States, 11 North Carolina Journal of International Law and Commercial Regulation (1986), 231 ff.

Kenny, Patrick/ *McNutt*, Patrick: Competition, Parallel Imports & Trademark Exhaustion: Two Wrongs from a Trademark Right, Competition Authority Discussion Paper Nr. 8, Dezember 1999, <http://www.irlgov.ie/compauth/dis_doc8.htm>

Kent, Christopher: NAFTA, TRIPs Affect IP, 28 Les Nouvelles (1993), 176 ff.

Kersner, Steven P./ *Stein*, Donald S.: Judical Construction of Section 526 and the Importation of Gray Market Goods: From Total Exclusion to Unimpeded Entry, 11 North Carolina Journal of International Law and Commercial Regulation (1986), 251 ff.

Klaka, Rainer: Erschöpfung und Verwirkung im Lichte des Markenrechtsreformgesetzes, GRUR 1994, 321 ff., (zit.: Markenrechtsreformgesetz)

Klaka, Rainer: Markenrechtliche Erschöpfungslehre im neuen Licht (gestern – heute – morgen), in: Loewenheim, Ulrich et al (Hrsg.), Festschrift für Fritz Traub zum 65. Geburtstag, S. 173 ff., Frankfurt/ M. 1994, (zit.: FS Traub)

Klauer, Irene: Die Europäisierung des Privatrechts – Der EuGH als Zivilrichter, St. Gallen, Schweiz 1997

Knaak, Roland: Anmerkung zum Urteil des Schweizerischen Bundesgerichts „Chanel", GRUR Int. 1998, 526 ff.

Knoll, Michael S.: Gray Market Imports: Causes, Consequences and Responses, 18 Law and Policy in International Business (1986), 145 ff.

Körber, Jochen: Der Grundsatz der gemeinschaftsweiten Erschöpfung im Recht der Europäischen Union, Berlin 1999

Kohler, Joseph: Recht des Markenschutzes, Würzburg 1884

Kommissionsdienststellen: Erschöpfung der Rechte aus Marken, Arbeitsunterlage vom 9. Dezember 1999, http://europa.eu.int/comm/internal_market/de/intprop/ indprop/exhaustde.pdf

Kotler, Philip: Marketing Management, 8. Auflage, New York, USA 1994

Kraft, Alfons: Abwehransprüche nach dem deutschen Warenzeichenrecht und der internationale Warenverkehr, GRUR 1969, 120 ff.

Kremen, Hillary A.: International Application of the First Sale Doctrine, 23 Syracuse Journal of International Law and Commerce (1997), 161 ff.

Krieger, Ulrich: Durchsetzung gewerblicher Schutzrechte in Deutschland und die TRIPS-Standards, GRUR Int. 1997, 421 ff.

Kuilwijk, Kees Jan: The European Court of Justice and the GATT Dilemma: Public Interest versus Individual Rights, Den Haag, Dänemark 1996

Kuhn, Perla M.: Remedies available at Customs for Infringement of a Registered Trademark, 70 The Trademark Reporter (1980), 387 ff.

Kunz-Hallstein, Hans Peter: Die Funktion der Marke nach europäischem und künftigem deutschem Markenrecht, in: Deutsches Patentamt (Hrsg.), 100 Jahre Marken-Amt, Festschrift, S. 147 ff., München 1994, (zit.: Markenfunktion)

Kunz-Hallstein, Hans Peter: Zur Frage der Parallelimporte im internationalen gewerblichen Rechtsschutz, GRUR 1998, 268 ff., (zit.: Parallelimporte)

Kur, Annette: Die Harmonisierung der europäischen Markengesetze, GRUR 1997, 241 ff., (zit.: Harmonisierung)

Kur, Annette: Einführung zu Schricker Gerhard, Bastian, Eva-Marina, Albert, Florian (Hrsg.), Die Neuordnung des Markenrechts in Europa, Baden-Baden 1998, (zit.: Einführung)

Kur, Annette: TRIPs und das Markenrecht, GRUR Int. 1994, 987 ff. = TRIPs and Trademark Law, in: Beier, Friedrich-Karl/ Schricker, Gerhard (Hrsg.), From GATT to TRIPs – The Agreement on Trade-Related Aspects of Intellectual Property Rights, S. 93 ff., Weinheim 1996, (zit.: TRIPs)

Ladas, Stephen P.: Patents, Trademarks, and Related Rights, Cambridge, USA 1975

Langhammer, Rolf J.: Nach dem Ende der Uruguay-Runde: Das GATT am Ende?, Kieler Diskussionsbeiträge 228, Kiel 1994, (zit.: GATT)

Langhammer, Rolf J.: The NAFTA: Another Futile Trade Area (AFTA) or a Serious Approach Towards Regionalism?, Kieler Diskussionsbeiträge 195, Kiel 1992, (zit.: NAFTA)

Lansing, Paul/ *Gabriella*, Joseph: Clarifying Gray Market Areas; Non-authorized Distribution of Genuine Products; Special Issue on Legal Issues Affecting International Business, 31 American Business Law Journal (1993), 313 ff.

Lavorel, Warren: The World Trade Organization: The Way to the Future, in: Lavorel, Warren/ Ebenroth, Carsten (Hrsg.), The World Trade Organization: The Way to the Future, S. 21 ff., Konstanz 1994

LeClair, Mark: Regional Integration and Global Free Trade, Brookfield, USA 1997

Lee, Karen/ *v. Lewinski*, Silke: The Settlement of International Disputes in the Field of Intellectual Property, in: Beier, Friedrich-Karl/ Schricker, Gerhard (Hrsg.), From GATT to TRIPs – The Agreement on Trade-Related Aspects of Intellectual Property Rights, S. 278 ff., Weinheim 1996

Lenz, Carl Otto: EG-Vertrag, Kommentar, Köln 1994

Levy, Charles/ *Weiser*, Stuart M.: The NAFTA: A Watershed for Protection of Intellectual Property, 27 The International Lawyer (1993), 671 ff.

Lewin, Nick: The Ten Commandments of Parallel Importation, 18 Law and Policy in International Business (1986), 217 ff.

Lipner, Seth E.: Gray Market Goulash: The Problem of At-The-Border Restrictions on Importation of Genuine Trademarked Goods, 77 The Trademark Reporter (1987), 77 ff.

Litpher, Markus: Auswirkungen der ersten Markenrechtsrichtlinie auf die Merkmale der Verwechslungsgefahr und der Erschöpfung im deutschen Markenrecht, Frankfurt am Main 1997

Litten, Rüdiger: "Inverkehrbringen" und "Erschöpfung" im neuen Markenrecht, WRP 1997, 678 ff.

Loewenheim, Ulrich: Nationale und internationale Erschöpfung von Schutzrechten im Wandel der Zeiten, GRUR Int. 1996, 307 ff., (zit.: Erschöpfung)

Loewenheim, Ulrich: Warenzeichen und Gemeinschaftsrecht, GRUR 1977, 428 ff., (zit.: Warenzeichen)

Loibl, Helmut: Europarecht, München 1999

Lüder, Tilman E.: Die Angst vor der Verhältnismäßigkeitsprüfung bei der Abwägung zwischen nationalem Markenrecht und der Freiheit des Warenverkehrs, EuZW 1995, 15 ff., (zit.: Verhältnismäßigkeitsprüfung)

Lüder, Tilman E.: Die Rolle des nationalen Markenrechts in einem europäischen Binnenmarkt, EuZW1994, 112 ff., (zit.: Markenrecht)

Lutz, Martin: Parallelimport und Urheberrecht in der Schweiz, GRUR Int. 2000, 496 ff.

Mackintosh, John Triplett/ *Graham*, Thomas R.: Gray Market Imports: Burgeoning Crisis or Emerging Policy, 11 North Carolina Journal of International Law and Commercial Regulation (1986), 293 ff.

Mailänder, Peter: Gemeinschaftsrechtliche Erschöpfungslehre und freier Warenverkehr, in: Wild, Gisela/ Schulte- Franzheim, Ine-Marie/ Lorenz-Wolf, Monika (Hrsg.), Festschrift für Alfred-Carl Gaedertz zum 70. Geburtstag, S. 369 ff., München 1992

Malueg, David A./ *Schwartz*, Marius: Parallel Imports, Demand Dispersion, and International Price Discrimination, Economic Analysis Group Antitrust Division, Department of Justice, Washington D.C., USA 1993

Mangini, Vito: Die Marke: Niedergang der Herkunftsfunktion?, GRUR Int. 1996, 462 ff.

Mastromanolis, Emmanuel P.: Insights from U.S. Antitrust Law on Executive and Restricted Territorial Distribution: The Creation of a New Legal Standard for European Union Competition Law, 15 University of Pennsylvania Journal of International Business Law (1995), 559 ff.

McGrath, Matthew/ *Shapiro*, Robert A./ *Doran*, James B.: Customs Law, 34 The International Lawyer (2000), 371 ff.

Meltzer, Eleanor, K.: TRIPs and Trademarks, or - GATT got your Tongue?, 83 The Trademark Reporter (1993), 18 ff.

Mestmäcker, Ernst-Joachim/ *Schulze*, Erich: Kommentar zum deutschen Urheberrecht; Loseblattsammlung, Stand: 28. Lieferung, September 2000

Meyer, Leonz: Schutz selektiver Vertriebssysteme durch das Markenschutzgesetz, 90 SJZ (1994), 94 ff.

Michaels, Amanda: The Function of Trade Marks – The Law and the Reality, 2 European Intellectual Property Review (1980), 13 ff.

Miller, Henrí: Free Trade vs. Protectionism, The Reference Shelf, New York, USA 1996

Moens, Annelies: IP Rights Loosening Grip on Parallel Imports, 34 Les Nouvelles (1999), 26 ff.

Moncayo von Hase, Guillermo Martín: Umweltschutz im internationalen und regionalen Freihandel, Frankfurt am Main 1999, (zit.: G. M. Moncayo von Hase)

Moncayo von Hase, Andrés: The Application and Interpretation of the Agreement on Trade-Related Aspects of Intellectual Property Rights, in: Correa, Carlos M./ Yusuf, Abdulqavi A., Intellectual Property and International Trade, The TRIPS Agreement, S. 93 ff., (zit.: A. Moncayo von Hase)

Moran, Robert T./ *Abbott*, Jeffrey D.: NAFTA, Managing the Cultural Differences, London, UK 1994

v. *Mühlendahl*, Alexander: Territorial begrenzte Markenrechte und einheitlicher Markt, Schriftenreihe zum gewerblichen Rechtsschutz Bd. 52, München 1978

v. *Mühlendahl*, Alexander/ *Ohlgart*, Dietrich: Die Gemeinschaftsmarke, München 1998

Nafziger, James A.R.: NAFTA's Regime for Intellectual Property: In the Mainstream of Public International Law, 19 Houston Journal of International Law (1997), 807 ff.

Nagle, Thomas T./ *Holden*, Reed K.: The Strategy and Tactics of Pricing, 2. Auflage, New York, USA 1995

Nicolaysen, Gert: Europarecht II, Das Wirtschaftsrecht im Binnenmarkt, Baden-Baden 1996

Nolan-Haley, Jaqueline M.: The Competitive Process and Gray Market Goods, 5 New York Law School of International and Comparative Law (1984), 231 ff.

Nordemann, Jan Bernd: Funktionsverschiebung im Markenrecht: Das Ende der Erschöpfungsdoktrin in Deutschland, Großbritannien und den USA?, DZWir 1995, 315 ff.

Oliver, Peter: Wie wichtig ist das Urteil „Hag II"?, EuZW 1991, 274 ff.

Oppermann, Thomas: Die Europäische Union in der Welthandelsorganisation (WTO), RIW 1995, 919 ff., (zit.: WTO)

Oppermann, Thomas: Europarecht, 2. Auflage, München 1999, (zit.: Europarecht)

O'Reilley, D. Patrick/ *Ohno*, Seiji: International Exhaustion Principles, 32 Les Nouvelles (1997), 97 ff.

Pacón, Ana María: Was bringt TRIPS den Entwicklungsländern?, GRUR Int. 1995, 875 ff. = What Will TRIPs Do For Developing Countries?, in: Beier, Friedrich-Karl, Schricker, Gerhard (Hrsg.), From GATT to TRIPs – The Agreement on Trade-Related Aspects of Intellectual Property Rights, S. 329 ff., Weinheim 1996

Palladino, Vincent N.: Gray Market Goods: The United States Trademark Owners' View, 79 The Trademark Reporter (1989), 158 ff.

Palmeter, David N.: Gray Market Imports: No Black and White Answer, 12 World Competition (1988), 49 ff.

Perret, François: Quelques observations sur l'épuisement des droits de propriété intellectuelles, SZIER 1997, 267 ff.

Perrott, David L.: The exhaustion of intellectual property rights as a constraint on multinationals, in: Perrott, David L./ Pogany, Istvan (Hrsg.), Current Issues in International Business Law, S. 44 ff., Avebury, UK 1988

Pescatore, Pierre: The GATT Dispute Settlement Mechanism, 27 Journal of World Trade (1993), 5 ff.

Petersmann, Ernst-Ulrich: EWR-Abkommen, GATT und die Wirtschaftsfreiheit in der Schweiz, in Jacot-Guillarmod, Olivier (Hrsg.), EWR-Abkommen, S. 79 ff, Zürich, Schweiz 1992.

Pickrahn, Günter: Die Bekämpfung von Parallelimporten nach dem neuen Markengesetz, GRUR 1996, 383 ff.

Quick, Reinhard: International Exhaustion of Patent Rights, 33 Les Nouvelles (1998), 148 ff.

Ragab, Megeed A./ *Gostlow*, Andrew G.: When Business Strategy and the Law are in Conflict: The Case of Parallel Importation in the Canadian Border Communities, in: Stewart, G. R., Tawfik, M. J., Irish, M. (Hrsg.), International Trade and Intellectual Property, S. 3 ff., San Francisco, USA 1994

Rapp, Richard T./ *Rozek*, Richard P.: Benefits and Costs of Intellectual Property Protection in Developing Countries, 24 Journal of World Trade (1990), Issue 5, 75 ff.

Rasmussen, Jesper: The Principle of Exhaustion of Trade Mark Rights Pursuant to Directive 89/104 (and Regulation 40/94), 17 European Intellectual Property Review (1995), 174 ff.

Raßmann, Christian: Die Markenrechtsreform in Deutschland, Schweiz und Österreich, München 1998

Rauber, Georg: Das neue Markenrecht: Mittel gegen Parallelimporte?, AJP 1993, 539 ff.

Rauber, Georg/ *Müller*, T.: Argumente für ein Verbot von Parallelimporten, NZZ Nr. 253 vom 29./30.10.1994, S. 29

Reger, Gerald: Der internationale Schutz gegen unlauteren Wettbewerb und das TRIPs-Übereinkommen, Schriftenreihe zum gewerblichen Rechtsschutz Bd. 108, München 1998

Reichmann, Jerome H.: Universal Minimum Standards of Intellectual Property Protection and the TRIPs Component of the WTO Agreement, in: Correa, Carlos M./ Yusuf, Abdulqavi A., Intellectual Property and International Trade, The TRIPS Agreement, S. 21 ff.

Reimer, Dietrich: Der Erschöpfungsgrundsatz im Urheberrecht und gewerblichen Rechtsschutz unter Berücksichtigung der Rechtsprechung des Europäischen Gerichtshofs, GRUR Int. 1972, 221 ff.

Reinbothe, Jörg: Geistiges Eigentum in der Uruguay-Runde des GATT: Materiellrechtliche Aspekte aus der Sicht der EG, in: Hilf, Meinhard/ Oehler, Wolfgang (Hrsg.), Der Schutz des geistigen Eigentums in Europa, S. 149 ff, Baden Baden 1991

Reinbothe, Jörg/ *Howard*, Anthony: The State of Play in the Negotiations on TRIPs (GATT/ Uruguay Round), 13 European Intellectual Property Report (1991), 157 ff.

Reindl, Andreas: Intellectual Property and Intra-Community Trade, 20 Fordham International Law Journal (1997), 819 ff.

Remington, Michael: Comments on K Mart v. Cartier: Gray Market Trade and EEC Law, 12 World Competition (1988), 53 ff.

Rojas-Amandi, Victor: Freihandel und Umweltschutz am Beispiel des NAFTA, Heidelberg 1998

Rosenkranz, August: Grünes Licht für Parallelimporte, NZZ Nr. 162 vom 14.07.1994, S. 23, (zit.: Grünes Licht)

Rosenkranz, August: Parallelimporte und das neue Markenschutzgesetz, SZW 1994, 120 ff., (zit.: Markenschutzgesetz)

Rothnie, Warwick A.: Parallel Imports, London, UK 1993

Rumberger, Timothy P.: Emerging Market Balance: A Global Perspective on Solutions for the Nineties, 10 Hastings Commercial and Entertainment Law Journal (1988), 1101 ff.

Sack, Rolf: Der markenrechtliche Erschöpfungsgrundsatz im deutschen und europäischen Recht, WRP 1998, 549 ff., (zit.: Erschöpfungsgrundsatz)

Sack, Rolf: Die Erschöpfung von gewerblichen Schutzrechten und Urheberrechten nach europäischem Recht, GRUR 1999, 193 ff., (zit.: Europäisches Recht)

Sack, Rolf: Die Erschöpfung von Markenrechten nach europäischem Recht, RIW 1994, 897 ff., (zit.: Erschöpfung)

Sack, Rolf: Export und Transit im Markenrecht, RIW 1995, 177 ff. , (zit.: Export)

Sack, Rolf: Zeichenrechtliche Grenzen des Umverpackens fremder Waren, GRUR 1997, 1 ff., (zit.: Grenzen)

Saxena, R. B.: Trade-Related Issues of Intellectual Property Rights and the Indian Patent Act – A Negotiating Strategy, 12 World Competition (1988), 81 ff.

Schäli, Mathias J.: WTO-Streitschlichtungsverfahren: Erster TRIPs-Entscheid, sic! 1998, 233 ff.

Schanda, Reinhard: Parallelimport und Herkunftsfunktion der Marke, ÖBl 1996, 167 ff.

Schefold, Christian Peter: Der „graue" Gemeinsame Markt pharmazeutischer Markenartikel, Aachen 1997

Schermers, Henry G.: A Typology of Mixed Agreements, in: O'Keeffe, David/ Schermers, Henry G. (Hrsg.), Mixed Agreements, S. 23 ff., Frankfurt 1983

Schirm, Stefan A.: Kooperation in den Amerikas: NAFTA, MERCOSUR und die neue Dynamik regionaler Zusammenarbeit, Ebenhausen 1996

Schmidt, Luis C.: Computer Software and the North American Free Trade Agreement: Will Mexican Law Represent a Trade Barrier?, 34 IDEA (1993), 33 ff.

Schoneveld, Frank: The EEC and Free Trade Agreements, 26 Journal of World Trade (1992), 59 ff.

Schwartz, Ivo E.: Community Trade Mark Legislation: Changes Made in the Proposed Community Trade Mark Regulation and the Directive on Approximation of National Trade Mark Laws, 7 European Intellectual Property Review (1985), 70 ff.

Schwarze, Jürgen: Die EWG in ihren völkerrechtlichen Beziehungen, NJW 1979, 456 ff.

Schwedisches Außenministerium, britische Behörde für Handel und Industrie: International Price Comparisons, Bericht aus dem Jahre 2001 über Markenprodukte in Frankreich, Deutschland, Großbritannien und den USA, <www.utrikes.regeringen.se>

Senti, Richard: NAFTA, Zürich, Schweiz 1996

Smart, Thomas A.: Squaring the Gray Goods Circle, 10 Cardozo Law Review (1989), 1963 ff.

Soltysinski, Stanislaw: International Exhaustion of Intellectual Property Rights Under the TRIPs, the EC Law and the Europe Agreements, GRUR Int. 1996, 316 ff.

Sommers, Mark S.: US Grey Market Goods: What's In, What's Out, 16 European Intellectual Property Review (1994), 269 ff.

Spühler, Hanspeter: Parallelimporte im Lichte der Revitalisierung der Schweizerischen Wirtschaft, in: Dutoit, Bernard (Hrsg.), Conflit entre importations parallèles et propriété intellectuelle?, S. 83 ff., Genf, Schweiz 1996

Staaf, Robert J.: International Price Discrimination and the Gray Market, 4 Intellectual Property Journal (1989), 301 ff., (zit.: Discrimination)

Staaf, Robert J.: The Law and Economics of the International Gray Market: Quality Assurance, Free-Riding and Passing Off, 4 Intellectual Property Journal (1989), 191 ff., (zit.: Law and Economics)

Staehelin, Alesch: Das TRIPs-Abkommen, 2. Auflage, Bern, Schweiz 1999

Stein, Klaus D.: Der gemischte Vertrag im Recht der Außenbeziehungen der europäischen Wirtschaftsgemeinschaft, Berlin 1986

Steiner, Raimund/ *Sabath*, Robert P.: Intellectual Property and Trade Law Approaches to Gray Market Importation, And the Restructuring of Transnational Entities to Permit Blockage of Gray Goods in the United States, 15 William Mitchell Law Review (1989), 433 ff.

Stern, Richard H.: Parallel Imports into the United States – Patents, Trade Marks and Anti-Trust, 2 European Intellectual Property Review (1980), 285 ff.

Stern, Louis W./ *El-Ansary*, Adel I./ *Coughlan*, Anne T.: Marketing Channels, 5. Auflage, New Jersey, USA 1995

Straus, Joseph: Bedeutung des TRIPs für das Patentrecht, GRUR Int. 1996, 179 ff.

Ströbele, Paul/ *Klaka*, Rainer: Markengesetz, Kommentar, 6. Auflage, München 2000

Stuckel, Marc: Die Integrität von Marke, Ware und Verpackung, München1990

Stucki, Marc: Trademarks and Free Trade, Bern, Schweiz 1997

Swanson, Tait R.: Combating Gray Market Goods in a Global Market: Comparative Analysis of Intellectual Property Laws and Recommended Strategies, 22 Houston Journal of International Law (2000), 327 ff.

Sweeney, John F./ *Greenberg*, Scott D./ *Bitler*, Margaret H.: Heading Them off the Pass – Can Counterfeit Goods of Foreign Origin be Stopped at the Counterfeiter's Border?, 84 The Trademark Reporter (1994), 477 ff.

Takamatsu, Kaoru: Parallel Importation of Trademarked Goods: A Comparative Analysis, 57 Washington Law Review (1982), 433 ff.

Tawfik, Myra J.: Parallel Importation and Intellectual Property Law, in: Stewart, G.R./ Tawfik, M.J./ Irish, M. (Hrsg.), International Trade and Intellectual Property, S. 19

Tietje, Christian: Normative Grundstrukturen der Behandlung nichttariffähiger Handelshemmnisse in der WTO/GATT-Rechtsordnung, Berlin 1998

Tillman, C. Dustin: Lever Brothers Corp. v. United States: An Expansion of Trademark Protection Beyond the Limits of Kmart Corp. v. Cartier, Inc., 18 North Carolina Journal of International Law and Commercial Regulation (1993), 685 ff.

Tilmann, Winfried: Das neue Markenrecht und die Herkunftsfunktion, ZHR 158 (1994), 371 ff.

Timberg, Sigmund: Corporate Fictions, 46 Columbia Law Review (1946), 533 ff.

Tirschwell, Peter M.: Gary Market Imports at Risk in Court Case, Journal of Commerce, September 23, 1992

de la Torre, Fernando Castillo : Trade Marks and Free Movement of Pharmaceuticals in the European Community: To Partition or Not to Partition the Market, 19 European Intellectual Property Review (1997), 304 ff.

Tritton, Guy: Articles 30 to 36 and Intellectual Property: Is the Jurisprudence of the ECJ now of an Ideal Standard?, 16 European Intellectual Property Review (1994), 422 ff.

Troller, Alois: Die territoriale Unabhängigkeit der Markenrechte im Warenverkehr, GRUR Int. 1960, 244 ff., (zit.: Unabhängigkeit)

Troller, Alois: Markenrecht und Landesgrenzen, GRUR Int. 1967, 261 ff., (zit.: Landesgrenzen)

Trueb, Hans: Markenschutz beim Import von Konzernware, GRUR Int. 1962, 10 ff.

Tschäni, Rudolf: Entgegnung: Parallelimporte und das neue Markenschutzgesetz, SZW 1994, 178 ff.

Ullrich, Hanns: Anmerkung zum Urteil des EFTA-GH "Maglite", Mitt. 1998, 190 ff., (zit.: Maglite)

Ullrich, Hanns: Technologieschutz nach TRIPS: Prinzipien und Probleme, GRUR Int. 1995, 623 ff. = Technology Protection According to TRIPs: Principles and Problems, in: Beier, Friedrich-Karl, Schricker, Gerhard (Hrsg.), From GATT to TRIPs – The Agreement on Trade-Related Aspects of Intellectual Property Rights, S. 357 ff., Weinheim 1996, (zit.: Technologieschutz)

Ulmer, Eugen: Anmerkung zum Urteil „Polydor", GRUR Int. 1970, 379 ff.

Upadhye, Shashank: Rewriting the Lanham Trademark Act to Prohibit The Importation of all Gray Market Goods, 20 Seton Hall Legislative Journal (1996), 59 ff.

Verma, S.K.: Exhaustion of Intellectual Property Rights and Free Trade, 29 IIC (1998), 534 ff.

Victor, A. Paul: Preventing Importation of Products in Violation of Property Rights, 53 Antitrust Law Journal (1984), 783 ff.

Weigand, Robert E.: Parallel Import Channels – Options for Preserving Territorial Integrity, 26 Columbia Journal of World Business (1991), 53 ff.

Wenig, Fritz-Harald: Ende der Schraubenzieherverordnung?, EuZW 1990, 106 ff.

Wichard, Johannes Christian: Weltweite oder europaweite Erschöpfung von Markenrechten?, GRUR 1997, 711 ff.

Wiedemann, Christian: Die mittelbare Kennzeichnung: Das Verändern von Produkten als Markenrechtsverletzung, Konstanz 1997

Wilkinson, David C.: The Community Trademark Regulation and its Role in European Economic Integration, 80 The Trademark Reporter (1990), 107 ff.

Worth, Charles: Free Trade Agreements and the Exhaustion of Rights Principle, 16 European Intellectual Property Review (1994), 40 ff.

WTO: Regionalism and the World Trading System, Genf, Schweiz 1995, (zit.: Regionalism)

WTO: Overview of Developments in International Trade and the Treading system, <http://gatekeeper.unicc.org/wto/whats_new/ov11.html>, (zit.: Overview)

Wuermeling, Joachim: Kooperatives Gemeinschaftsrecht, Kehl 1988

Yusuf, Abdulqavi A.: TRIPs: Backgrund, Principles and General Provisions, in: Correa, Carlos M./ Yusuf, Abdulqavi A., Intellectual Property and International Trade, The TRIPS Agreement, S. 3 ff.

Yusuf, Abdulqavi A./ *Moncayo von Hase*, Andrés: Intellectual Property Protection and International Trade, 16 World Competition (1992), 115 ff.

Zäch, Roger: Recht auf Parallelimporte und Immaterialgüterrecht, SJZ 1995, 301 ff.

Zimmermann, Thomas: Die Schweiz und Europa sechs Jahre nach dem EWR-Nein, <http://home.t-online.de/home/thomasalexander.zimmermann/t-abs3.htm>

v. Zumbusch, Ludwig: Durchsetzung von Rechten des geistigen Eigentums – Verletzung und Haftung bei Marken (TRIPS und das deutsche Recht), GRUR Int. 1997, 134 ff.

Abkürzungsverzeichnis

ABl.	Amtsblatt
Abs.	Absatz
a.F.	alte Fassung
AJP	Aktuelle Juristische Praxis
Alt.	Alternative
Anm.	Anmerkung
Art.	Artikel
Artt.	Artikel (plural)
Bd.	Band
BGBl.	Bundesgesetzblatt
BGE	Bundesgerichtsentscheid
BGH	Bundesgerichtshof
bspw.	beispielsweise
bzw.	beziehungsweise
CMLR	Common Market Law Reports
CML Rev.	Common Market Law Review
DZWir	Deutsche Zeitschrift für Wirtschaftsrecht
EFTA	European Free Trade Area
EFTA-GH	EFTA-Gerichtshof
EG	Europäische Gemeinschaft
EG	nach einem Artikel: Konsolidierte Fassung des Vertrags zur Gründung der Europäischen Gemeinschaft (Amsterdamer Fassung)
EIPR	European Intellectual Property Review
Erw.	Erwägungsgrund
etc.	et cetera
EU	European Union
EuGH	Europäischer Gerichtshof
EuZW	Europäische Zeitschrift für Wirtschaftsrecht
EWG	Europäische Wirtschaftsgemeinschaft
EWR	Europäischer Wirtschaftsraum
EWRA	Abkommen über den EWR
f.	folgende
FAZ	Frankfurter Allgemeine Zeitung

ff.	fortfolgende
Fn.	Fußnote
FS	Festschrift
FHA	Freihandelsabkommen
FTAA	Free Trade Area of the Americas
GA	Generalanwalt
GD	Generaldirektion
GATT	General Agreement on Tariffs and Trade
gem.	gemäß
GMVO	Gemeinschaftsmarkenverordnung
GRUR	Gewerblicher Rechtsschutz und Urheberrecht
GRUR Int.	Gewerblicher Rechtsschutz und Urheberrecht, internationaler Teil
Hrsg.	Herausgeber
HS.	Halbsatz
IDEA	The Journal of Law and Technology
IIC	International Review of Industrial Property and Copyright Law
ITC	International Trade Commission
IP	Intellectual Property
i.S.d.	im Sinne des
i.S.e.	im Sinne einer
i.V.m.	in Verbindung mit
JWT	Journal of World Trade
MFN	Most Favored Nation
Mitt.	Mitteilungen der Patentanwälte
MMA	Madrider Markenabkommen
MRL	Markenrechtsrichtlinie
m.w.N.	mit weiteren Nachweisen
NAFTA	North American Free Trade Agreement
NJW	Neue Juristische Wochenschrift
Nr.	Nummer
NT	National Treatment
NZZ	Neue Züricher Zeitung
ÖBl	Österreichische Blätter für gewerblichen Rechtsschutz und Urheberrecht
OLG	Oberlandesgericht
PMMA	Protokoll zum MMA
PVÜ	Pariser Verbandsübereinkunft
RBÜ	Revidierte Berner Übereinkunft
Rdnr.	Randnummer

RIW	Recht der Internationalen Wirtschaft
Rs.	Rechtssache
s.	siehe
S.	in einem Gesetzeszitat: Satz
S.	Seite
Sec.	Section
sic!	Zeitschrift für Immaterialgüter-, Informations- und Wettbewerbsrecht
SJZ	Schweizerische Mitteilungen über Immaterialgüterrecht
Slg.	Sammlung
SMI	Schriften zum Medien- und Immaterialgüterrecht
sog.	sogenannt
SZW	Schweizerische Zeitschrift für Wirtschaftsrecht
SZIER	Schweizerische Zeitschrift für internationales und europäisches Recht
TMR	The Trademark Reporter
TRIPs	Trade Related Aspects of Intellectual Property Rights
UK	United Kingdom
USA	United States of America
v.	versus
v.	von
vgl.	vergleiche
Vorbem.	Vorbemerkung
WIPO	World Intellectual Property Organization
WRP	Wettbewerb in Recht und Praxis
WTO	World Trade Organization
z. B.	zum Beispiel
zit.	zitiert
ZHR	Zeitschrift für das gesamte Handelsrecht

Einleitung

Die vorliegende Arbeit untersucht die Frage, ob Markeninhaber der EU und der USA den Parallelimport von Markenprodukten unter Berufung auf ihr Markenrecht unterbinden können sollten, solange sie die Ware auf dem jeweiligen Markt, wo das Schutzrecht besteht, noch nicht selbst in den Verkehr gebracht haben.[1]

A. Parallelhandel

Parallelhandel bezeichnet den Im- und Export von Markenprodukten, die ursprünglich mit der Zustimmung des Markeninhabers gekennzeichnet und von ihm in den Verkehr gebracht worden sind.[2] Parallelimporte kollidieren mit den Interessen des Markeninhabers, wenn die Einfuhr in einen Markt, auf dem das Schutzrecht besteht, ohne oder gegen seinen Willen erfolgt. Deshalb kreisen die Probleme im Zusammenhang mit Parallelhandel um die Rechtslage im Import- und nicht im Exportland. Typischerweise laufen Parallelimporte parallel zu den vom Markeninhaber kontrollierten Vertriebswegen. Sie können in einer Vielzahl von verschiedenen Konstellationen auftreten,[3] von denen die drei klassischen im folgenden beschrieben werden:

Im ersten Szenario setzt der Markeninhaber seine Ware über einen Händler ins Ausland ab, wo die Marke ebenfalls geschützt ist. Ein Parallelimporteur erwirbt sie bereits im Inland, exportiert sie in den ausländischen Markt und vertreibt sie dort. Seine Vertriebswege laufen hier tatsächlich parallel zu denen des Markeninhabers. Die zweite Typengruppe umfaßt Fälle, in welchen ein Rechtsinhaber seine im Inland produzierte Ware ausschließlich im Ausland vertreiben läßt. Ein Parallelhändler erwirbt die Ware auf dem ausländischen Markt und

1 Unter Markenprodukten sind in dieser Arbeit stets unveränderte Originalwaren zu verstehen. Die Arbeit befaßt sich weder mit Problemen im Zusammenhang mit der Einfuhr von veränderten Produkten noch mit dem Umgang mit nachgeahmten Waren (Plagiaten).

2 Der Handel mit parallelimportierten Produkten wird auch als grauer Markt bezeichnet (vgl. Franzosi, 21 IIC (1990), 199 f.). Davon zu unterscheiden ist der Schwarzmarkt, auf welchem Plagiate oder rechtswidrig erworbene Waren abgesetzt werden.

3 Kommissionsdienststellen, S. 13.

reimportiert sie in den Heimatmarkt. Diese Einfuhren werden daher auch als Reimporte bezeichnet. In der dritten Konstellation gelangen Markenprodukte auf einem Exportmarkt in die Hände eines Parallelhändlers, der die Waren in einen Drittmarkt einführt und dort vertreibt, wobei die Marke auch in dem Drittland Schutz genießt. [4]

Die Frage nach der Zulässigkeit von Parallelimporten hat weitreichende wirtschaftliche Konsequenzen, betrifft sie doch das Preis- und Handelsvolumen, Marktstrukturen, die Produkterhältlichkeit, die Arbeitsmarktsituation, die Konzentration nachgeahmter Waren und den Wert der Marke bzw. ihres Goodwills.[5] Parallelhandel tritt bevorzugt unter solchen Marktbedingungen auf, die den Parallelimporteur dazu befähigen, die Ware deutlich unter dem Preis des autorisierten Vertriebes anzubieten und gleichzeitig Profitmargen für ihn erwarten lassen.[6] Im einzelnen begünstigen folgende Marktlagen den Parallelhandel:[7]

- Preisunterschiede zwischen dem Ursprungs- und dem Bestimmungsmarkt[8]
- Wechselkursschwankungen zwischen dem Ursprungs- und Bestimmungsmarkt[9]
- Umfangreiche Werbe- und Vertriebsinvestitionen der autorisierten Händler im Bestimmungsland[10]
- Überproduktionen im Ursprungsland[11]
- Internationalisierung der Wirtschaft verbunden mit einem Abbau von Handelsbeschränkungen und Zöllen[12].

---

4 In dieser Konstellation treten keine parallelen Vertriebswege des autorisierten und nicht autorisierten Vertriebs auf. Teilweise wird deshalb nur für solche Einfuhren der Begriff der Grauimporte verwendet. Im Rahmen dieser Arbeit fällt jedoch auch diese Fallgruppe unter die Bezeichnung der Parallelimporte.

5 Kommissionsdienststellen, S. 16; siehe unten S. 145 ff.

6 Lansing/ Gabriella, 31 American Business Law Journal (1993), 313 ff.

7 NERA-Studie, S. 10 f.; Weigand, 26 Columbia Journal of World Business (1991), 53 ff.

8 Cohen Jehoram, GRUR Int. 1996, 280; Staaf, Discrimination, 4 Intellectual Property Journal (1989), 301 ff.; anders: Knoll, 18 Law and Policy in International Business (1986), 145, 171.

9 Upadhye, 20 Seton Hall Legislative Journal (1996), 59, 92; Rumberger, 10 Hastings Commercial and Entertainment Law Journal (1988), 1101, 1105; Cornish, 20 EIPR (1998), 172, 173; Lansing/ Gabriella, 31 American Business Law Journal (1993), 313 ff.

10 Staaf, Law and Economics, 4 Intellectual Property Journal (1989), 191, 205; Cornish, 20 EIPR (1998), 172, 173.

11 Ragab/ Gostlow, S. 5.

12 Lansing/ Gabriella, 31 American Business Law Journal (1993), 313 ff.

B. Die Erschöpfung von Markenrechten

Ob Parallelimporte markenrechtlich zulässig sind oder nicht, richtet sich nach der Reichweite des Rechts aus der Marke, die von der Erschöpfungslehre bestimmt wird.[13] Die Erschöpfung eines Markenrechts meint bildhaft, daß ein Markeninhaber der weiteren Vermarktung seiner Produkte durch Dritte nicht widersprechen kann, sofern sie von ihm oder mit seiner Zustimmung in den Verkehr gebracht worden sind.[14] Infolge des Erstvertriebes wird also das Recht konsumiert, den weiteren Verbleib des Markenartikels kontrollieren zu dürfen.[15] Fraglich ist jedoch, ob jede Nutzungshandlung die Erschöpfung herbeiführt oder ob das Schutzrecht nur dadurch konsumiert wird, daß die Ware auf demjenigen Territorium in den Verkehr gebracht wird, wo das Recht geschützt ist. In bezug auf ihre Voraussetzungen lassen sich zwei Erschöpfungsgrundsätze unterscheiden, und zwar der internationale einerseits und der nationale bzw. regionale andererseits.[16] Erschöpft sich das Recht schon mit dem Erstvertrieb irgendwo auf der Welt, so spricht man von internationaler Erschöpfung.[17] Unter diesem Erschöpfungsregime sind Parallelimporte unbeschränkt zulässig, da der Schutzrechtsinhaber das Recht aus der Marke durch den Erstvertrieb mit einem Mal verliert.[18] Ohne auf die Zustimmung des Rechtsinhabers angewiesen zu sein, kann der Parallelhändler die bereits in Verkehr befindliche Ware überall dorthin importieren und vertreiben, wo der internationale Erschöpfungsgrundsatz Anerkennung findet.

Ein nationales oder regionales Erschöpfungsregime setzt unterdessen eine Nutzungshandlung des Berechtigen auf dem Heimatterritorium voraus, also innerhalb der Grenzen desjenigen Landes, in dem es geschützt ist.[19] Je nachdem, ob es sich dabei um einen einzelnen nationalen Markt oder mehrere handelt, die sich zu einem gemeinsamen Markt zusammengeschlossen haben, spricht man von der nationalen oder regionalen Erschöpfung. Nach dieser Erschöpfungsalternative bleibt das Erstvermarktungsrecht seinem Inhaber trotz eines Vertriebes der Ware außerhalb des Heimatterritoriums erhalten. Somit kann der Rechtsinhaber Parallelimporte in den Markt, auf dem sein Recht geschützt ist, solange

13 Ingerl/ Rohnke, Markengesetz, § 24 Rdnr. 2.
14 Beier, Territorialität, GRUR Int. 1968, 8, 11.
15 Von der Erschöpfungswirkung werden alle Nutzungsrechte, wie das Veräußerungsrecht, das Werbehinweisrecht oder das Kennzeichnungsrecht erfaßt, Sack, Erschöpfungsgrundsatz, WRP 1998, 549, 569.
16 Kommissionsdienststellen, S. 12.
17 Beckmann, GRUR Int. 1998, 836, 837.
18 Berlit, GRUR 1998, 423, 426.
19 Nordemann, DZWir 1995, 315.

verhindern, bis das Produkt dort von ihm oder mit seiner Zustimmung in den Verkehr gebracht worden ist.[20] In einem Rechtssystem, in dem die nationale oder regionale Erschöpfung herrscht, verschafft jedes Markenrecht seinem Inhaber daher ein exklusives Erstvermarktungsrecht für den jeweiligen Markt.[21]

C. Spannungsverhältnis zwischen Warenverkehrsfreiheit und Markenschutz

Der individuelle Markenschutz und die Freiheit des Parallelhandels stehen in einem Spannungsverhältnis.[22] Beide Rechtsgüter sind wechselbezüglich und zeichnen sich durch starke Interessensgegensätze aus.[23] Je nach Erschöpfungsform fällt die Gewichtung der beteiligen Interessen unterschiedlich aus.[24] Die nationale oder regionale Erschöpfung gewährt ihrem Inhaber ein umfangreiches Ausbeutungsrecht, weil sie als Abwehrinstrument gegen Parallelimporte fungiert.[25] Die internationale Erschöpfung hingegen billigt dem Parallelhändler eine unbeschränkte Importfreiheit zu. Die Erschöpfungslehre zum Markenrecht wurde unter Rücksichtnahme auf die Freiheit des Warenverkehrs entwickelt.[26] Ohne den Erschöpfungseffekt einer Nutzungshandlung könnte das Markenrecht dazu herangezogen werden, Märkte zu segmentieren, Preise künstlich in die Höhe zu treiben und Vertriebsmethoden zu erzwingen.[27] Einem unerschöpflichen Markenrecht käme daher Monopolwirkung zu.[28]

D. Leitfaden für die Arbeit

Die dreiteilige Arbeit untersucht die Vereinbarkeit des Erschöpfungsrechts der EU und der USA mit Rechtsvorschriften des TRIPs-Abkommens und des GATT. Im ersten Teil wird das Erschöpfungsrecht der EU und der USA erläu-

20 Litten, WRP 1997, 678; Fezer, Grundprinzipien, WRP 1998, 1, 10.
21 Verma, 29 IIC (1998), 534, 539.
22 Klauer, S. 232; Grabitz/ Hilf, Art. 30 Rdnr. 20; Bollinger, sic! 1998, 541; Bohrer, SMI 1994, 151 ff.; Cohen Jehoram, GRUR Int. 1996, 280 ff.; Miller, S. 1 ff.; Stucki, S. 22 ff.; Sack, Grenzen, GRUR 1997, 1.
23 Beier, Territorialität, GRUR Int. 1968, 8.
24 Diese Gewichtung hat den Charakter einer handelspolitischen Interessensabwägung, vgl. Gey-Ritter, S. 274 ff.
25 Amador, IP Wordwide 1997.
26 Klaka, FS Traub, S. 189.
27 Beier, Gewerblicher Rechtsschutz, GRUR Int. 1989, 603 ff.
28 Beier, Territorialität, GRUR Int. 1968, 8, 10.

tert. Die herausgearbeiteten Erschöpfungsregimes werden anschließend im zweiten Teil unter die einschlägigen TRIPs- und GATT-Regelungen subsumiert. Im Rahmen dieser Prüfung stellen sich zahlreiche Rechtsverstöße heraus, aus der die rechtliche Notwendigkeit für eine Novellierung des in der EU und den USA herrschenden Erschöpfungsrechts resultiert. Das im letzten Drittel präsentierte Lösungskonzept schlägt die Einführung der WTO-weiten Erschöpfung für die EU und die USA vor. Es wird sich zeigen, daß die Umsetzung des Konzeptes sowohl unter rechtlichen als auch unter wirtschaftlichen Gesichtspunkten sinnvoll ist.

I. Das Erschöpfungsrecht der EU und der USA

A. Das Erschöpfungsrecht der EU

Das Erschöpfungsrecht der EU ruht auf zwei Säulen. Soweit es sich um Sachverhalte mit Binnenmarktbezug handelt, beurteilt sich die Rechtslage nach den Regeln der gemeinschaftsrechtlichen Erschöpfung, welche die Rechtsprechung aus dem Warenverkehrsrecht entwickelt hat. Für Nutzungshandlungen, die sich im Verhältnis der Mitglied- zu Drittstaaten abspielen, tritt die Erschöpfung nach den Regeln des europarechtlichen Erschöpfungsrechts, nämlich den Artt. 7 (1) MRL,[29] 13 (1) GMVO[30] ein.

1. Die gemeinschaftsrechtliche Erschöpfung gem. Artt. 28, 30 EG

Der EuGH hat die gemeinschaftsrechtliche Erschöpfung im Wege seiner Rechtsprechung zu Artt. 30, 36 EGV a. F. entwickelt.[31] Die Warenverkehrsvorschriften gelten nur für das Innenverhältnis der Gemeinschaft, betreffen indes nicht den Handel im Außenverhältnis der Mitglied- zu Drittstaaten.[32] Die gemeinschaftsrechtliche Erschöpfung entfaltet daher nur im Hinblick auf Warenhandel Rechtswirkung, der sich innerhalb der Grenzen des Gemeinsamen Marktes zuträgt.[33] Aufgrund dessen gibt die gemeinschaftsrechtliche Erschöpfung keine Antwort auf die Frage, ob sich ein Markenrecht durch eine Nutzungshandlung erschöpft, die außerhalb der Grenzen der EU vorgenommen wurde. Diesbezüg-

29 Erste Richtlinie des Rates vom 21.12.1988 zur Angleichung der Rechtsvorschriften der Mitgliedstaaten über die Marken (89/104/EWG), ABl. EG 1989 Nr. L 40/ 1 ff., GRUR Int. 1989, 294 ff.

30 Verordnung (EG) des Rates vom 20.12.1993 über die Gemeinschaftsmarke (Nr. 40/94), ABl. EG 1994 Nr. L 11/ 35.

31 EuGH Rs. 16/74, GRUR 1974, 456 – Centrafarm/ Wintrop, in dieser Entscheidung wurde der Erschöpfungsgrundsatz zum ersten Mal angewendet; der EuGH benutzt den Begriff des Erschöpfungsgrundsatzes jedoch erst in der Entscheidung EuGH Rs. C-9/93, GRUR Int. 1994, 614 = EuZW 1994, 467 – IHT/ Ideal Standard.

32 Geiger, Art. 28 Rdnr. 4; Fezer, Markenrecht, § 24 Rdnr. 98.

33 Beier, Gewerblicher Rechtsschutz, GRUR Int. 1989, 603, 613; Beier, Erzeugnisse, GRUR Int. 1996, 1, 5; Loewenheim, Erschöpfung, GRUR Int. 1996, 307, 315; Ebenroth, Gewerblicher Rechtsschutz, S. 51 ff.

lich ist auf die europarechtliche Erschöpfung zurückzugreifen, auf welche die Arbeit erst im nächsten Abschnitt eingeht.

a) Markenrechte als Maßnahmen gleicher Wirkung i.S.d. Art. 28 EG

Das Warenverkehrsrecht der Gemeinschaft gem. Artt. 28, 30 EG steht im Dienste der Schaffung und Aufrechterhaltung des Gemeinsamen Marktes, des Binnenmarktes.[34] Dieses Regelungsziel soll durch die Verhinderung der Errichtung künstlicher Handelshemmnisse gewährleistet werden.[35] Art. 28 EG untersagt mengenmäßige Einfuhrbeschränkungen und Maßnahmen gleicher Wirkung zwischen den Mitgliedstaaten der EU. Zu den Maßnahmen gleicher Wirkung zählen auch Rechtsvorschriften, die es Markeninhabern gestatten, ihre Rechte zur Beschränkung des Warenverkehrs auf dem Binnenmarkt durch die Abschottung von Teilmärkten einzusetzen.[36] In der Konsequenz ist das Warenverkehrsrecht auch geeignet, warenverkehrsbeschränkende Maßnahmen von Rechtsinhabern selbst zu erfassen.[37]

In der Entscheidung *Deutsche Grammophon Gesellschaft*[38] hatte der EuGH sich mit der Frage auseinanderzusetzen, inwieweit der Ausübung von Markenrechten im zwischenstaatlichen Handelsverkehr warenverkehrsrechtliche Grenzen gesetzt werden müssen. Der Auffassung des Gerichtshofs zufolge stelle es einen Verstoß gegen die Garantie des freien Warenverkehrs dar, wenn ein Markeninhaber den Import von Waren in einen Mitgliedstaat verhindern könne, obwohl die Waren zuvor von ihm oder mit seiner Zustimmung in einem anderen Mitgliedstaat in den Verkehr gebracht worden seien.[39] Würde man ihm dieses Recht zubilligen, so könnten Markenrechte dazu mißbraucht werden, nationale Märkte zu isolieren, den Binnenmarkt aufzuteilen und letztlich willkürliche Diskriminierungen oder verschleierte Handelsbeschränkungen zwischen den Mitgliedstaaten der Gemeinschaft herbeizuführen. Ein derart weitreichender Markenschutz verstieße gegen das Ziel des Vertrages, die einzelnen nationalen Märkte zu einem einheitlichen Binnenmarkt zu integrieren.

---

34 Lenz, Art. 30 Rdnr. 1; Cohen/ Cooke, 81 TMR (1991), 371, 373, 375.

35 Fezer, Markenrecht, § 24 Rdnr. 71.

36 Grabitz/ Hilf, Art. 28 Rdnr. 5; Geiger, Art. 28 Rdnr. 10; Fezer, Markenrecht, § 24 Rdnr. 71; Ingerl/ Rohnke, Markengesetz, § 24 Rdnr. 16; Sack, Europäisches Recht, GRUR 1999, 193.

37 Fezer, Markenrecht, § 24 Rdnr. 71; Fezer, FS Gaedertz, S. 161.

38 EuGH Rs. 78/70, GRUR Int. 1971, 450 – Deutsche Grammophon Gesellschaft/ Metro.

39 EuGH Rs. 78/70, GRUR Int. 1971, 450 – Deutsche Grammophon Gesellschaft/ Metro, Rdnr. 12.

Mit diesen Erwägungen führte der EuGH zwar nicht ausdrücklich, jedoch sinngemäß den Grundsatz der gemeinschaftsweiten Erschöpfung für nationale Markenrechte auf der Grundlage der Warenverkehrsfreiheit ein.

b) Der spezifische Gegenstand des Markenrechts gem. Art. 30 S. 1 EG

Der Grundsatz der gemeinschaftsweiten Erschöpfung gilt jedoch nicht ausnahmslos. Art. 30 EG läßt vom Verbot des Art. 28 EG Ausnahmen zu, sofern die Warenverkehrsbeschränkung gerechtfertigt ist. Gem. Art. 30 S. 1 EG können Behinderungen zum Schutz des gewerblichen und kommerziellen Eigentums gerechtfertigt sein, wenn dies zum Schutz des spezifischen Gegenstands des Markenrechts erforderlich ist[40] und die Maßnahme nicht der künstlichen Marktabschottung dient.[41]

In der Entscheidung *Terranova*,[42] hob der Gerichtshof die Bedeutung der Markenfunktion für die Bestimmung des spezifischen Gegenstands hervor. Die Hauptfunktion der Marke bestehe darin, die Produktherkunft für Verbraucher zu identifizieren.[43] Diese Herkunftsgarantie rechtfertige jedoch nicht, daß der Parallelimport einer Ware, die in einem Mitgliedstaat rechtmäßig in den Verkehr gebracht worden sei, unter Rückgriff auf das nationale Markenrecht verhindert werden könne.[44] Der Gerichtshof bestätigte damit einerseits den gemeinschaftsweiten Erschöpfungsgrundsatz, deutete jedoch andererseits an, daß eine Abweichung von diesem Grundsatz zur Bewahrung der Herkunftsfunktion gerechtfertigt sein kann. Somit stellte er klar, daß der spezifische Gegenstand des Markenrechts von den ihr immanenten Funktionen abhängt.

Eine ausnahmsweise Abweichung vom gemeinschaftsweiten Erschöpfungsgrundsatz zum Schutz der Herkunftsfunktion sah der EuGH in der Sache *Hoff-*

---

40 EuGH Rs. 78/70, GRUR Int. 1971, 450 – Deutsche Grammophon Gesellschaft/ Metro, Rdnr. 11; Sack, Europäisches Recht, GRUR 1999, 193; Raßmann, S. 138; Blachet/ Piiponen/ Westman-Clément, S. 110; Tilmann, 158 ZHR (1994), 371, 383; Tritton, 16 EIPR (1994), 422, 423.

41 Es genügt bereits die Eignung der Maßnahme zur Behinderung des Warenverkehrs für einen Verstoß gegen Art. 28 EG, Geiger, Art. 28 Rdnr. 9; Grabitz/ Hilf, Art. 28 Rdnr. 15. Zur objektiven und subjektive Komponente der Künstlichkeit der Marktabschottung vgl. Beier, FS Vieregge, S. 43, 44; Sack, Erschöpfungsgrundsatz, WRP 1998, 549, 557; Fezer, Markenrecht, § 24 Rdnr. 92; Lüder, Markenrecht, EuZW 1994, 112, 113.

42 EuGH Rs. 119/75, GRUR Int. 1976, 402 – Terranova/ Terrapin.

43 Michaels, 2 EIPR (1980), 13, 16.

44 Schefold, S. 103.

mann-La Roche/ Centrafarm[45] als gerechtfertigt an. Er betonte erneut, daß zum spezifischen Gegenstand auch das Recht des Markeninhabers gehöre, einem Dritten die Benutzung der Marke zu untersagen, sofern Verbraucher dadurch über die Herkunft der Ware in die Irre geführt werden. Dies sei insbesondere dann der Fall, wenn ein Dritter nach dem Umpacken der Ware auf der neuen Verpackung die Marke des Rechtsinhabers ohne seine Zustimmung anbringe. Die Ware stamme dann vom Importeur, stelle sich jedoch aus Verbrauchersicht als Produkt des Markeninhabers dar. Es sei daher zur Aufrechterhaltung der Herkunftsgarantie gerechtfertigt, die Erschöpfung trotz einer vorausgegangenen Vermarktung der Ware durch den Berechtigten nicht eintreten zu lassen.[46] Aus dieser Entscheidung folgt, daß eine Durchbrechung des Prinzips der gemeinschaftsweiten Erschöpfung zum Schutze der Herkunftsfunktion der Marke möglich ist.

In der Entscheidung *American Home Products*[47] präzisierte der EuGH den spezifischen Gegenstand erneut. Der Markeninhaber, der seine Ware in einem Mitgliedstaat unter der einen und in einem weiteren unter einer anderen Marke vertreibt (zweigleisiger Vertrieb), könne es verhindern, daß ein Dritter die Ware zum Zwecke ihres Vertriebes auf dem anderen Markt mit der dort gängigen Marke kennzeichne.[48] Hier sei die Herkunftsgarantie dadurch gefährdet, daß die scheinbare Ursprungsidentität des Markeninhabers mit der tatsächlichen des vertreibenden Dritten nicht übereinstimme.[49] Denn die Herkunftsgarantie schließe ein, daß nur der Markeninhaber seine Ware durch die Anbringung der Marke auf der Ware kennzeichnen dürfe.[50] Somit gestattet der EuGH auch in den Fällen

---

45 EuGH Rs. 102/77, GRUR 1978, 599 mit Anm. Fezer – Hoffmann-La Roche/ Centrafarm; eine Auseinandersetzung in der Literatur ist zu finden bei Beier, Erschöpfungslehre, GRUR Int. 1978, 263 ff.

46 Eine Rechtfertigung der Warenverkehrsbeschränkung unter Berufung auf die Herkunftsfunktion der Marke scheidet gleichwohl aus, wenn die Geltendmachung des Schutzrechts zur Abschottung der Märkte der Mitgliedstaaten führt, der Originalzustand der Ware durch das Umpacken nicht berührt wird, der Markeninhaber vom Vertrieb der umgepackten Ware im voraus unterrichtet wird und die neue Umhüllung den Zwischenhändler erkennen läßt. Dazu Klauer, S. 284 ff.; Brown, Imports, 32 Les Nouvelles (1997), 49, 51 ; Blanchet/ Piiponen/ Westman-Clément, S. 114.

47 EuGH Rs. 3/78, GRUR Int. 1979, 99 – American Home Products/ Centrafarm.

48 Zum Begriff des zweigleisigen Vertriebes, vgl. Stuckel, S. 117.

49 So bereits Loewenheim, Warenzeichen, GRUR 1977, 428, 432.

50 Allerdings macht der EuGH auch hier die Einschränkung, daß dem Warenverkehrsrecht dann Vorrang vor dem Markenrecht einzuräumen sei, wenn die Rechtsausübung den Charakter einer verschleierten Handelsbeschränkung besitze. Dies sei im Einzelfall zu prüfen und in der Regel dann gegeben, wenn der Rechtsinhaber die identische Ware in unterschiedlichen Mitgliedstaaten unter verschiedenen Marken vertreibt, um die Märkte untereinander abzuschotten. Bspw. ist es zulässig, unterschiedliche Be-

des zweigleisigen Vertriebes eine Ausnahme zur gemeinschaftsweiten Erschöpfungsregel aufgrund der Herkunftsfunktion der Marke.

Der EuGH entwickelte schließlich das Verständnis vom spezifischen Gegenstand des Markenrechts im Wege seiner Rechtsprechung zu *Hag II*[51] fort. Bisher hatte der EuGH als spezifischen Gegenstand des Markenrechts die Herkunftsfunktion der Marke angesehen.[52] In seiner Urteilsbegründung zu *Hag II* jedoch erweiterte der Gerichtshof den Begriff des spezifischen Gegenstands, indem er das Markenrecht als wichtigen Bestandteil des unverfälschten Wettbewerbes bezeichnete.[53] Er führte aus, daß Rechtsinhaber über die Marke Verbraucher an sich binden könnten, die sich von der Qualität der Produkte überzeugt haben. Ein Rechtsinhaber sei gleichwohl nur dann in der Lage, sich für die Qualität seiner Waren zu verbürgen, wenn alle unter seiner Marke vertriebenen Erzeugnisse auch tatsächlich unter seiner Kontrolle stünden. Damit ergänzte die Rechtsprechung den spezifischen Gegenstand um den Aspekt der Qualitätsfunktion des Markenrechts, die der EuGH im Sinne einer dem Rechtsinhaber obliegenden Produktverantwortung verstand.[54]

Schließlich avancierte in der Entscheidung *Bristol-Myers Squibb*[55] auch der Schutz des guten Rufs einer Marke, der auch als Goodwill bezeichnet wird, zum spezifischen Gegenstand des Markenrechts.[56] Freilich rechtfertige der Goodwill einer Marke den Ausschluß von Parallelimporten innerhalb der EU nicht generell. In Fällen jedoch, in denen ein Dritter durch das Umpacken der Ware in die Integrität der Verpackung eingreife, gehöre unter bestimmten Voraussetzungen auch der Schutz des Goodwills zum spezifischen Gegenstand. Diese Voraussetzungen seien dann erfüllt, wenn die Art der Ware und die Sensibilität des Absatzmarktes geeignet seien, den Ruf der Marke durch Parallelimporte zu schädigen, wie dies etwa auf dem Arzneimittelsektor der Fall sei. Sodann rechtfertige der Schutz des Rufs einer Marke eine Warenverkehrsbeschränkung und somit ein Ausbleiben der Erschöpfungswirkung.

---

zeichnungen wegen der sprachlichen Assoziationen oder wegen bereits belegter Marken in dem einen aber nicht in dem anderen Mitgliedstaat zu verwenden. Dagegen darf die Markendifferenzierung nicht zur Durchsetzung von Absatz- oder Preisstrategien benutzt werden. Dazu Klauer, S. 301 f.

51 EuGH Rs. C-10/89, GRUR Int. 1990, 960 = EuZW 1990, 545 = NJW 1991, 626 – Hag II.

52 Fezer, Markenrecht, § 24 Rdnr. 81; Mangini, GRUR Int. 1996, 462, 466.

53 EuGH Rs. C-10/89, GRUR Int. 1990, 960 = EuZW 1990, 545 = NJW 1991, 626 – Hag II, Rdnr. 13.

54 Zur Herkunfts- und Qualitätsfunktion der Marke siehe Adams, 12 EIPR (1990), 39.

55 EuGH Rs. C-427/93, C-429/93, C-436/93, GRUR Int. 1996, 1144 – Bristol-Myers Squibb/ Paranova.

56 Kunz-Hallstein, Markenfunktion, S. 158.

Die Rechtsprechung hat den Grundsatz der gemeinschaftsweiten Erschöpfung nationaler Markenrechte zur Sicherung der Integrität eines freien Warenverkehrs geschaffen. Warenverkehrsbeschränkungen in Form der Verhinderung von Parallelimporten innerhalb des Binnenmarktes können gleichwohl nach Art. 30 S. 1 EG gerechtfertigt sein, wenn es zur Erhaltung des spezifischen Gegenstands einer Marke, namentlich der Herkunfts- bzw. Qualitätsfunktion oder des Goodwills, geboten ist.

c) Die Ausweitung der gemeinschaftsrechtlichen Erschöpfung auf den EWR

Die gemeinschaftsrechtliche Erschöpfung hat Geltung für alle Mitgliedstaaten des EWR.[57] Zweck des EWR ist es, Freihandel zwischen den Mitgliedern zu sichern, was eine ungehinderte Warenzirkulation voraussetzt.[58] Die zu Artt. 28, 30 EG gleichlautenden Vorschriften der Artt. 11, 13 EWRA tragen diesem Freihandelsgedanken Rechnung. Der Gleichklang der Warenverkehrsvorschriften spricht für ihre entsprechende Auslegung auch im Hinblick auf die Erschöpfungsfrage.[59] Eine dahingehende Rechtsfortbildung ist gleichwohl überflüssig, verweist Art. 65 (2) EWRA[60] doch ausdrücklich auf Protokoll 28 sowie Anhang

---

57 Zum EWR gehören alle 15 Mitgliedstaaten der EU sowie drei der vier EFTA-Staaten, nämlich Island, Liechtenstein, und Norwegen, vgl. EWR-Abkommen vom 02.05.1992, BGBl. II 1993, S. 367. Die Schweiz, das verbleibende EFTA-Mitglied, hat sich durch die Volksabstimmung vom 06.12.1992 gegen eine Mitgliedschaft im EWR entschieden. Zwischen der Schweiz und der EU existiert ein bilateraler Vertrag, das Freihandelsabkommen (FHA) vom 22.07.1972. Das FHA dient im wesentlichen dem Abbau von Zöllen und der Beseitigung von Wettbewerbsnachteilen gegenüber den innerhalb des EWR frei zirkulierenden Produkten. Zur warenverkehrsrechtlichen und handelspolitischen Stellung der Schweiz seit der EWR-Ablehnung, Zimmermann, S. 1 ff.; Spühler, S. 85.

58 Bohrer, SMI 1994, 151, 154.

59 Kritisch Bohrer, SMI 1994, 151, 154 f., 157 f. Er stellt darauf ab, daß es sich bei der EU um eine Zollunion mit einheitlichem Binnenmarkt und überstaatlicher Wettbewerbsordnung und bei der EFTA lediglich um eine Handelsassoziation handelt. Aufgrund dieses Unterschiedes müsse eine Auslegung der Regelungen des EWR ein größtmögliches Maß an Souveränität der Mitglieder wahren, die sich eben gerade nicht für eine gemeinsame Handelspolitik, also eine verglichen mit der EU niedrigere Integrationsdichte entschieden haben. Der Finalität des EWR entsprechend sei die Autonomie der EFTA-Staaten im Hinblick auf die Verfolgung ihrer Drittlandsbeziehungen zu respektieren.

60 Art. 65 (2) EWRA lautet:

> "Protocol 28 and Annex XVII contain specific provisions and arrangements concerning intellectual, industrial and commercial property, which, unless otherwise specified, shall apply to all products and services."

XVII zum EWRA.[61] Art. 2 (1) des Protokolls 28[62] verpflichtet alle EWR-Staaten explizit zur Übernahme des Erschöpfungsrechts der Gemeinschaft und führt somit auch die EFTA[63]-EWR-Mitglieder Norwegen, Liechtenstein und Island auf das bestehende Schutzniveau der Gemeinschaft. Damit sind Parallelimporte innerhalb des EWR zulässig, sofern der Schutz des spezifischen Gegenstands des Markenrechts nicht ihre Beschränkung gebietet. Dagegen erstreckt sich das gemeinschaftsrechtliche Erschöpfungsrecht nicht auf andere Staaten, mit denen die EU in einem Freihandelsverhältnis steht.[64]

d) Markenaufspaltungen

Der gemeinschaftsrechtlichen Erschöpfungslehre zufolge erschöpft sich ein Markenrecht also grundsätzlich mit dem berechtigten Erstvertrieb des Markenprodukts im EWR. Fraglich ist jedoch, was erschöpfungsrechtlich mit solchen Rechten geschieht, die aufgrund von hoheitlich oder privatautonom veranlaßten Markenübertragungen gespalten werden, wodurch zwei gleiche Marken entstehen, die sich in den Händen verschiedener Inhaber befinden. Es bestehen Zweifel, ob eine Nutzungshandlung hinsichtlich der einen Marke den Erschöpfungseintritt auch der anderen zur Folge haben kann.

---

61 Ausführlich zur Bedeutung des Art. 65 (2) EWRA für das europäische Immaterialgüterrecht, siehe Cottier, EWR, S. 411, 415; Blanchet/ Piiponen/ Westman-Clément, S. 118 ff.

62 Art. 2 (1) Protokoll 28 lautet:
„Soweit die Erschöpfung der Rechte in Maßnahmen oder in der Rechtsprechung der Gemeinschaft geregelt ist, sehen die Vertragsparteien die Erschöpfung der Rechte des geistigen Eigentums nach Maßgabe des Gemeinschaftsrechts vor. ...."

63 Die European Free Trade Association ist 1960 gegründet worden und war die Antwort der europäischen Nicht-EG-Staaten auf den Zusammenschluß zur EWG 1957. Zu den ursprünglich Mitgliedstaaten der EFTA gehörten Österreich, Dänemark, Norwegen, Portugal, Schweden, die Schweiz und England. 1961 kam Finnland hinzu. 1972 unterzeichneten die Vertragsparteien des EWG und der EFTA ein Abkommen zur Förderung des europäischen Handels. Dazu ausführlich, LeClair, S. 8 f.

64 Zwar enthält das FHA zwischen der EG und der Schweiz von 1972 in Artt. 13, 20 Warenverkehrsvorschriften, welche den Artt. 28, 30 EG nachempfunden sind. Diese Vorschriften werden vor dem Hintergrund der unterschiedlichen Finalität von EGV (Binnenmarkt) und FHA (Freihandelszone) hinsichtlich des Erschöpfungsrechts jedoch nicht entsprechend Artt. 28, 30 EG i.S.e. EWR- und Schweiz-weit regionalen Erschöpfung ausgelegt. Infolgedessen erstreckt sich das Erschöpfungsgebiet nicht auf die Schweiz. Worth, 16 EIPR (1994), 40, 41. In der neueren Literatur wird die unterschiedliche Behandlung von Parallelimporten aus EWR-Staaten und der Schweiz jedoch zunehmend kritisiert, vgl. Knaak, GRUR. Int. 1998, 526, 527; Cottier/ Stucki, S. 48; Cottier, Parallelimporte, SMI 1995, 37, 52; Spühler, S. 87.

(1) Hoheitliche Markenaufspaltungen

Grundlegend für die Erschöpfungslehre bei Markenaufspaltungen sind die EuGH-Entscheidungen *Hag I*[65] und *II*[66]. Während der EuGH in *Hag I* noch die „Lehre vom gemeinsamen Ursprung aufgespaltener nationaler Markenrechte"[67] vertrat, revidierte er seine Auffassung in *Hag II*:[68] Mangels der Möglichkeit einer Qualitätskontrolle dürfe sich ein vom ausländischen Unternehmen unabhängiger Markeninhaber gegen Importe, denen er nicht zugestimmt hat, auch dann wehren, wenn sie aus dem EWR stammen. Ohne seine Zustimmung zum Warenvertrieb unter einer aufgespaltenen Marke habe er keine Kontrollmöglichkeit über den Zustand der vertriebenen Erzeugnisse. Folglich sei es ausgeschlossen, daß er seiner Verantwortung über die Produktqualität gerecht werde.[69] Seine Marke könne folglich weder für die Herkunft noch für die Qualität der Ware bürgen. Die markenrechtliche Verhinderung des Imports der unter einer abgespaltenen Marke vertriebenen Ware rechtfertigte der EuGH daher mit der Wahrung des spezifischen Gegenstands des Markenrechts, der Herkunfts- und Qualitätsfunktion.[70]

---

65 EuGH Rs. 192/73, GRUR Int. 1974, 338 – Hag I.

66 EuGH Rs. C-10/89, GRUR Int. 1990, 960 = EuZW 1990, 545 = NJW 1991, 626 – Hag II.

67 Der EuGH war der Ansicht, daß nach hoheitlicher, kriegsbedingter Markenaufspaltung zwischen einem luxemburgischen und einem belgischen Unternehmen der Vertrieb eines Unternehmens gleichzeitig die Markenrechte des anderen erschöpfe, weil sie ursprünglich demselben deutschen Inhaber gehörten, also ursprungsgleich waren. Der Übertragungsakt wurde also der Zustimmung des Inhabers zum Inverkehrbringen der Ware unter seiner Marke gleichgesetzt. Folge der Erschöpfungswirkung einer Nutzungshandlung für beide Marken war, daß der Markeninhaber in dem einen Mitgliedstaat sein Erstvermarktungsrecht durch eine Handlung verlor, die von einem Dritten in bezug auf fremde Waren in einem anderen Mitgliedstaat vorgenommen wurde. Dazu Oliver, EuZW 1991, 274; Beier, Additions, 9 IIC (1978), 221, 221 f.; Fezer, FS Gaedertz, S. 153; Wilkinson, 80 TMR (1990), 107, 117; Remington, 12 World Competition (1988), 53, 56.

68 Dazu ausführlich: Joliet, GRUR Int. 1991, 177 ff.; Fezer, FS Gaedertz, 153, 175 f.

69 EuGH Rs. C-10/89, GRUR Int. 1990, 960, Rdnr. 13 – Hag II.

70 Bereits in der Entscheidung EuGH Rs. 119/75, GRUR 1976, 402 – Terranova/ Terrapin verdeutlicht der EuGH, daß er künstliche Marktabschottungen zwar verhindern will, gleichwohl aber die Verfolgung der berechtigten Interessen der Schutzrechtsinhaber trotz des teilweise warenverkehrsbehindernden Charakters gestattet.

(2) Privatautonome Markenaufspaltungen

Auf privatautonome Marenaufspaltungen sind die Rechtsgrundsätze des *Hag II*-Urteils mit der Maßgabe übertragbar, daß der ursprüngliche und der neue Markeninhaber rechtlich und wirtschaftlich voneinander unabhängig sind. Nur dann nämlich entstehen „originäre“ Markenrechte, die vor Parallelimporten geschützt werden müßten.[71]

In der Sache *Ideal Standard*[72] ging es um die Frage, ob die Zustimmung des veräußernden Markeninhabers zur Übertragung der Marke auf den Erwerber auch seine Einwilligung zum erschöpfenden Erstvertrieb der Ware durch den Erwerber enthalte.[73] Der EuGH lehnte es gleichwohl ab, die Übertragung als stillschweigende Zustimmung des Veräußernden zu interpretieren.[74] Zwar sei in jeder Rechtsübertragung eine Einwilligung zur Markenbenutzung durch den Erwerber enthalten. Es handele sich dabei jedoch nicht um eine das Markenrecht des Veräußernden erschöpfende.[75] Dafür sei es nämlich erforderlich, daß das veräußernde Unternehmen Einfluß auf die Qualität der durch den Erwerber vertriebenen Erzeugnisse habe.[76] Davon sei jedoch nur dann auszugehen, wenn das veräußernde und das erwerbende Unternehmen verbundene Unternehmen sind. Eine Verbindung in diesem Sinne sei zu bejahen, wenn die aufgespaltenen Marken derselben Person gehören, das veräußernde und erwerbende Unternehmen demselben Konzern angehören oder der Erwerber Lizenznehmer oder Alleinvertriebshändler des Veräußernden ist.[77] In diesen Fällen sei auch nach der Markenübertragung eine hinreichende Kontrollmöglichkeit des Veräußernden über die Qualität der Produkte gegeben.[78] Deshalb sei bei verbundenen Unternehmen immer davon auszugehen, daß die Zustimmung zur Übertragung der Marke tatsächlich eine stillschweigende Einwilligung zur Vornahme einer die Erschöpfung herbeiführenden Nutzungshandlung umfasse.

---

71 Fezer, FS Gaedertz, S. 177 f.; Fezer, Markenrecht, § 24 Rdnr. 91.

72 EuGH Rs. C-9/93, GRUR Int. 1994, 614 = EuZW 1994, 467 – IHT/ Ideal Standard.

73 Mailänder bezeichnet eine die Erschöpfung herbeiführende Zustimmung auch als warenzeichenspezifisches Kontrollinstrument, Mailänder, S. 387.

74 EuGH Rs. C-9/93, GRUR Int. 1994, 614 = EuZW 1994, 467 – IHT/ Ideal Standard, Rdnr. 43.

75 Kritisch Mailänder, S. 387.

76 Lüder, Verhältnismäßigkeitsprüfung, EuZW 1995, 15, 16.

77 EuGH Rs. C-9/93, GRUR Int. 1994, 614 = EuZW 1994, 467 – IHT/ Ideal Standard, Rdnr. 34.

78 Zur sog. erweiterten Markenfunktion, vgl. Beier/ Krieger, GRUR Int. 1976, 125, 127.

e) Zwischenergebnis

Somit erschöpfen sich nationale Markenrechte der gemeinschaftsrechtlichen Erschöpfungslehre zufolge grundsätzlich EWR-weit, das heißt, mit dem Erstvertrieb einer Ware des Berechtigten in irgendeinem EWR-Staat. In Einzelfällen kann von diesem Grundsatz ausnahmsweise zugunsten des Markenschutzes und zu Lasten der Warenverkehrsfreiheit abgewichen werden, wenn anderenfalls der spezifische Gegenstand des Schutzrechts, also seine Herkunfts- bzw. Qualitätsfunktion oder sein Goodwill, gefährdet wäre. In diesen besonders gelagerten Fällen kann der Rechtsinhaber Parallelimporte innerhalb des EWR unter Berufung auf sein Markenrecht unterbinden. Hoheitlich oder privatautonom aufgespaltene Marken werden erschöpfungsrechtlich wie selbständige Warenzeichen behandelt, sofern ihre Inhaber unabhängig voneinander sind. Nutzungshandlungen innerhalb des EWR entfalten für die andere Marke jedoch dann Erschöpfungswirkung, wenn dieselbe Person Inhaber der aufgespaltenen Marken ist, das veräußernde und erwerbende Unternehmen demselben Konzern angehören oder der Erwerber Lizenznehmer oder Alleinvertriebshändler des Veräußernden ist.

2. Die europarechtliche Erschöpfung gem. Artt. 7 (1) MRL, 13 (1) GMVO

Die europarechtliche Erschöpfung hat zwei unterschiedliche Rechtsquellen, nämlich zum einen Art. 7 (1) MRL[79] und zum anderen Art. 13 (1) GMVO[80]. Art. 7 (1) MRL regelt die Erschöpfung nationaler Markenrechte, Art. 13 (1) GMVO die der Gemeinschaftsmarkenrechte. Anders als die gemeinschaftsrechtliche Erschöpfung ist die Anwendung der europarechtlichen nicht auf Sachverhalte mit Binnenmarktbezug beschränkt. Die gemeinschaftsrechtliche und die europarechtliche Erschöpfungslehre basieren daher nicht nur auf verschiedenen Rechtsgrundlagen, sondern weisen dazu einen unterschiedlichen Regelungsgehalt auf und bestehen grundsätzlich nebeneinander.[81] Artt. 7 MRL, 13 GMVO gehen jedoch, sofern es inhaltliche Überschneidungen gibt, als Spezialregelungen der

79 Art. 7 (1) MRL lautet:
„Die Marke gewährt ihrem Inhaber nicht das Recht, einem Dritten zu verbieten, die Marke für Waren zu benutzen, die unter dieser Marke von ihm oder mit seiner Zustimmung in der Gemeinschaft in Verkehr gebracht worden sind."

80 Art. 13 GMVO trägt nahezu den identischen Wortlaut, regelt jedoch die Erschöpfung für Gemeinschaftsmarken. Die einzige Abweichung besteht hinsichtlich der Bezugnahme auf die Gemeinschaftsmarke.

81 Klauer, S. 276; Sack, Erschöpfungsgrundsatz, WRP 98, 549, 550; Fezer, Markenrecht, § 24 Rdnr. 59.

gemeinschaftsrechtlichen Erschöpfung vor. Ist ein Sachgebiet durch sekundäres Gemeinschaftsrecht geregelt, wie hier das Markenrecht, ist der Rückgriff auf die allgemeinen Vertragsvorschriften gesperrt.[82] Die Artt. 7 (1) MRL, 13 (1) GMVO sind gleichwohl im Lichte der Rechtsprechung zu Artt. 28, 30 EG auszulegen.[83]

a) Art. 7 (1) MRL

Die Zulässigkeit von Parallelimporten aus Drittstaaten in die Gemeinschaft richtet sich nach den Bestimmungen der nationalen Markengesetze der Mitgliedstaaten, die durch die MRL eine Harmonisierung erfahren haben. Die MRL ist für Mitgliedstaaten nicht unmittelbar anwendbar, sondern bedarf gem. Art. 249 S. 4 EG einer Transformation in nationales Recht. Art. 7 (1) MRL regelt die Erschöpfung der nationalen Markenrechte der Mitgliedstaaten dahingehend, daß sie sich mit einem vom Markeninhaber oder mit seiner Zustimmung vorgenommenen Vertrieb der Waren in einem Mitgliedstaat erschöpfen. Über Art. 65 (2) EWRA i.V.m. Art. 2 (1) des Protokolls 28 über geistiges Eigentum wird der Geltungsbereich der europarechtlichen Erschöpfungslehre auf das gesamte Territorium des EWR, also auch auf die EFTA-EWR-Staaten ausgedehnt.[84] Für nationale Markenrechte gilt daher wie auch nach der gemeinschaftsrechtlichen Erschöpfungslehre der Grundsatz der EWR-weiten Erschöpfung. Diese Konformität zwischen der gemeinschaftsrechtlichen und der europarechtlichen Erschöpfung hat ihren Grund darin, daß die MRL als Sekundärrecht mit dem höherrangigen Recht aus dem EG Vertrag im Einklang stehen muß. Daher war Art. 7 (1) MRL so zu fassen, daß er nicht mit dem Warenverkehrsrecht kollidiert, was durch die Aufnahme des nach der gemeinschaftsrechtlichen Erschöpfungslehre geltenden Erschöpfungsgrundsatz in Art. 7 (1) MRL verhindert wurde.

---

82 Geiger, Art. 28 Rdnr. 3, 24; zum Verhältnis zwischen primärem und sekundärem Gemeinschaftsrecht vgl. Loibl, S. 15 ff.

83 EuGH Rs. C-427/93, C-429/93, C-436/93, GRUR Int. 1996, 1144 – Bristol-Myers Squibb/ Paranova, Rdnr. 27; EuGH Rs. 1/81, GRUR Int. 1982, 187 – Pfizer/ Eurim-Pharm, Rdnr. 27.
In Erw. 8 der Präambel der GMVO wird außerdem ausdrücklich auf das Warenverkehrsrecht Bezug genommen. Dort heißt es:
> „Aus dem Grundsatz des freien Warenverkehrs folgt, daß der Inhaber einer Gemeinschaftsmarke die Benutzung der Marke für Waren, die in der Gemeinschaft unter der Marke von ihm oder mit seiner Zustimmung in den Verkehr gebracht worden sind, nicht untersagen kann … ."

84 v. Mühlendahl/ Ohlgart, S. 54; Sack, Europäisches Recht, GRUR 1999, 193, 214; Cottier, EWR, S. 411, 415, 417 f., 424.

(1) Maximalstandard für EU-EWR-Staaten

Aufgrund des unpräzisen Wortlauts der Vorschrift herrschte unter den Mitgliedstaaten bei der Umsetzung des Art. 7 (1) MRL große Uneinigkeit darüber, ob die Vorschrift die gemeinschaftsweite Erschöpfung als zwingende Maximalregelung vorschreibe oder ob es den Mitgliedstaaten darüber hinaus gestattet sei, die internationale Erschöpfung in ihrem nationalen Markenrecht anzuerkennen.[85] Unumstritten ist, daß die Gemeinschaft die Erschöpfung nationaler Markenrechte insoweit regeln muß, als es für die Gewährleistung der Warenverkehrsfreiheit notwendig ist.[86] Die Kompetenz für den Erlaß entsprechender Vorschriften besitzt die Gemeinschaft aufgrund von Art. 95 EG, der auch Grundlage für den Erlaß der MRL war.[87]

Befürworter der internationalen Erschöpfung bezweifeln, ob die Gemeinschaft im Innenverhältnis überhaupt die Regelungskompetenz besitzt, ihren Mitgliedstaaten die EWR-weite Erschöpfung in Form einer Maximalbestimmung

---

85 Da die meisten Mitgliedstaaten die Richtlinie wörtlich übernommen haben, stellte sich erst bei der Rechtsanwendung der Transformationsgesetze durch die nationalen Gerichte heraus, welcher Interpretation sie im einzelnen folgen. Die Benelux-Länder sowie Dänemark, Schweden, Finnland, Großbritannien, Irland und anfangs auch Deutschland interpretierten Art. 7 (1) MRL im Sinne der internationalen Erschöpfung, während Spanien die Richtlinie mit der Einführung des nationalen Erschöpfungsgrundsatzes umsetzte (vgl. Verma, 29 IIC (1998), 534, 551). Zum Erschöpfungsrecht der einzelnen Mitgliedstaaten der EU im Jahre 1994 siehe Klaka, FS Traub, S. 183 ff.; im Jahre 1995 Rasmussen, 17 EIPR (1995), 174, 175; im Jahre 1996 Schanda, ÖBl. 1996, 167 ff.; im Jahre 1997 Kur, Harmonisierung, GRUR 1997, 241, 245; Kur, Einführung, S. 42, Fn. 201.

86 Loewenheim, Erschöpfung, GRUR Int. 1996, 307, 313; Wichard, GRUR 1997, 711, 712; Sack, Erschöpfungsgrundsatz, WRP 1998, 549, 565 f.; Sack, Erschöpfung, RIW 1994, 897, 900; GA Jacobs in EuGH Rs. C-355/96, GRUR Int. 1998, 695 – Silhouette, Rdnr. 41; Rasmussen, 17 EIPR (1995), 174, 176; Wichard, GRUR 1997, 711, 712; Albert/ Heath, Paralleleinfuhr, GRUR 1998, 642, 644; Albert/ Heath, Gefärbte Jeans, GRUR 1996, 275, 277; Ebenroth, Gewerblicher Rechtsschutz, S. 29; Litpher, S. 215 ff.; Beier, Gewerblicher Rechtsschutz, GRUR Int. 1989, 603, 615; Beier, Industrial Property, 21 IIC (1990), 131, 159 f.

87 Art. 95 (1) EG lautet:

> „Soweit in diesem Vertrag nichts anderes bestimmt ist, gilt abweichend von Art. 94 für die Verwirklichung der Ziele des Art. 14 die nachstehende Regelung. Der Rat erläßt gemäß dem Verfahren des Artikels 251 und nach Anhörung des Wirtschafts- und Sozialausschusses die Maßnahmen zur Angleichung der Rechts- und Verwaltungsvorschriften der Mitgliedstaaten, welche die Errichtung und das Funktionieren des Binnenmarktes zum Gegenstand haben."

vorschreiben zu können.[88] Sie meinen, aus Art. 95 EG könne diese Kompetenz nicht erwachsen, da die Vorschrift nur solche Rechtsangleichungsmaßnahmen gestatte, die für die Errichtung und das Funktionieren des Binnenmarktes erforderlich sind.[89] Die Gemeinschaft dürfe demnach die Erschöpfung nur insoweit regeln, als es darum gehe, Marktabschottungen innerhalb der Gemeinschaft durch nationale Erschöpfungsgrundsätze zu verhindern. Dieses Ziel werde dadurch erreicht, daß es den Mitgliedstaaten untersagt werde, eine Erschöpfungsform zu wählen, die hinter der EWR-weiten zurückbleibt, nicht jedoch, sich für eine weitergehende zu entscheiden. Denn das Warenverkehrsrecht der Gemeinschaft werde mangels Binnenmarktbezugs durch die internationale Erschöpfung nicht berührt. Vielmehr sei es der Gemeinschaft verwehrt, das Verhältnis der Mitgliedstaaten zu Drittstaaten zu regeln. Die zwingende Einführung einer EWR-weiten Erschöpfung greife jedoch in das Verhältnis der Mitglieder zu Drittstaaten ein, denn es sei Sache der Mitglieder, zu bestimmen, ob der Warenimport aus Drittstaaten unter Marken zulässig sei, die von nationalen Rechten geschützt werden.[90] Die EWR-weite Erschöpfung dürfe folglich nur als Mindeststandard, nicht aber als Maximalbestimmung verstanden werden.

Anhänger der Maximal-Lösung halten es unterdessen vor dem Hintergrund eines ungehinderten Warenverkehrs und des Funktionierens des Binnenmarktes für unerläßlich, daß die Gemeinschaft die abschließende Entscheidung über die Erschöpfung innerhalb des Binnenmarktes trifft.[91] Die Argumentation, verschiedene Erschöpfungsgrundsätze innerhalb der Gemeinschaft erzeugten Handelsbarrieren, greife nicht nur in bezug auf die Zulassung nationaler Erschöpfungsformen, sondern hinsichtlich jeder Art der Vermischung von Erschöpfungs-

---

88 Wichard, GRUR 1997, 711, 712; Albert/ Heath, Paralleleinfuhr, GRUR 1998, 642, 644; Albert/ Heath, Gefärbte Jeans, GRUR 1996, 275, 277; Ebenroth, Gewerblicher Rechtsschutz, Rdnr. 29; Litpher, S. 215 ff.; unter Berufung auf die Verpflichtung des Gesetzgebers der Gemeinschaft zur Warenverkehrsfreiheit Beier, Gewerblicher Rechtsschutz, GRUR Int. 1989, 603, 615; Beier, Industrial Property, 21 IIC (1990), 131, 159 f.; Ingerl/ Rohnke, Umsetzung, NJW 1994, 1247, 1253.

89 In Erw. 3 der MRL heißt es, es sei „ausreichend, wenn sich die Angleichung auf diejenigen innerstaatlichen Rechtsvorschriften beschränkt, die sich am unmittelbarsten auf das Funktionieren des Binnenmarktes auswirken."

90 Das Markenrecht steht grundsätzlich zur Disposition der Mitgliedstaaten, da im Bereich des gewerblichen und kommerziellen Eigentums eine mitgliedstaatliche Regelungskompetenz existiert, vgl. Fezer, Markenrecht, § 24 Rdnr. 70; Fezer, FS Gaedertz, S. 162.

91 Sack, Erschöpfung, RIW 1994, 897, 900; Rasmussen, 17 EIPR (1995), 174, 176; Hörner, S. 152; Loewenheim, Erschöpfung, GRUR Int. 1996, 307, 313; Wichard, GRUR 1997, 711, 712; Sack, Erschöpfungsgrundsatz, WRP 1998, 549, 565 f.; GA Jacobs in EuGH Rs. C-355/96, GRUR Int. 1998, 695, Rdnr. 41; Klaka, Markenrechtsreformgesetz, GRUR 1994, 321, 325; Gielen, IP Worldwide 1996.

grundsätzen mit unterschiedlicher Reichweite in der EU. Führten nur einige Mitgliedstaaten die internationale Erschöpfung ein, wären Parallelimporte dorthin zulässig, während der Weitervertrieb in die übrigen europäischen Länder, welche sich für die EWR-weite Erschöpfung entscheiden, markenrechtlich untersagt werden könne. Unterschiedliche Erschöpfungsregeln innerhalb der Gemeinschaft erzeugten deshalb Handelsbarrieren und verstoßen mithin gegen die Garantie des ungehinderten Warenverkehrs. Sobald Erzeugnisse nämlich rechtmäßig in den Binnenmarkt eingeführt worden seien, seien sie warenverkehrsrechtlich ebenso zu behandeln, wie solche Waren, die ursprünglich aus einem anderen Mitgliedstaat stammen.[92] Folglich sei es erforderlich, daß die Gemeinschaft die Erschöpfungsfrage für alle Mitglieder verbindlich regele,[93] so daß Art. 7 (1) MRL zwingend als Maximalbestimmung begriffen werden müsse.

Der EuGH hat sich dieser Auffassung in seiner *Silhouette*[94]-Entscheidung angeschlossen. Darin befand er, Art. 7 (1) MRL i.V.m. Artt. 65 (2) EWRA, 2 (1) Protokoll 28 schreibe die EWR-weite Erschöpfung in Form einer zwingenden Maximalbestimmung für alle Mitgliedstaaten der Gemeinschaft vor.[95] Unterschiede im Erschöpfungsrecht der Mitgliedstaaten behindern den freien Waren- und Dienstleistungsverkehr und können wettbewerbsverfälschende Auswirkungen haben, so daß die Auslegung des Art. 7 (1) MRL als Minimalstandard eine Gefahr für das Funktionieren des Binnenmarktes darstellen könnte.[96] Folglich müsse Art. 7 (1) MRL als Maximalstandard verstanden werden, womit es nicht vereinbar sei, daß Mitgliedstaaten die internationale Erschöpfung in ihrem nationalen Recht vorsehen.[97]

(2) Minimalstandard für EFTA-EWR-Staaten

Der EuGH setzte sich mit der *Silhouette*-Entscheidung über das divergierende Urteil des EFTA-GH *Maglite*[98] hinweg. Darin hatte der EFTA-GH ausgeführt,

---

92 Grabitz/ Hilf, Vorbem. Art. 28-31 Rdnr. 1, Art. 28 Rdnr. 23, 46; Geiger Art. 28 Rdnr. 5; Lenz, Art. 30 Rdnr. 1.

93 Sack, Erschöpfung, RIW 1994, 897, 900; Sack, Erschöpfungsgrundsatz, WRP 1998, 549, 565 f. zufolge stünde diese Argumentation aber auch mit der Einführung einer für alle EU-Staaten geltenden internationalen Erschöpfungsform im Einklang.

94 EuGH Rs. C-355/96, GRUR Int. 1998, 695 – Silhouette.

95 Joller, Erschöpfungsgrundsatz, GRUR Int. 1998, 751, 756; Beckmann, GRUR Int. 1998, 836, 839; Gey-Ritter, S. 272, 300 f.; Fezer, Markenrecht, § 24 Rdnr. 16a, 16c; Sack, Europäisches Recht, GRUR 1999, 193, 211; Ströbele/ Klaka, § 24 Rdnr. 22; Hays, 88 TMR (1998), 234, 238 ff.

96 EuGH Rs. C-355/96, GRUR Int. 1998, 695 – Silhouette, Rdnr. 24.

97 EuGH Rs. C-355/96, GRUR Int. 1998, 695 – Silhouette, Rdnr. 18, 26.

98 EFTA-GH Rs. E-2/97, GRUR Int. 1998, 309, mit Anm. Joller – Maglite.

daß es die EFTA-Staaten in ihren Handelsbeziehungen mit Drittstaaten einschränke, „...würde man Art. 7 (1) MRL im Bereich des EWR in dem Sinne auslegen, daß er die EFTA-Staaten zur Anwendung des Grundsatzes der EWR-weiten Erschöpfung zwingt."[99] Zu dieser Ansicht gelangte der EFTA-Gerichtshof maßgeblich aufgrund des Argumentes, der EWR habe nicht den Charakter einer Zollunion, sondern stelle lediglich eine Freihandelszone dar.[100] Der Gerichtshof sah im Rahmen einer Freihandleszone, in der die Integrationsdichte deutlich hinter der einer Zollunion zurückbleibt und keine gemeinsame Handelspolitik betrieben wird, keinen Rechtsgrund dafür, den EFTA-EWR-Staaten die Anerkennung der internationalen Erschöpfung zu untersagen, wenn sie sie für die bessere Lösung erachten.[101] Infolgedessen existiert zur Auslegung des Art. 7 (1) für EU-EWR-Mitglieder einerseits und EFTA-EWR-Staaten andererseits eine divergierende höchstrichterliche Rechtsprechung.[102]

Der Warenverkehr innerhalb des EWR wird durch diese Divergenz insoweit belastet, als diejenigen Waren, die aufgrund der internationalen Erschöpfung in einen EFTA-Staat gelangen, beim Weitertransport in EU-Staaten dortige Markenrechte verletzen und deshalb die Einfuhr markenrechtlich untersagt werden kann. Die Unterschiede im Erschöpfungsrecht der Mitgliedstaaten des EWR rufen somit Beschränkungen des Warenhandels hervor.

(3) Produktspezifische Markenerschöpfung

In dem Rechtsstreit *Sebago*[103] stellte sich die Frage, ob es für den Erschöpfungseintritt einer ganzen Produktreihe ausreiche, wenn der Markeninhaber eines der sortenzugehörigen Produkte in den Verkehr bringt oder ob die Erschöpfung nur für das konkret vertriebene Produkt eintrete.[104] Dem EuGH zufolge erschöpft sich das Markenrecht nur für diejenigen Erzeugnisse, nicht etwa für die ganze

---

99 EFTA-GH Rs. E-2/97, GRUR Int. 1998, 309 – Maglite, Rdnr. 27.

100 Joller, Erschöpfungsgrundsatz, GRUR Int. 1998, 751, 755; Joller, Maglite, GRUR Int. 1998, 311 f.; Sack, Europäisches Recht, GRUR 1999, 193, 213; Gey-Ritter, S. 298 f.; Fezer, Markenrecht, § 24 Rdnr. 16 d; Ströbele/ Klaka, § 24 Rdnr. 23.

101 Norwegen bspw. anerkennt die internationale Erschöpfung in seinem nationalen Markenrecht. Das norwegische Erschöpfungsrecht war auch der Anlaß für den Rechtsstreit Maglite.

102 Zur Lösung von Rechtsprechungskonflikten zwischen dem EuGH und dem EFTA-GH vgl. Hausen, RIW 1998, 842, 847; Baudenbacher, Homogeneity, 3 Columbia Journal of European Law (1997), 169, 194 ff.

103 EuGH Rs. C-173/98, GRUR Int. 1999, 870 – Sebago.

104 Man kann bezüglich der zweiten Alternative auch von einer Spezialität sprechen, weil sich nur das Recht für die spezielle Sache und nicht das Markenrecht in seiner Gesamtheit erschöpft. So für Patente Brandi-Dohrn, GRUR Int. 1997, 122, 130.

Produktpalette, die mit Zustimmung des Schutzrechtsinhabers innerhalb des EWR vertrieben worden sind.

(4) Aufweichung der Silhouette-Grundsätze

Am 20. November 2001 veröffentlichte der EuGH sein Urteil in Sachen *Davidoff, Levi/ Tesco, Costco.*[105] Dieses Urteil könnte zu einem Meilenstein im europäischen Markenrecht werden, weil es die in den letzten Jahren geltenden *Silhouette*-Grundsätze aufzuweichen beginnt und somit zu einer Abkehr von der EWR-weit-regionalen Erschöpfung beitragen könnte. Es geht bei diesem jüngst entschiedenen Fall um Klagen der Unternehmen *Davidoff* und *Levi Strauss*, deren Markenprodukte, welche sie zuvor außerhalb des EWR in den Verkehr gebracht hatten, von den Firmen *Tesco* und *Costco* nach England importiert und dort vertrieben wurden. Das High Court of Justice (England und Wales), welches sich weigerte, den Grundsatz der EWR-weiten Erschöpfung in diesen Fällen anzuwenden,[106] setzte die Verfahren aus und ersuchte den EuGH um eine Vorabentscheidung. Während die Kläger auf der Grundlage der *Silhouette*-Rechtsprechung eine Markenrechtsverletzung beklagten, argumentierten die Beklagten, die klägerischen Markenrechte seien bereits erschöpft gewesen und Parallelimporte mithin zulässig.

Der EuGH adressierte in seiner Entscheidung im wesentlichen die Frage, inwieweit eine nur stillschweigend oder mittelbar bekundete Zustimmung des Markeninhabers den Anforderungen an eine die Erschöpfung herbeiführende Zustimmung i.S.d. Art. 7 (1) MRL genügen soll. Der EuGH vertritt diesbezüglich die Auffassung, die Zustimmung müsse mit Bestimmtheit zum Ausdruck gebracht werden. Der EuGH erachtet es gleichwohl als ausreichend, daß sich der Verzicht aus Anhaltspunkten und Umständen konkludent ergebe, solange er nur eindeutig zu erkennen sei. Bloßes Schweigen könne dem EuGH zufolge eine Zustimmung nicht hinreichend begründen, weil das Schweigen ohne weitere Handhabe den Rechtsverzicht des Inhabers eben gerade nicht entschieden zum Ausdruck bringe.

Damit ist der EuGH seiner *Silhouette*-Linie zwar auf den ersten Blick treu geblieben, weil er am Grundsatz der EWR-weiten Erschöpfung festhält, von dem nur aufgrund einer klar kommunizierten Zustimmung des Rechtsinhabers abge-

---

105 EuGH Rs. C-414/99, C-415/99, C-416/99, Zino Davidoff SA/A & G Imports Ltd, Levi Strauss & Co, Levi Strauss (UK) Ltd/ Tesco Stores, Tesco plc und Costco Wholesale UK Ltd, vom 20.11.2001 – Davidoff, Levi Strauss/ Tesco, Costco.

106 In der Literatur wird die Ablehnung des High Court of Justice zur strikten Anwendung des EWR-weiten Erschöpfungsgrundsatzes als Reformansatz zur Wiedereinführung der internationalen Erschöpfung gewertet, vgl. Arnold, S. 36 m.w.N.

wichen wird. Allerdings zeugt bereits die Diskussion darum, ob ein Rechtsinhaber seine Zustimmung zur Preisgabe seiner Rechte auch konkludent erteilen kann,[107] vom Beginn einer möglichen Aufweichung des EWR-weiten Erschöpfungsregimes. Bereits in den Schlußanträgen zu *Davidoff, Levi Strauss/ Tesco, Costco* hat die Generalanwältin die Auffassung vertreten, daß das regionale Ausschließlichkeitsrecht aus der Marke und die damit einhergehende Möglichkeit der Vertriebssteuerung im EWR nicht grenzenlos sei. Vielmehr müsse es auch eine Berücksichtigung der schützenswerten Handelsinteressen der Importeure geben.[108]

Der Widerstand gegen die *Silhouette*-Grundsätze ist auch von anderen obersten Organen der Europäischen Union wahrzunehmen. Im Ausschuß des Europäischen Parlaments für Recht und Binnenmarkt sprach sich der Berichterstatter erneut für die Einführung der internationalen Erschöpfung aus.[109] Der dem Europäischen Parlament, der Kommission, dem Rat sowie den Mitgliedstaaten vorgelegte Bericht des Ausschusses vom 19.09.2001, der auf eine Initiative der Kommission zurückgeht,[110] weist das bestehende Erschöpfungssystem als handelshemmend, preis- und kostenpolitisch schädlich aus.[111] Von der internationalen Erschöpfung der europäischen Markenrechte hingegen erhofft man sich die Senkung der Preise und eine Förderung des Wettbewerbs im Verbraucherinteresse. Unterstützt werden dürfte diese Initiative jedenfalls von den kritischen

---

107 Siehe Pressemitteilung Nr. 58/ 01 zum Urteil des EuGH Rs. C-414/99, C-415/99, C-416/99, Zino Davidoff SA/A & G Imports Ltd, Levi Strauss & Co, Levi Strauss (UK) Ltd/ Tesco Stores, Tesco plc und Costco Wholesale UK Ltd, Abteilung Presse und Information des EuGH vom 20.11.2001, <http://www.curia.eu.int/de/cp/aff/cp0158de.htm>; Schlußanträge der GA Sixt-Hackl zu den verbundenen Rechtssachen EuGH Rs. C-414/99, C-415/99, C-416/99, Zino Davidoff SA/A & G Imports Ltd, Levi Strauss & Co, Levi Strauss (UK) Ltd/ Tesco Stores, Tesco plc und Costco Wholesale UK Ltd vom 05.04.2001, Rdnr. 99.

108 Schlußanträge der GA Sixt-Hackl zu den verbundenen Rechtssachen EuGH Rs. C-414/99, C-415/99, C-416/99, Zino Davidoff SA/A & G Imports Ltd, Levi Strauss & Co, Levi Strauss (UK) Ltd/ Tesco Stores, Tesco plc und Costco Wholesale UK Ltd vom 05.04.2001, Rdnr. 98.

109 Berichterstatter des Ausschusses für Recht und Binnenmarkt des Europäischen Parlamentes Hans-Peter Mayer, „Markenrechtsreform auf EU-Agenda", Union in Europa, Nr. 2 vom 01.02.2001; Anhörung zum Markenrecht im Europäischen Parlament: „Wem nutzen eingetragene Marken?", <http://www.europarl.eu.int/ppe/cdu-csu/aktuelles/press04-14.2001.htm>.

110 Arbeitsunterlage der Europäischen Kommission vom 01.12.1999, doc. SEC (1999) 2033 – 2187/ 2000 (COS).

111 Bericht vom Ausschuß für Recht und Binnenmarkt des Europäischen Parlaments vom 19.09.2001, doc. A5-0311/ 2001, der sich auf die vorausgegangenen Berichte desselben Ausschusses bezieht.

Mitgliedstaaten, die sich auch am EuGH-Verfahren *Davidoff, Levi Strauss/ Tesco, Costco* beteiligt haben, namentlich Deutschland, Frankreich, Italien, Finnland sowie Schweden. Insbesondere die schwedische Regierung hat in der letzten Zeit immer wieder ihre kritische Haltung zu dem restriktiven Erschöpfungsrecht kundgetan und selbst Initiativen für eine Einführung der internationalen Erschöpfung ergriffen.[112]

Vorerst herrscht wohl weiterhin die *Silhouette*-Doktrin. Der Stimmung in Europa entsprechend würde die baldige Abkehr vom Grundsatz der EWR-weiten Erschöpfung indessen nicht verwundern.

b) Art. 13 (1) GMVO

Die GMVO normiert unmittelbar anwendbares, verbindliches Recht über die Gemeinschaftsmarke. Um Rechtswirkung zu entfalten, bedarf es nicht wie bei der MRL der Transformation in nationales Recht, Art. 249 S. 2, 3 EG, so daß nationalen Gerichten und Gesetzgebern in bezug auf die GMVO kein Auslegungsspielraum bleibt.[113]

Auch für Gemeinschaftsmarken gilt der EWR-weite Erschöpfungsgrundsatz. Obwohl wegen des an Art. 7 (1) MRL angelehnten Wortlauts auch Art. 13 (1) GMVO Unsicherheiten über die Zulässigkeit der internationalen Erschöpfung hervorrufen könnte, gab es diesbezüglich bisher keinen Vorlagebeschluß. Man wird davon ausgehen können, daß die das *Silhouette*-Urteil tragenden Erwägungen es ausschließen, Art. 13 (1) GMVO im Sinne der Zulässigkeit der internationalen Erschöpfung zu begreifen.[114] Dafür spricht, daß beide Parallelvorschriften anderenfalls unterschiedlich ausgelegt würden, obwohl sie den gleichen Wortlaut haben. Im übrigen entsprechen sich die MRL und GMVO auch über

---

112 Reformaufruf des schwedischen Handelsministers Leif Pagrotsky „Nicht nur Jeanshosen könnten billiger sein“, FAZ vom 25.07.2001, S. 14; die schwedischen Wettbewerbsbehörde erstellte eine Untersuchung zur Erschöpfungsfrage mit dem Titel “Parallel Imports – Effects of the Silhouette Ruling”, (Swedish Competition Authority, Report Series 1999:1); die britische und schwedische Regierung haben gemeinsam eine Marktuntersuchung mit dem Titel “International Price Comparison” veröffentlicht, die einen Preisvergleich zwischen Frankreich, Deutschland, Schweden, England und den USA zum Gegenstand hat.

113 EuGH Rs. C-355/96, GRUR Int. 1998, 695 – Silhouette, Rdnr. 60 f.

114 Für eine einheitliche Auslegung beider Rechtsvorschriften: Fezer, Grundprinzipien, WRP 1998, 1, 10; Sack, Erschöpfungsgrundsatz, WRP 1998, 549, 564; Sack, Erschöpfung, RIW 1994, 897, 899; Sack, Grenzen, GRUR 1997, 1, 2; Klauer, 242, 277; Kur, TRIPs, GRUR 1994, 334; v. Mühlendahl/ Ohlgart, S. 54, 55. Kritisch: Ullrich, Maglite, Mitt. 1998, 190, 191; GA Jacobs in EuGH Rs. C-355/96, GRUR Int. 1998, 695 – Silhouette, Rdnr. 61.

die Erschöpfungsnormen hinaus in weiten Teilen,[115] woraus auf die Inhaltsgleichheit beider Rechtsvorschriften geschlossen werden kann. Zudem besagt der Grundsatz der Koexistenz, daß nationale Markenrechte und Gemeinschaftsmarkenrechte gleichwertig nebeneinander bestehen.[116] Von einer Gleichwertigkeit kann aber keine Rede sein, würde die Gemeinschaftsmarke dem internationalen Erschöpfungsgrundsatz unterstehen, ihr Schutzstandard also schwächer ausfallen als der nationaler Markenrechte. Im übrigen wurde die MRL fünf Jahre vor der GMVO verabschiedet. Die Gesetzgeber hatten mithin eine Gedenkfrist, um sich einen von Art. 7 (1) MRL abweichenden Wortlaut für die entsprechende Fassung des Art. 13 (1) GMVO auszudenken, hätten sie nicht gewollt, daß Art. 13 (1) GMVO entsprechend der Parallelvorschrift der MRL ausgelegt wird.

c) Die Rechtfertigungstatbestände der Artt. 7 (2) MRL, 13 (2) GMVO

Das Ausbleiben der Erschöpfung kann aufgrund von Artt. 7 (2) MRL, 13 (2) GMVO ausnahmsweise gerechtfertigt sein.[117] Um Divergenzen zwischen dem Warenverkehrsrecht und dem Markenrecht zu verhindern, sind die unter Artt. 7 (2) MRL, 13 (2) GMVO zulässigen Rechtfertigungsgründe im Lichte der Rechtsprechung zu Art. 30 EG auszulegen.[118] Sie können deshalb nicht weiter reichen, als die Gründe, welche Art. 30 EG billigt. Der den Warenverkehr behindernde Markenschutz „aus berechtigten Gründen“ darf folglich hinter dem nach Art. 30 EG weitestreichenden Schutz zurückbleiben, diesen gleichwohl nicht überschreiten. Ansonsten würde die Ausübung des Markenrechts gegen das Warenverkehrsrecht der Gemeinschaft verstoßen. Mithin kann das Ausbleiben der Erschöpfung auch im Rahmen der MRL und GMVO nur mit dem spezifischen Gegenstand des Markenrechts im Sinne des Art. 30 S. 1 EG gerechtfertigt werden.

115 v. Mühlendahl/ Ohlgart, S. 3, mit Hinweis auf die gemeinsamen Protokollerklärungen von Rat und Kommission, ABl. HABM 1996, 612.

116 Fezer, Grundprinzipien, WRP 1998, 1, 3; v. Mühlendahl/ Ohlgart, S. 1, 10.

117 Die Absätze 2 beider Vorschriften sind identisch und lauten:
„Absatz 1 findet keine Anwendung, wenn berechtigte Gründe es rechtfertigen, daß der Inhaber sich dem weiteren Vertrieb der Waren widersetzt, insbesondere wenn der Zustand der Waren nach ihrem Inverkehrbringen verändert oder verschlechtert ist.“

118 EuGH Rs. C-337/ 95, GRUR Int. 1998, 140 – Dior/ Evora, Rdnr. 42 f.; EuGH Rs. C-63/ 97, WRP 1999, 407 – BMW.

d) Grenzbeschlagnahme durch die Zollbehörde

Europäischen Markeninhabern steht somit ein rechtliches Instrumentarium zur Abwehr von Parallelimporten zu Verfügung, welche von außerhalb des EWR stammen. In der Realität jedoch erfordert die erfolgreiche Abwehr eine sorgfältige Überwachung des Marktes, damit gegen unzulässige Parallelimporte vorgegangen werden kann, bevor bzw. sobald sie in den Warenumlauf gelangen. Könnten Markeninhaber auf die Kooperation der Zollbehörden zurückgreifen, so würde dem Inhaber eines Markenrechtes der Zugriff auf rechtswidrige Parallelimporte in einem für ihn günstigen Zeitpunkt ermöglicht, nämlich noch bevor die Waren in den Verkehr geraten.

Zur Abwehr von Parallelimporten kann das Instrument der Grenzbeschlagnahme jedoch nicht in Anspruch genommen werden.[119] Nach Art. 1 (4) der Verordnung (EG) Nr. 3295/94 des Rates vom 22.12.1994 über Maßnahmen, welche das Verbringen von Waren in die Gemeinschaft betreffen,[120] ist die Grenzbeschlagnahme lediglich für nachgeahmte Waren vorgesehen. Parallelimportierte Waren sind jedoch Originalerzeugnisse, die befugtermaßen gekennzeichnet wurden. Auch Art. 51 des TRIPs-Übereinkommens[121] sieht die Grenzbeschlagnahme für Parallelimporte nicht vor, da die Vorschrift ebenfalls nur die Bekämpfung nachgeahmter und unerlaubt hergestellter, urheberrechtlich geschützter Produkte bezweckt.

e) Freihandelsabkommen mit Drittstaaten

Die Kommission,[122] das Parlament[123] und der EuGH[124] streben den Abschluß von völkerrechtlichen Verträgen an, mit denen die Parteien sich gegenseitig dazu

---

119 Zur Grenzbeschlagnahme von Parallelimporten in Europa: Beußel, GRUR 2000, 188; Pickrahn, GRUR 1996, 383, 388.

120 ABl. EG Nr. L 341/ 8, in der seit dem 01.07.1999 geltenden Fassung nach der VO (EG) Nr. 241/99 vom 25.01.1999 (ABl. Nr. L 27/1 vom 02.02.1999).

121 Übereinkommen über handelsbezogene Aspekte der Rechte des geistigen Eigentums, Anhang 1 C des Übereinkommens zur Errichtung der Welthandelsorganisation. In Kraft getreten am 01.01.1995.

122 „Ich bin allerdings der Auffassung, daß die Gemeinschaft im Sinne der Förderung internationalen Handels befugt sein muß, zu gegebener Zeit mit wichtigen Handelspartnern zwei- oder mehrseitige Verträge abzuschließen, in denen der Grundsatz der internationalen Erschöpfung von den Vertragsparteien eingeführt wird. Die Kommission beabsichtigt deshalb, in den Erwägungsgründen auf diese Möglichkeit in geeigneter Form hinzuweisen.“, Kommissionsmitglied Narjes, Verhandlungen vor dem Europäischen Parlament, ABl. EG, Nr. 1-304/112, 120 f.

verpflichten sollen, die internationale Erschöpfung in ihrem nationalen Markenrecht anzuerkennen.[125] Dies könnte entweder in bi- oder multilateraler Form geschehen,[126] denn mit der einseitigen Einführung der internationalen Erschöpfung in das Gemeinschaftsrecht ist angesichts der Aktualität der Rechtsprechung zur EWR-weiten Erschöpfung nicht zu rechnen. Zwar führte die Kommission im Anschluß an die *Silhouette*-Entscheidung eine erneute Debatte[127] über die Einführung der internationalen Erschöpfung in das europäische Markenrecht.[128] Letztlich ließ sie jedoch verlauten, die EU werde an der EWR-weiten Erschöpfungsform festhalten.[129]

f) Zwischenergebnis

Auch die europarechtliche Erschöpfungslehre besagt, daß sich nationale oder Gemeinschaftsmarkenrechte mit dem berechtigten Erstvertrieb der Produkte innerhalb des EWR erschöpfen, sofern nicht der Schutz des spezifischen Gegenstands ein Ausbleiben der Erschöpfung rechtfertigt. Der damit festgelegte EWR-weit regionale Erschöpfungsgrundsatz statuiert einen Maximalstandard für die Mitgliedstaaten der EU, während die EFTA-EWR-Staaten frei sind, in ihren nationalen Markengesetzen auch die internationale Erschöpfung anzuerkennen.

---

123 Turner erklärt, daß die Kommission bzgl. der internationalen Erschöpfung mit Drittländern wie Japan, den USA und Skandinavien darüber verhandeln muß, ob diese der weltweiten Erschöpfung zustimmen, falls die EU es tut. Berichterstatter Turner, Verhandlungen des Europäischen Parlaments, ABl. EG, Nr. 1-304/112, 114.

124 EuGH Rs. C-355/96, GRUR Int. 1998, 695 – Silhouette, Rdnr. 30.

125 Joller, Erschöpfungsgrundsatz, GRUR Int. 1998, 751, 761; Ströbele/ Klaka, § 24 Rdnr. 23.

126 Kommissionsdienststellen, S. 8.

127 "Trademark Rights – Exhaustion Regime under Consideration", 17 Single Market News of the European Commission, Propriété Intellectuelle & Industrielle, (July 1999), <http://europa.eu.int/ comm/internal_market/en/smn/smn17/s17mn35.htm>.

128 Am 02.08.1999 ist eine von der Kommission in Auftrag gegebene, 130-seitige Untersuchung zur Erschöpfung von Markenrechten durch das NERA-Institut (National Economic Research Associates, London) unter dem Titel "The Economic Consequences of the Choice of Regime of Exhaustion in the Area of Trademarks" veröffentlicht worden. Für eine kurze Zusammenfassung der wesentlichen Ergebnisse der Studie siehe GRUR Int. 1999, 379, 380 oder NERA-Studie, Executive Summary.

129 "Exhaustion of Trademark Rights – No Change to the Current Regime at this Stage", 22 Single Market News of the European Commission, Propriété Intellectuelle & Industrielle, (July 2000), <http://europa.eu.int/comm/internal_market/en/ smn/smn22/s22mn21.htm>.

B. Das Erschöpfungsrecht der USA

In den USA sind Erschöpfungsfragen ursprünglich nur im Common Law adressiert worden. Seit ihrem Erlaß spielen jedoch der Tariff Act von 1930,[130] die Customs Regulations sowie der Lanham Act von 1946[131] für die Beurteilung der Zulässigkeit von Parallelimporten eine zentrale Rolle.

I. Die "First Sale Doctrine"

Im US-amerikanischen Markenrecht ist die US-weite Erschöpfungslehre unter dem Begriff first sale doctrine entwickelt worden.[132] Dieser Theorie nach, die nicht nur für das Markenrecht, sondern auch andere gewerbliche Schutzrechte und das Urheberrecht gilt,[133] verliert der Schutzrechtsinhaber sein Ausschließlichkeitsrecht generell mit dem ersten Verkauf der markierten Ware in den USA, dem first sale.[134] Die Kontrolle des weiteren Verbleibs der Ware durch den Markeninhaber unter Berufung auf sein Schutzrecht innerhalb der Vereinigten Staaten ist ausgeschlossen. Seine Rechte sind damit erschöpft.[135] Ob sich Markenrechte jedoch auch aufgrund von Nutzungshandlungen im Ausland, also international erschöpfen, ist eine Frage, auf die die first sale doctrine keine Antwort gibt, sondern die unter markenrechtlichen Gesichtspunkten beantwortet werden muß. Die territorialen Voraussetzungen des erschöpfenden Erstvertriebes sind der first sale doctrine zufolge jedenfalls durch Nutzungshandlungen auf dem US-Gebiet erfüllt. Im folgenden ist zu prüfen, ob es markenrechtlich gerechtfertigt ist, die first sale doctrine auch auf internationale Sachverhalte anzuwenden.

---

130 19 U.S.C.S.; es handelt sich um das Zollgesetz.

131 15 U.S.C.S.; es handelt sich um das Markengesetz.

132 Cohen Jehoram, GRUR Int. 1996, 280; Gey-Ritter, S. 267; Verma, 29 IIC (1998), 534, 537.

133 Für Patentrechte: Coggio/ Antler, 83 TMR (1993), 481, 483; Riordan, "Tokyo Court Ruling Could Set Off New Trade Rift with the United States Over Protection of Patents", The New York Times – Late Edition, 17.04.1995, S. 2, Spalte 5.
Für Urheberrechte: Feingold, The Corporate Counsellor 1997, 3 ff.; "First Sale Doctrine Applies to Imported Copies, Supreme Court Rules", 6 Meadley's Litigation Reports: Intellectual Property, Nr. 12, 16.03.1998; "High Court Hears Arguments in Dispute over First Sale Doctrine - Imported Goods", 6 Meadley's Litigation Reports: Intellectual Property, Nr. 6, 15.12.1997; "First Sale Doctrine Not Applicable to Sales of Goods Acquired Overseas without Authorization", 5 Meadley's Litigation Reports: Intellectual Property, Nr. 4, 11.11.1996.

134 Kremen, 23 Syracuse Journal of International Law and Commerce (1997), 161, 162.

135 Tawfik, S. 24.

2. *Das Common Law*

Seit jeher hängt das Erschöpfungsrecht in den USA eng mit der Funktionenlehre von Marken zusammen. In den letzten hundert Jahren vollzog sich in der Rechtsprechung ein Wandel im Hinblick auf die Markenfunktionen, der das aktuelle Erschöpfungsrecht entscheidend geprägt hat.

a) Die Herkunftsfunktion der Marke

Ursprünglich hatte die Marke in den USA die ausschließliche Funktion, es dem Verbraucher zu ermöglichen, die Warenherkunft zu identifizieren.[136] Damit verstand man das Markenrecht zwar primär als Verbraucherschutzrecht, ging jedoch gleichzeitig davon aus, daß das Interesse der Verbraucher an der Warenidentifikation mit dem Interesse der Markeninhaber, die Marke vor der Benutzung durch unbefugte Dritte zu schützen, korreliert.[137] Infolge dieser Auffassung verletzten nur solche Importwaren die nationalen Markenrechte, die eine Irreführung der Verbraucher hinsichtlich der Warenherkunft herbeiführten.

Bereits vor mehr als einem Jahrhundert hat das District Court von New York in der Sache *Appolinaris v. Scherer*[138] mit der Herkunftsgarantie der Marke die Zulässigkeit von Parallelimporten begründet. Der Kläger, die amerikanische *Appolinaris Company*, hatte das Alleinvertriebsrecht für das ungarische Mineralwasser der Marke „*Hunyadi Janos*“ von dem ungarischen Quelleneigentümer für die USA erworben. Der Beklagte *Scherer* bezog *Hunyadi Janos*-Wasser von autorisierten deutschen Händlern und importierte es in die USA. Er war in der Lage, den Preis von *Appolinaris* deutlich zu unterbieten. Dies hatte empfindliche Umsatzeinbußen des Klägers zur Folge.

Das Gericht lehnte es ab, dem klägerischen Begehren entsprechend *Scherer's* Parallelimporte aus markenrechtlichen Gründen zu untersagen. Es verwies auf den herkunftsindizierenden Zweck der Marke. Weil es sich um Wasser derselben Quelle handelte, das aus autorisierten Vertriebskanälen stammte, fehle es an einer Irreführung der Verbraucher, nämlich einer Fehlvorstellung der Verbraucher über die Herkunft der Ware.[139] Solange Markenware rechtmäßig erworben werde, so das Gericht, erschöpfe sich das Markenrecht mit dem Entlassen des Produktes in den freien Handel.[140] Da es den Erschöpfungseintritt nicht an die Ver-

136 Manufacturing Co. v. Trainer, 101 U.S. 51, 53 (1879); Menendez v. Holt, 128 U.S. 514, 529 (1889).
137 Hiebert, 19th Century Law, S. 483.
138 Appolinaris Co., Ltd. v. Scherer, 27 F. 18 (C.C.S.D.N.Y. 1886).
139 Appolinaris Co., Ltd. v. Scherer, 27 F. 18 (C.C.S.D.N.Y. 1886) at 20, 21.
140 Appolinaris Co., Ltd. v. Scherer, 27 F. 18 (C.C.S.D.N.Y. 1886) at 21.

marktung der Markenware innerhalb gewisser geographischer Grenzen knüpfte,[141] führte die Rechtsprechung mit dieser Entscheidung zwar nicht ausdrücklich aber sinngemäß den Grundsatz der internationalen Erschöpfung ein.

b) Der Schutz des Goodwills einer Marke

In der Folgezeit begann die Rechtsprechung neben der Herkunftsfunktion auch andere Markenzwecke zu berücksichtigen.[142] Der Wandel in der Funktionenlehre hatte auch für das Erschöpfungsrecht Konsequenzen. Die Entscheidung *Bourjois v. Katzel*[143] legte den Grundstein für die Abkehr der in *Appolinaris v. Scherer* eingeführten internationalen Erschöpfung. Im Jahre 1913 kaufte die amerikanische *Bourjois Company* die amerikanische Marke sowie die Vertriebsrechte für den Gesichtspuder „*Java*" von dem französischen Hersteller namens *Bourjois*. Der US-Markt war bereits geschaffen, hatte der französische Hersteller den Puder dort bereits jahrzehntelang rege vertrieben und hohe Summen in seine Vermarktung investiert. Die amerikanische *Bourjois Company* steigerte den Handel mit *Java*-Puder sowie den Bekanntheitsgrad der Marke durch kostspielige Werbung erneut. Infolgedessen genossen Produkt und Marke in den USA einen bedeutenden Ruf. Aufgrund des günstigen Wechselkurses zwischen dem französischen Franc und dem US-Dollar erwarb eine Parallelimporteurin den *Java* Puder von französischen Einzelhändlern und vertrieb ihn gewinnbringend in den USA.

Die Beklagte verteidigte sich gegen die markenrechtliche Klage der *Bourjois Company* unter Hinweis darauf, daß Verbraucher Originalprodukte erhalten hätten, die aus autorisierten Vertriebskanälen stammten. Anknüpfend an die Rechtsprechung in *Appolinaris v. Scherer* handele es sich bei dem Umsatzschaden der *Bourjois Company* lediglich um ein unglückliches aber nach der internationalen Erschöpfungslehre legales Resultat rechtmäßigen intrabrand Wettbewerbes.

Das US Supreme Court hingegen hielt die Markenrechtsverletzung für begründet und widersetzte sich erstmals Parallelimporten aus dem Ausland[144] und gleichzeitig dem Grundsatz der internationalen Erschöpfung. Nicht den französischen Hersteller, sondern die in den USA durch Marketing bekanntgewordene amerikanische *Bourjois Company* verstehe die Öffentlichkeit als Herkunftsquelle für den in den USA vertriebenen Puder, so die Ausführungen des Gerichts. Die

---

141 Hiebert, Parallel Importation, S. 29.

142 Grundlegend in der Literatur Derenberg, Goodwill, 47 Virginia Law Review (1961), 733 f.

143 American Bourjois & Co. v. Katzel, 260 U.S. 689 (1923).

144 Stern, 2 EIPR (1980), 285.

von der Beklagten parallelimportierte Ware erwecke aufgrund der Marken- und Produktidentität fälschlicherweise den Eindruck, als stamme sie von der *Bourjois Company*. Im Unterschied zu vorhergehenden Fällen habe der Kläger hier einen eigenen amerikanischen Absatzmarkt für seine Markenprodukte geschaffen, was sich im guten Ruf der Marke, ihrem „Psychological Goodwill" niedergeschlagen habe. Dieser wiederum wirke sich steigernd auf den Markenwert, den „Proprietary Goodwill", für den Inhaber aus.[145]

Kraft der Anerkennung des Goodwills als schützenswertes Rechtsgut avancierte die Marke vom reinen Herkunftsindikator zum kostbaren Wirtschaftsgut für ihren Inhaber. Nach wie vor verlangte die Rechtsprechung zwar die Irreführung der Verbraucher über die Herkunft der Ware für markenrechtliche Abwehransprüche gegen Parallelimporte. Durch den Schutz des Goodwills wurde der Herkunftsbegriff jedoch modifiziert. Sofern die Marke einen guten Ruf auf dem relevanten Markt genoß und ein eigenständigen, vom Markenimage des ausländischen Unternehmens unabhängigen Goodwill besaß, galt als Ursprungsquelle der Markenware nun nicht mehr der ausländische Hersteller, sondern der aus Verbrauchersicht mit der Marke assoziierte nationale Händler. Bis heute ist die Bedeutung des Goodwills einer Marke für die Beurteilung der Herkunft einer Ware in der Rechtsprechung immer wieder betont worden.[146] Demzufolge lassen sich Parallelimporte in der Regel nur für Marken mit einem starken, US-spezifischen Image abwehren. Sofern für die Marke ein eigenständiger Goodwill auf dem amerikanischen Markt existiert, ist das Recht aus der Marke gegenüber Parallelimporten aus dem Ausland nicht erschöpft. Mithin gilt für solche Markenrechte die US-weite Erschöpfung.

3. Das kodifizierte Recht

Das Common Law ist durch die Kodifizierung der einschlägigen Bundesgesetze grundsätzlich bestätigt, sein Regelungsgehalt dabei freilich verdichtet worden.

145 Knoll, 18 Law and Policy in International Business (1986), 145, 161 Fn. 64.

146 Weil Ceramics and Glass, Inc. v. Dash, 618 F. Supp. 700 (D.N.J. 1985), revised 878 F.2d 659 (3rd Circuit), cert. denied, 493 U.S. 853 (1989); El Greco Leather Products Co. v. Shoe World Inc., 599 F. Supp. 1380 (E.D.N.Y. 1984), revised 806 F.2d 392 (2nd Circuit 1986); Premier Dental Products Co. v. Darby Dental Supply Co., 794 F.2d 850 (3rd Circuit), cert. denied 479 U.S. 950 (1986) = GRUR Int. 1987, 196; Original Appalachian Artworks v. Granada Electronics, Inc., 640 F. Supp. 928 (E.D.N.Y. 1986), affirmed 816 F.2d 68 (2nd Circuit), cert. denied 484 U.S. 847 (1987).

Die Gesetze haben das materielle Common Law nicht verdrängt.[147] Für die aktuelle Rechtslage ist vielmehr von der Koexistenz beider Rechtsinstrumente auszugehen. Die Gesetzgebungszuständigkeit für das Markenrecht liegt beim Bund und ist nicht Sache der Einzelstaaten.[148] Sie folgt aus der Commerce Clause, Art. I (8) der Verfassung der Vereinigten Staaten.[149] Danach hat der Bundesgesetzgeber die Kompetenz, den Wirtschaftsverkehr zwischen den Einzelstaaten und im Außenverhältnis der USA zu Drittstaaten zu regeln. Das Erschöpfungsrecht betrifft wegen seiner warenverkehrsrechtlichen Relevanz den Wirtschaftsverkehr, und zwar sowohl zwischen den Einzelstaaten als auch im Außenverhältnis der USA zu Drittstaaten.[150]

a) Sec. 526 Tariff Act von 1930

Sec. 526 (a) Tariff Act[151] stellt die effektivste Vorschrift zur Abwehr von Parallelimporten dar. Sie wendet sich gegen den Import von Originalware und wird daher auch als „genuine goods statute" bezeichnet.[152] Ihre Verabschiedung war das Resultat aus der Anerkennung des Goodwills im Common Law und dem mit ihr gewachsenen wirtschaftlichen Wert der Marke.[153] Unter der verwaltungsrechtlichen Vorschrift der sec. 526 (a) Tariff Act ist der Import von im Ausland produzierter Ware unzulässig, die mit einer in den USA registrierten Marke gekennzeichnet ist, es sei denn, die Zustimmung des Markeninhabers liegt im Zeit-

---

147 v. Mühlendahl, S. 26.

148 Zum Überblick über die Geschichte der Warenzeichengesetzgebung in den USA vgl. v. Mühlendahl, S. 23 ff.

149 Art. I (8) S. 3 der Constitution lautet:
"The Congress shall have Power ... to regulate Commerce with foreign Nations, and among the several States, and with the Indian Tribes ... ."

150 Die Frage, ob eine Nutzungshandlung in einem anderen Bundesstaat die Markenerschöpfung herbeiführt, gilt aufgrund der first sale doctrine als geklärt. Die Untersuchung befaßt sich folglich mit der Erschöpfungsfrage im Verhältnis der USA zu Drittstaaten.

151 Sec. 526 (a) Tariff Act lautet:
"Except as provided in subsection (d) of this section, it shall be unlawful to import into the United States any merchandise of foreign manufacture if such merchandise ... bears a trademark owned by a citizen of, or by a corporation or association created or organized within, the United States, and registered ... by a person domiciled in the United States ... unless written consent of the owner of such trade-mark is produced at the time of making entry."

152 Kuhn, 70 TMR (1980), 387, 388.

153 H.R. Rep. No. 1223, 67th Congress, 2nd Session 158 (1922); "There is no dispute that ... Katzel was the "major stimulus" for the enactment of sec. 526", K Mart Corp. v. Cartier, Inc., 486 U.S. 281 (1988) at 302.

punkt des Imports vor. Bemerkenswert ist die Tatsache, daß sec. 526 (a) Tariff Act nur Markenrechte von US-amerikanischen Staatsbürgern, Unternehmen oder Vereinigungen schützt.[154] Der Gesetzgeber wollte mit der Vorschrift einheimischen Rechtsinhabern[155] Schutz vor Parallelimporten gewähren, damit sie im Falle des Erwerbes eines Markenrechts von ausländischen Unternehmen dem intrabrand und Preiswettbewerb durch Paralleleinfuhren der veräußernden Rechtsinhaber nicht wehrlos gegenüberstehen.[156] Aus diesem Grund wendet sich die Vorschrift ausdrücklich gegen Waren aus ausländischer Produktion. Da die Vorschrift auch nicht ausnahmsweise auf ausländische Rechtsinhaber Anwendung findet, kommt sie diesen selbst dann nicht zugute, wenn sie Inhaber von US-Marken sind.[157] Sec. 526 (a) Tariff Act zufolge erschöpft sich ein Markenrecht gegenüber Parallelimporten von Waren ausländischer Produktion solange nicht, wie der Rechtsinhaber seine Zustimmung zum Import verweigert. Mithin gilt nach dieser Norm für ausländische Erzeugnisse die US-weit regionale Erschöpfung.[158]

Sec. 526 (a) Tariff Act steht seit seinem Erlaß im Mittelpunkt einer starken Kontroverse. Ihre Gegner halten den Ausschluß von Originalware für eine Umgehung der Kartell- bzw. Wettbewerbsbestimmungen, des antitrust law.[159] Sec. 526 (a) Tariff Act verhelfe US-Markeninhabern zu einer monopolartigen Kontrolle über den Vertrieb ihrer Ware in den USA, beanstanden sie, und verhindere die preisregulierende Wirkung des intrabrand Wettbewerbes. Die Befürworter hingegen sind vom Schutzbedürfnis des Markenrechts gegen den Wettbewerb der ausländischen Hersteller überzeugt, da dieser Schutz nach Sinn und Zweck der Grundsätze des US-amerikanischen Markenrechts geboten sei.[160]

In den 50er Jahren dann erhob das Department of Justice auf der Grundlage der sec. 2 Sherman Act Klage gegen amerikanische Mitglieder internationaler Gesamtunternehmen wegen Verschaffens einer Monopolstellung, die sie unter Berufung auf das Importverbot der sec. 526 (a) Tariff Act erlangt haben soll-

---

154 Kuhn, 70 TMR (1980), 387, 398.

155 Die Nationalität eines Unternehmens bestimmt sich nach einer Zusammenschau von Aspekten. Es spielt dabei eine Rolle, an welchem Ort ein Unternehmen gegründet wurde, von wo aus es seine Verwaltungstätigkeit vornimmt und an welchem Ort das Unternehmen seine größten Gewinne erzielt. Timberg, 46 Columbia Law Review (1946) 533, 572.

156 Interpretative notes and decisions, (1. Purpose), 19 U.S.C.S. § 1526 (1998).

157 Takamatsu, 57 Washington Law Review (1982), 433, 439.

158 Verma, 29 IIC (1998), 534, 543 f.

159 Bicks, 49 TMR (1959), 1255, 1260; Dam, 57 TMR (1967), 14, 17 ff.; Hahm, 81 TMR (1991), 58, 86 ff.

160 Derenberg, Einfuhrhandel, GRUR Int. 1960, 593, 598 f.

ten.[161] Das Department of Justice obsiegte in diesem Rechtsstreit. Das befindende District Court sah es als Verstoß gegen das Monopolisierungsverbot des Sherman Act an, daß sich US-Markeninhaber den Importen der ausländischen aber verbundenen Hersteller widersetzten und damit die Einfuhr der Waren auf den amerikanischen Markt überwachen konnten.[162] Nachdem das Supreme Court die Revision zugelassen hatte, ließ jedoch das Justice Department durch seinen Bundesanwalt überraschend die Aufhebung des Urteils und Klageabweisung beantragen.[163] Mittlerweile hatte die Klägerin die Ansicht gewonnen, das vorliegende Problem könne durch ein gerichtliches Verfahren nicht gelöst werden. Die Regierung bekundete deshalb die Absicht, in Zusammenarbeit mit den zuständigen Fachministerien einen Gesetzesentwurf zur Einschränkung der sec. 526 (a) Tariff Act zu verabschieden. Damit sollte verhindert werden, daß die Frage der Zulässigkeit von Parallelimporten der verbundenen ausländischen Unternehmen durch Gerichte anstatt den berufenen Gesetzgeber beantwortet wird.[164] Die daraufhin ausgearbeitete Gesetzesvorlage, die sog. Cellar Bill,[165] wurde jedoch nie verabschiedet.[166] Es blieb infolgedessen zunächst bei der weitreichenden Anwendung der sec. 526 (a) Tariff Act.

b) Sec. 42 Lanham Act von 1946

Auch gestützt auf sec. 42 Lanham Act,[167] die den gleichen Wortlaut wie die Vorgängerregelung der sec. 27 Trademark Act von 1905 trägt, kann Parallelim-

161 U.S. v. Guerlain, Inc.; U.S. v. Parfums Corday, Inc.; U.S. v. Lanvin Parfums, Inc., 155 F. Supp. 77, 114 USPQ 223 (S.D.N.Y. 1957).

162 U.S. v. Guerlain, Inc. et al, 155 F. Supp. 77, 80.

163 U.S. v. Guerlain, Inc. et al, 172 F. Supp. 107 (1959).

164 Kuhn, 70 TMR (1980), 387, 395.

165 Entwurf zur Abschaffung der sec. 526 (a) Tariff Act betreffend die Einfuhr von Markenartikeln vom 19.05.1959, H.R. 7234, 86th Congress, 1st Session.

166 Eine rechtliche Bewertung dieser Cellar Bill gibt Derenberg, Einfuhrhandel, GRUR Int. 1960, 593 ff.; Bicks, 49 TMR (1959), 1255, 1260 f.

167 Sec. 42 Lanham Act lautet:
"Except as provided in subsection (d) of section 526 of the Tariff Act of 1930, no article of imported merchandise which shall copy or simulate the name of any domestic manufacture, or manufacturer, or trader, or of any manufacturer or trader located in any foreign country which, by treaty, convention, or law affords similar privileges to citizens of the United States, or which shall copy or simulate a trademark registered in accordance with the provisions of this Act or shall bear a name or mark calculated to induce the public to believe that the article is manufactured in the United States, or that it is manufactured in any foreign country or locality other than the country or locality in which it is in

porten rechtlich begegnet werden. Die Vorschrift dient vorwiegend der Bekämpfung nachgeahmter Waren, findet nach allgemeiner Meinung jedoch auch auf Originalerzeugnisse Anwendung.[168] Auf der Grundlage von sec. 42 Lanham Act sind Importe von in- oder ausländischen Waren unter einer Marke unzulässig, die einer in den USA registrierten Marke ähnlich oder mit ihr identisch ist. Vor allem Fälschungen werden unter das Begriffspaar der Markenähnlichkeit und -identität subsumiert. Originalwaren werden nur dann von sec. 42 Lanham Act erfaßt, wenn die Marke fälschlich den Anschein erweckt, als handele es sich um ein Produkt des inländischen Rechtsinhabers.[169] Die Rechtsprechung setzt deshalb für die Anwendbarkeit der sec. 42 Lanham Act auf Parallelimporte das ungeschriebene Tatbestandsmerkmal einer Verbrauchertäuschung in bezug auf die Warenherkunft voraus.[170] Die Beurteilung der Herkunftstäuschung erfolgt unter Berücksichtigung der Stärke des lokalen Goodwills einer Marke.[171] Bei der Auslegung und Anwendung der sec. 42 Lanham Act werden dementsprechend Common Law Grundsätze berücksichtigt.[172]

---

fact manufactured, shall be admitted to entry at any customhouse of the United States ... ."

168 In bezug auf die entsprechende Vorschrift des alten Markengesetzes vgl. Bourjois v. Aldridge, 263 U.S. 675 (1923). Kuhn, 70 TMR (1980), 387, 388, unterscheidet im Rahmen der sec. 42 Lanham Act zwischen counterfeits und infringements.

169 19 CFR § 133.21 (a).

170 Ob eine Verwechslungsgefahr besteht, wird von der Rechtsprechung im Rahmen einer Gesamtabwägung beurteilt. Folgende Aspekte, die sog. Polaroid Faktoren, zählen zu den relevanten Gesichtspunkten, die sich seit der grundlegenden Entscheidung Polaroid Corp. v. Polarad Electronics, Corp. (2nd Circuit, 287 F.2d 492, 495, cert. denied 368 U.S. 820 (1961)) in fast jeder Entscheidung zur Frage der Verwechslungsgefahr wiederfinden (Lois Sportswear, USA, Inc. v. Levi Strauss & Co. (2nd Circuit 1986), 799 F.2d 867, 871 f. = GRUR Int. 1988, 443, 445; Mushroom Makers, Inc. v. R.G. Barry Corp. (S.D.N.Y. 1977), 196 U.S.P.Q. 471, 476, affirmed (2nd Circuit 1978), 580 F.2d 44, cert. denied 439 U.S. 1116 (1979); Centaur Communications, Ltd. v. A/S/M Communications, Inc., (S.D.N.Y. 1987), 1 U.S.P.Q. 2d 1958, 1867 ff.; Polo Fashions, Inc. v. Extra Special Products, Inc. (S.D.N.Y. 1978), 200 U.S.P.Q. 161, 164). Zur Beurteilung der Verwechslungsgefahr nach US-Recht vgl. Beier, Verwechslungsgefahr, GRUR Int. 1991, 92 ff.

1. Die Stärke des Zeichens der Klägerin
2. Der Grad der Ähnlichkeit der beiden Zeichen
3. Die Verwandtschaft der Produkte
4. Fälle einer tatsächlichen Verwechslung
5. Die Gutgläubigkeit des Beklagten bei der Benutzung des Zeichens
6. Die Qualität der Produkte des Beklagten
7. Die Sorgfalt und Bildung der potentiellen Käuferschicht.

171 Diese Faktoren sind nicht abschließend, sondern die Gerichte berücksichtigen darüber hinaus auch weitere Umstände des Einzelfalls.

172 Nordemann, DZWir 1995, 315, 319.

Der Hauptunterschied zur Regelung der sec. 526 (a) Tariff Act besteht darin, daß diese nur US-amerikanische Bürger, Unternehmen oder Vereinigungen schützt, während sec. 42 Lanham Act auf alle Inhaber von US-Marken Anwendung findet.[173] Sec. 42 Lanham Act zufolge können Parallelimporte also dann von Inhabern einer US-Marke abgewehrt werden, wenn die Marke des Importprodukts eine Verwechslungsgefahr erzeugt. Diese ist immer dann gegeben, wenn der US-Marke ein separater, lokaler Goodwill anhaftet. Mit anderen Worten tritt eine Rechtserschöpfung in den USA gegenüber Parallelimporten nicht ein, wenn in den USA ein auf den US-Rechtsinhaber zurückzuführender, von dem im Ausfuhrstaat unabhängiger Goodwill der Marke existiert. Auch insoweit läßt das Markenrecht der USA Konturen einer US-weiten Erschöpfung erkennen.

c) Grenzbeschlagnahme durch die Zollbehörde

Aufgrund der sec. 526 (a) Tariff Act, 42 Lanham Act, die nach deutschem Verständnis öffentlich-rechtliche Vorschriften darstellen,[174] bestehen Ansprüche gegen die zuständige Behörde zur Beschlagnahme der rechtswidrigen Waren am Zoll.[175] Der Zollbehörde (Customs Service) nämlich obliegt die Durchführung dieser Vorschriften.[176] In den USA angelangt, werden die importierten Waren von den Zollbehörden auf ihre Vereinbarkeit mit beiden Vorschriften untersucht. Stellt das Behördenpersonal eine Rechtsverletzung durch die Importware fest,[177] so wird sie beschlagnahmt und der Markeninhaber vom Importvorhaben in Kenntnis gesetzt. Ihm wird eine Frist von 30 Tagen gesetzt, um zu entscheiden, ob er bzgl. der Einfuhr seine schriftliche Zustimmung erteilen will.[178] Lehnt er

173 Nolan-Haley, 5 New York Law School of International and Comparative Law (1984), 231, 245.

174 Nordemann, DZWir 1995, 315, 319.

175 Voraussetzung ist, daß der Markeninhaber zuvor eine Kopie der Markenanmeldung bei der zuständigen Behörde, dem Secretary of the Treasury, hinterlegt hat. Kelly, 11 North Carolina Journal of International Law and Commercial Regulation (1986), 231, 233.

176 Nolan-Haley, 5 New York Law School of International and Comparative Law (1984), 231, 240. Unter den gleichen Voraussetzungen können jedoch gem. sec. 526 (c) Tariff Act und 43 (a) Lanham auch Ansprüche auf dem Privatklageweg gegen Parallelimporteure direkt geltend gemacht werden. Dazu Palladino, 79 TMR (1989), 158, 204; Smart, 10 Cardozo Law Review (1989), 1963, 1977; Steiner/ Sabath, 15 William Mitchell Law Review (1989), 434, 438.

177 Bei der Entscheidung über die Rechtmäßigkeit der Importware ist der Zollbehörde ein gerichtlich nur eingeschränkt nachprüfbarer Ermessensspielraum eröffnet vgl. Nordemann, DZWir 1995, 315, 319.

178 19 CFR § 133.22 (a).

dies ab, wird eine Einfuhrschranke über die Produkte verhängt.[179] Die Grenzbeschlagnahme verhindert, daß Markeninhabern durch rechtswidrige Importe irgendein Schaden entsteht, da sie bereits abgefangen werden, bevor sie in den Warenumlauf gelangen. Mithin stellt das zollbehördliche Verfahren ein sehr effektives Instrument zur Begegnung von Parallelimporten dar.

d) Ausnahmen zu sec. 526 (a) Tariff Act, 42 Lanham Act

Sowohl sec. 526 (a) Tariff Act als auch sec. 42 Lanham Act statuieren weitreichende und pauschale Importverbote für Originalwaren. Die Zollbehörde begann schließlich vor geraumer Zeit, die Durchführung der Verbotsnormen in Fällen zu verweigern, in denen es um die Abwehr der eigenen, im Ausland gefertigten Waren des US-Rechtsinhabers ging.[180]

(1) Sec. 133.21 (c) Customs Regulations

Gem. sec. 526 (d) (4) Tariff Act hat der Secretary of the Treasury die Befugnis zum Erlaß von Rechtsverordnungen zur Ausführung des Zollgesetzes. Von dieser Befugnis hat die Behörde durch die Verabschiedung von sec. 133.21 (c) Customs Regulations[181] Gebrauch gemacht. Diese Vorschrift enthält Ausnahmetatbestände zu sec. 526 (a) Tariff Act, die aufgrund der Verweisung in sec. 42 Lanham Act auch für letztere Vorschrift gelten. Sec. 133.21 (c) Customs Regulations schränkt die breiten Importverbote ein. Damit wollte die erlassende Behörde verhindern, daß sie warenverkehrsbehindernde Wirkung entfalten und von Markeninhabern als Instrument zur Verschaffung einer Monopolstellung mißbraucht werden könnten.

---

179 Zum Verfahren der Zollbehörde im einzelnen siehe Kuhn, 70 TMR (1980), 387, 391 ff.

180 Nolan-Haley, 5 New York Law School of International and Comparative Law (1984), 231, 240; Kelly, 11 North Carolina Journal of International Law and Commercial Regulation (1986), 231, 234; Kuhn, 70 TMR (1980), 387, 395.

181 Sec. 133.21 (a) Customs Regulations lautet:
"The restrictions set forth [in sec. 526 (a) Tariff Act, 42 Lanham Act] do not apply to imported articles when:
(1) Both foreign and the US trademark or trade name are owned by the same person or business entity;
(2) The foreign and domestic trademark or trade name owners are parent and subsidiary companies or are otherwise subject to common ownership and control;
Inzwischen aufgehoben:
(3) The articles of foreign manufacture bear a recorded trademark or trade name applied under authorization."

Das US Supreme Court bestätigte in der Entscheidung *K Mart v. Cartier*[182] die Rechtmäßigkeit des ersten und zweiten Absatzes von sec. 133.21 (c) Customs Regulations, verwarf hingegen den dritten Absatz als ungültig.[183] Seither sind Parallelimporte zulässig, wenn die ausländische und die US-amerikanische Marke demselben Inhaber gehören (Abs. 1), beide Markeninhaber Mutter- und Tochterunternehmen sind (Abs. 2, 1. Alt.) oder sie anderweitig unter gemeinsamer Inhaberschaft und Kontrolle stehen (Abs. 2, 2. Alt.).[184] Sec. 133.21 (c) (2) Customs Regulations zufolge sind Importhandlungen verbundener Unternehmen wie eigene Nutzungshandlungen des Markeninhabers zu behandeln und folglich geeignet, eine Rechtserschöpfung herbeizuführen. Ein amerikanischer Markeninhaber soll seine Markenrechte durch Importe eines Mitglieds des Gesamtunternehmens nicht als verletzt beklagen können, wenn er selbst Einfluß auf und Kontrolle über die Vermarktung und Vertriebswege im Ausland hat.[185] Die Erschöpfung tritt also durch Nutzungshandlungen im Ausland zum einen ein, wenn die Marke, unter der die Produkte parallelimportiert werden, dem US-Rechtsinhaber gehört und zum anderen dann, wenn die Parallelimporte von ausländischen Unternehmen stammen, die mit dem Inhaber der US-Marke verbunden sind. Nutzungshandlungen autorisierter Personen hingegen, wie Lizenznehmer oder Vertriebshändler, führen keine Erschöpfung des US-Markenrechts herbei. Auf die bekannten Erschöpfungskategorien übertragen, gilt im Rahmen des Anwendungsbereichs der sec. 133.21 (c) Customs Regulations mithin die internationale Erschöpfung für US-Markenrechte.

---

182 K Mart Corp. v. Cartier, Inc., 486 U.S. 281 (1988).

183 Absatz 3 hob das Gericht aufgrund seiner Unvereinbarkeit mit sec. 526 (a) Tariff Act auf. Die Gebrauchsautorisierung alleine, worunter vor allem Lizenzen und Vertriebsrechte fallen, begründe keine hinreichende Nähe zwischen dem Rechtsinhaber und den autorisierten Unternehmen, die es rechtfertige, dem Markeninhaber ihre Importe zuzurechnen (in diesem Punkt abweichender Auffassung: Justice Brennan, K Mart Corp. v. Cartier Inc., 486 U.S. 281 (1988) at 312). Aufgrund dessen können sich Markeninhaber in den USA gegen Importe der ausländischen Lizenznehmer und Vertriebshändler unter Berufung auf sec. 526 (a) Tariff Act, 42 Lanham Act zur Wehr setzen.

184 Die gemeinsame Inhaberschaft wird bejaht, wenn das inländische Unternehmen mehr als 50% der Anteile des ausländischen Unternehmens hält. Eine gemeinsame Kontrolle setzt voraus, daß das amerikanische Unternehmen eine effektive Kontroll- und Einflußmöglichkeit über Entscheidungen des ausländischen Unternehmens besitzt, vgl. 19 CFR § 133.2 (d) (1), (2). Diese Voraussetzungen liegen in der Regel bei Konzernzugehörigkeit vor, Nordemann, DZWir 1995, 315, 319.

185 Lansing/ Gabriella, 31 American Business Law Journal (1993), 313 ff.

(2) Die "Material Difference Rule"

Durch die Entscheidung *Lever Brothers v. US*[186] schränkte das US Supreme Court den Anwendungsbereich von sec. 133.21 (c) (2) Customs Regulations, der sog. "affiliate exception", wieder ein. Ein Dritter hatte in Großbritannien hergestellte *"Shield"* Seife sowie *"Sunlight"* Spülmittel in die USA importiert, wo es im Wettbewerb zu der in den USA produzierten, identisch markierten Ware des Klägers verkauft wurde. *Lever US* gehörte zur Unternehmensgruppe der *Lever UK*, auf *Lever US* war jedoch die US-Marke eingetragen. Unter Berufung auf die Verletzung von sec. 42 Lanham Act beantragte *Lever US* bei der zuständigen Zollbehörde die Beschlagnahme der Importware. Die Behörde lehnte den Antrag mit Hinweis auf die Vorschrift der sec. 133.21 (c) (2) Customs Regulations ab. Nachdem die Klage im Ausgangsverfahren abgewiesen wurde, hatte die Berufung Erfolg. Der Kernpunkt der Berufungsentscheidung bestand darin, daß die unterschiedliche Qualität von US- und UK-Produkten die Anwendung von sec. 133.21 (c) (2) Customs Regulations ausschloß.[187] Entgegen der Ansicht der beklagen Behörde, *Lever* sei ein Opfer seiner Selbstschädigung geworden, sprach das Gericht sich wegen der Wahrscheinlichkeit der Irreführung von Verbrauchern und des gebotenen Schutzes des Goodwills der Marken auf dem separaten US-Markt gegen den Eintritt der Erschöpfung aufgrund von sec. 133.21 (c) (2) Customs Regulations aus. Die Berufung auf das Importverbot war der unterschiedlichen Konsistenz der Waren zufolge möglich.

Das Gericht formulierte die "material difference rule" abstrakt,[188] woraus die regelmäßige Anwendung dieses Rechtsgrundsatzes resultierte.[189] Die Anwendung der "affiliate exception" scheidet seither in Fällen aus, in denen die Importware irgendwelche qualitativen Unterschiede zu den durch eine US-Marke

186 Lever Brothers Co. v. United States, 877 F.2d 101 (D.C.Circuit); cert. denied 481 U.S. 1069 (1989).

187 Lever Brothers Co. v. United States, 877 F.2d 101 (D.C.Circuit) at 107; Tirschwell, Journal of Commerce 1992, 1.

188 "... when identical trademarks have acquired different meanings in different countries, one who imports the foreign version to sell it under the trademark will ... cause the confusion Congress sought to avoid".
In der Entscheidung Nestlé S.A. v. Casa Helvetia legte das Gericht für die "material difference rule" als Standard fest, daß jeder Produktunterschied zwischen der US- und der Importware, die für Verbraucher bei der Kaufentscheidung möglicherweise relevant sein könnte.

189 Ferrero USA Inc. v. Ozak Trading Inc., 753 F.Supp. 1240 (D.N.J. 1991), affirmed 935 F.2d 1281 (CA 3 1991); Société des Produites Nestlé S.A. v. Casa Helvetia, 777 F.Supp. 161 (D.P.R. 1991), reversed 982 F.2d 633 (1st Cir. 1992).

geschützten Produkten aufweist.[190] Dabei tendieren die Gerichte zu einer enorm extensiven Auslegung des Begriffs der Qualitätsunterschiede. Im Rechtsstreit *Pepsi Co. v. Nostalgia*[191] reichten Unterschiede im Labelling, in der Verpackung und im Marketing, um Abweichungen im Sinne der "material difference rule" zu begründen. Sogar den Unterschied von einer Kalorie haben Gerichte als ausreichend dafür angesehen, um den Warenimport wegen der Irreführung der Verbraucher zu untersagen.[192] Aus der extensiven Auslegung der "material difference rule" folgt, daß die Rechtserschöpfung selbst gegenüber verbundenen Unternehmen meist nicht eintritt. Rechtsinhaber können in Kenntnis der Rechtsprechung zur "material difference rule" die ausländische Ware minimal abweichend gestalten und erhalten sich auf diese Weise das Abwehrrecht aus sec. 526 (a) Tariff Act, 42 Lanham Act durch die Umgehung der sec. 133.21 (c) (2) Customs Regulations. Faktisch wird damit die Anwendung der sec. 133.21 (c) (2) Customs Regulations erheblich reduziert. Somit bleibt für eine internationale Erschöpfung grundsätzlich nur dann Raum, wenn die ausländische und die US-Marke demselben Inhaber gehören. Diese Fallkonstellation spielt jedoch in der Praxis eine sehr untergeordnete Rolle, da der US-Markeninhaber, der zugleich Inhaber der ausländischen Marke ist, sich den Importen unter seiner eigenen Marke in der Regel nicht widersetzen will und muß, weil er doch direkten Einfluß auf den Warenvertrieb im Ausland hat. Der Anwendungsbereich der internationalen Erschöpfung im Rahmen von sec. 133.21 (c) Customs Regulations ist somit äußerst beschränkt.

e) Sec. 337 Tariff Act von 1930

Zur Bekämpfung markenrechtsverletzender Einfuhren kommt in den USA weiterhin das Verwaltungsverfahren nach sec. 337 Tariff Act[193] in Betracht.[194] Die

---

190 Sommers, 16 EIPR (1994), 269, 271 ff.

191 Pepsi Co v. Nostalgia, 18 U.S.P.Q. 2d 1405; siehe auch Pepsi Co v. Giraud, 7 U.S.P.Q. 2d 1371, 1373 (D.P.R. 1988).

192 Ferrero USA, Inc. v. Ozak Trading, Inc., 753 F.Supp. 1240 (D.N.J. 1991), affirmed 935 F2d 1281 (CA 3 1991). Zu dieser Rechtsprechung ausführlich siehe Goldman, 83 TMR (1993), 495.

193 19 U.S.C. § 1337, amended at 19 U.S.C. § 133 (d)-(e) (1988).
In bezug auf Markenrechte lautet sec. 337 Tariff Act:
> "Subject to paragraph (2), the following are unlawful, and when found by the Commission to exist shall be dealt with, in addition to any other provision of law, as provided in this section:
> [...]
> The importation into the United States, the sale for importation or the sale within the united States after importation by the owner, importer, or consignee,

Entscheidungsbefugnis über dieses Verfahren haben nicht US-Gerichte, sondern besitzt die International Trade Commission (ITC), eine Verwaltungsbehörde, die mit gerichtsähnlichen Kompetenzen ausgestattet ist.[195] Die Vorschrift dient dem Schutz der amerikanischen Industrie vor unlauterem Wettbewerb durch Importmaßnahmen.[196] Die Anwendung der Vorschrift setzt voraus, daß ein Rechtsinhaber eine Marken-, Patent- oder Urheberrechtsverletzung durch einen Warenimport geltend machen kann.[197] Somit ist mittels sec. 337 Tariff Act die Rechtsdurchsetzung eines Importverbotes auf markenrechtlicher Grundlage möglich. Bei der Beurteilung der Markenrechtsverletzung greift die ITC auf die Rechtsprechungsgrundsätze zu sec. 526 (a) Tariff Act und 42 Lanham Act zurück.[198] Auf Antrag des Schutzrechtsinhabers oder von Amts wegen leitet die ITC ein förmliches, streitiges Verfahren ein. Der Vorteil gegenüber den regulären Gerichtsverfahren besteht vor allem darin, daß das Verfahren nach sec. 337 Tariff Act unter dem Gebot größtmöglicher Beschleunigung steht und deshalb eine kürzere Verfahrensdauer hat.[199] Es endet entweder mit einem Vergleich zwi-

---

of articles that infringe a valid and enforceable United States trademark registered under the Trademark Act of 1946 (15 U.S.C. 1051 et seq.)."

194 Palladino, 79 TMR (1989), 158, f.; Mackintosh/ Graham, 11 North Carolina Journal of International Law and Commercial Regulation (1986), 293, 305; Kelly, 11 North Carolina Journal of International Law and Commercial Regulation (1986), 231, 237; Nolan-Haley, 5 New York Law School of International and Comparative Law (1984), 231, 248; Haedicke, Importe, GRUR Int. 1999, 497 ff.; Evans, 18 World Competition (1994), 137, 149 ff.; Stucki, S. 32, Fn. 151; Katzenberger, GRUR Int. 1995, 447, 453; Haedicke, Urheberrecht und Handelspolitik, S. 103 ff.

195 Haedicke, Importe, GRUR Int. 1999, 497.

196 Nolan-Haley, 5 New York Law School of International and Comparative Law (1984), 231, 248 f.

197 Evans, 18 World Competition (1994), 137, 149; Haedicke, Urheberrecht und Handelspolitik, S. 104.

198 In der Entscheidung Kubota, 44 U.S.P.Q. 2d (BNA) 1385 ff. lehnte die ITC einen Markenrechtsverstoß nach sec. 42 Lanham Act und mithin gegen sec. 337 Tariff Act durch den Import und Vertrieb von Traktoren aus Japan unter der US-Marke KUBOTA ab, weil die Traktoren von identischer Qualität und Herkunft wie die in den USA vertriebenen waren und allein der japanische Label keine die Verbraucherirreführung erzeugende Qualitätsabweichung darstellte. Dabei verwies die ITC auf die für Rechtsverstöße gegen sec. 42 Lanham Act einschlägige Rechtsprechung wie K Mart Corp. v. Cartier, Inc.; Lever Bros v. United States; Ferrero USA, Inc. v. Ozak Trading; Societé des Produits Nestlé, S.A. v. Casa Helvetia, Inc.

199 Bis zum Jahre 1994 war der Abschluß des Verfahrens innerhalb von 12, höchstens 18 Monaten vorgeschrieben. Jedoch wird das Verfahren auch seither weiterhin zügig durchgeführt, Haedicke, Urheberrecht und Handelspolitik, S. 104; Nolan-Haley, 5 New York Law School of International and Comparative Law (1984), 231, 248; Haedicke, Importe, GRUR Int. 1999, 497, 500.

schen Antragsteller und Antragsgegner oder durch eine streitige Entscheidung der ITC.[200] Kommt sie zu dem Ergebnis, daß Importe rechtswidrig sind, so erläßt sie eine Untersagungsverfügung, welche die zukünftige Einfuhr dieser Waren verhindert oder ordnet die Beschlagnahme und Einziehung der rechtswidrigen Produkte an.[201] Die Entscheidungen der ITC entfalten unmittelbar und ohne weiteres Vollstreckungsverfahren rechtliche Wirkung, da sie durch die zuständige Zollbehörde sofort durchgesetzt werden.[202] Das rechtliche Abwehrsystem gegen Parallelimporte in den USA ist somit von beträchtlichem Umfang.

4. Die Erschöpfung von Markenrechten nach NAFTA-Recht[203]

Das NAFTA begründet eine Freihandelszone, die dem Abbau von Zöllen und anderen Handelsbeschränkungen sowie der Gewährleistung des ungehinderten Warenverkehrs dient.[204] Sie zielt auf die Integration der drei Mitlieder USA, Kanada und Mexiko und die Schaffung eines gemeinsamen Marktes ab, erhält jedoch die politische Autonomie der Vertragsparteien.[205] Die Vereinheitlichung des Erschöpfungsrechts in Europa ist in der Literatur bereits als Beispiel für eine entsprechende Gestaltung des Erschöpfungsrechts im NAFTA zitiert worden.[206] Zur Erreichung des durch das NAFTA anvisierten Freihandels müßte, wie in Europa, der Schutzstandard für Immaterialgüter hinsichtlich der Erschöpfung für alle drei Mitglieder auf einen gemeinsamen Nenner gebracht werden, um zu ver-

200 Haedicke, Importe, GRUR Int. 1999, 497, 498.

201 Burchfiel, GRUR Int. 1990, 179, 188; zum Ablauf des Verfahrens im einzelnen, vgl. Haedicke, Importe, GRUR Int. 1999, 497, 498 f.

202 Haedicke, Importe, GRUR Int. 1999, 497, 498.

203 NAFTA ist eine Abkürzung, die für North American Free Trade Agreement steht. Dieses Abkommen war die Grundlage zur Schaffung der Freihandelszone zwischen den USA, Kanada und Mexiko und ist am 17.12.1992 in Kraft getreten. Das NAFTA ist abgedruckt in 32 I.L.M. 296 und 32 I.L.M. 605.

204 Rojas-Amandi, S. 24.

205 Die NAFTA-Mitglieder verfügen nach wie vor über ihre Zoll- und Protektionsautonomie gegenüber Drittstaaten. Auch ist im Gegensatz zur EU die Autonomie zur Entscheidung über Fragen der Außenhandels-, Außenwirtschaft- oder Sicherheitspolitik nicht auf eine supranationale Organisiation übertragen, sondern von den Partnerstaaten des NAFTA beibehalten worden. Von den vier Grundfreiheiten der EU, freier Personenverkehr, freier Dienstleistungsverkehr, freier Warenverkehr und freier Kapitalverkehr, wird die Warenverkehrsfreiheit von den NAFTA-Mitgliedern noch am ehesten, wenn auch am Integrationsniveau der EU gemessen nur teilweise verwirklicht. Dazu Braun, S. 13 f; Senti, S. 1.

206 Gonzalez, 34 Havard International Law Journal (1993), 305, 320 ff.; Verma, 29 IIC (1998), 534, 558.

hindern, daß mit Markenrechten die Märkte der Vertragsparteien untereinander abgeschottet werden können.[207]

Eine NAFTA-weite Erschöpfung auf einer warenverkehrsrechtlichen Grundlage existiert bisher nicht.[208] Das NAFTA enthält in seinen Art. 1701-1721 zwar Bestimmungen zum Immaterialgüterschutz, die an die Vorschriften des TRIPs angelehnt sind.[209] Diese Vorschriften lassen die Erschöpfungsfrage jedoch unberührt.[210] Infolge dieses Regelungsdefizits entwickelten sich unterschiedliche Auffassungen über die Zulässigkeit von Parallelimporten in der Freihandelszone, die sich im wesentlichen in zwei Lager spalten: Befürworter effektiven Freihandels treten unter Protest gegen die handelsbeschränkende Wirkung unterschiedlicher Erschöpfungsregimes für die Zulässigkeit von Parallelimporten innerhalb der Freihandelszone und somit für eine (mindestens) NAFTA-weite und für alle Mitglieder einheitliche regionale Erschöpfung ein.[211] Andere meinen, es bliebe jeweils den Mitgliedern der Freihandelszone überlassen, sich für eine ihrer Handelspolitik entsprechende Erschöpfungsform zu entscheiden.[212] Diese Auffassung hat sich auch bei den Regierungen der Mitgliedstaaten durchgesetzt, zwischen denen eine Einigung zur Erschöpfungsfrage bislang nicht er-

---

207 So auch Kent, 28 Les Nouvelles (1993), 176, 178; Gonzalez, 34 Havard International Law Journal (1993), 305, 308; Quick, 33 Les Nouvelles (1998), 148.

208 Kent, 28 Les Nouvelles (1993), 176, 178; Donnelly, 13 Santa Clara Computer & High Technology Law Journal (1997), 445, 495; Stucki, S. 31.

209 Diese Normen entstanden in Anlehnung an den sog. "Dunkel-Entwurf" des TRIPs-Abkommens vom 20.12.1991 (GATT Doc. MTN.TNC/W/FA), Levy/ Weiser, 27 The International Lawyer (1993), 671 f.; Sweeney/ Greenberg/ Bitler, 84 TMR (1994), 477, 492; Lee/ v. Lewinski, S. 319. Für eine Zusammenfassung über die Entstehung des Dunkel-Entwurfs siehe Evans, 18 World Competition (1994), Issue 2, 137, 174; Langhammer, NAFTA, S. 7; Meltzer, 83 TMR (1993), 18, 20.

210 Ragab/ Gostlow, S. 6; Tawfik, S. 33, Fn. 4 und S. 38, Fn. 72; Gonzalez, 34 Havard International Law Journal (1993), 305, 307; Kent, 28 Les Nouvelles (1993), 176, 178; Levy/ Weiser, 27 The International Lawyer (1993), 671, 686; Bereskin, NAFTA, 83 TMR (1993), 1, 3.

211 Tawfik, S. 20, 32; Kent, 28 Les Nouvelles (1993), 176, 179; Gonzalez, 34 Havard International Law Journal (1993), 305, 306.

212 Quick, 33 Les Nouvelles (1998), 148, 151, verweist darauf, daß die liberale Erschöpfungsform nur zwischen solchen Staaten Vorteile bringt, die sich zu einem gemeinsamen Markt unter vollständiger Harmonisierung der handelspolitischen, wirtschaftlichen und rechtlichen Fragen zusammengeschlossen haben. Da zwischen den NAFTA-Staaten ein derartiger Integrationsprozeß (noch) nicht stattgefunden hat, spricht sich Quick jedenfalls indirekt für den Erhalt der Autonomie von NAFTA-Mitgliedern hinsichtlich der Beibehaltung einer restriktiven Markenerschöpfung aus. Siehe auch Levy/ Weiser, 27 The International Lawyer (1993), 671, 686.

zielt werden konnte.[213] Während die USA restriktiv mit Parallelimporten verfährt, hat Mexikos neues Markenrecht[214] die Frage der Zulässigkeit von Parallelimporten bewußt offengelassen.[215] In Kanada hingegen scheitert die markenrechtliche Abwehr von Parallelimporten in der Regel daran, daß nur die ausländische Muttergesellschaft, die von der Verbraucheröffentlichkeit als Hersteller verstanden wird, in Kanada eine Marke registrieren lassen kann. Folglich können sich kanadische Markeninhaber durch markenrechtliche Verletzungsklagen gegen Parallelimporte der ausländischen Muttergesellschaft nicht zur Wehr setzen.[216] Die Unterschiede im Erschöpfungsrecht zeigen, daß hier die Souveränität der einzelnen Mitglieder Vorrang vor dem Freihandelsgedanken genießt, weil die Beibehaltung unterschiedlicher Erschöpfungsformen innerhalb der Freihandelszone dazu führt, daß Waren nicht ungehindert zirkulieren können.

5. Zwischenergebnis

Grundsätzlich sind Parallelimporte aus dem Ausland unzulässig, wenn die Ware im Ausland produziert wurde und die US-Marke einen amerikanischen Inhaber hat (sec. 526 (a) Tariff Act) oder die importierte Ware Verbraucher über die Warenherkunft täuscht (sec. 42 Lanham Act). Es sind nur sehr wenige Parallelimportfälle denkbar, die weder in den Anwendungsbereich der einen noch der anderen Vorschrift fallen.[217] Die gegen sec. 526 (a) Tariff Act und 42 Lanham Act verstoßenden Importwaren können bereits am Zoll durch die zuständigen Behörden beschlagnahmt werden. Darüber hinaus verhilft das gerichtsähnliche Verwaltungsverfahren gem. sec. 337 Tariff Act Schutzrechtsinhabern zu einer einfachen und zügigen Durchsetzung dieser Vorschriften vor der ITC. Parallelimporte sind nach dem Markenrecht der USA daher in der Regel unzulässig. Insoweit entspricht die Rechtslage einer US-weiten Markenerschöpfung.

---

213 Kent, 28 Les Nouvelles (1993), 176, 178 f.

214 Schmidt, 34 IDEA (1993), 33 f.; Aktuelle Informationen, GRUR Int. 1987, 201 f.; Moran/ Abbott, S. 16 f.

215 Gonzalez, 34 Harvard International Law Journal (1993), 305, 315, 319.

216 Beier/ v. Mühlendahl, Mitt. 1980, 101, 106; Bereskin, Barrier, 80 TMR (1990), 272, 273 ff., m.w.N.; Gorelick/ Little, 11 North Carolina Journal of International Law and Commercial Regulations (1986), 205, 228.

217 Einen sehr guten Überblick über die engen Grenzen der Zulässigkeit von Parallelimporten nach US-Recht verschafft die Skizze von Sommers, 16 EIPR (1994), 269, 274.

Zu diesem Grundsatz bildet sec. 133.21 (c) Customs Regulations Ausnahmen. Damit gilt der Grundsatz der internationalen Erschöpfung, wenn der US-Rechtsinhaber auch Inhaber der Marke im Ausland ist, das ausländische Unternehmen und der US-Rechtsinhaber Mutter- und Tochterunternehmen bzw. umgekehrt sind oder sie anderweitig unter gemeinsamer Inhaberschaft und Kontrolle stehen. Der Erschöpfungseintritt bleibt gleichwohl gegenüber den Importen verbundener Unternehmen aus, sofern die Importware irgendwelche Unterschiede zur inländischen Ware aufweist. Die Ausnahmefälle der sec. 133.21 (c) Customs Regulations spielen aufgrund der bestehenden Rückausnahmen in der Praxis keine große Rolle. Obwohl das Markenrecht der USA zur Erschöpfung nicht einheitlich geregelt ist, läuft es mit einigen Ausnahmen auf den Grundsatz der regionalen, US-weiten Erschöpfung hinaus.

C. Handelspolitische Hintergründe

Die Beurteilung der Zulässigkeit von Parallelimporten bedarf einer Wertentscheidung zwischen individuellem Markenschutz und allgemeiner Warenverkehrsfreiheit. Die folgenden Abschnitte untersuchen, von welchen Motiven sich die EU und die USA bei ihrer Entscheidung für ihr jeweiliges Erschöpfungsregime haben leiten lassen. Die Kenntnis der handelspolitischen Hintergründe dieser Entscheidungen helfen nicht nur, Sinn und Zweck der in der EU und den USA herrschenden Erschöpfungssysteme zu begreifen, sondern bilden zudem die Grundlage für eine kritische Beurteilung der Erschöpfungsrechte unter internationalen Rechtsvorschriften. Nicht zuletzt setzt auch ein realisierbarer Änderungsvorschlag die Berücksichtigung der hintergründigen Interessen beider Handelspartner voraus.

I. Die Vorbehalte der EU gegen die internationale Erschöpfung

Grundsätzlich ist der EU an einem freien, unbeschränkten Warenhandel gelegen.[218] Artt. 28, 30 EG geben eine dahingehende Gewährleistung, die als Grundgarantie des Gemeinsamen Marktes zu verstehen ist.[219] Diese warenverkehrsrechtlich liberale Haltung steht im Einklang mit der langjährigen Befürwortung

218 Frits Bolkestein, "The Protection of Industrial Property in Europe and its Place in the World", Ansprache am 29.05.2000 in Alicante, <http://europa.eu.int/internal market/en/speeches/spch194. htm>.

219 Geiger, Art. 28 Rdnr. 1; Fezer, Markenrecht, § 24 Rdnr. 61.

der internationalen Erschöpfung durch die Kommission.[220] Seitdem die *Silhouette*-Rechtsprechung des EuGH Art. 7 (1) MRL zu einer starren Maximalbestimmung deklariert hat, sind kritische Stimmen der Handelsindustrie[221] und Politik laut geworden. Am 08.02.1999 hat das NERA-Institut eine von der Kommission in Auftrag gegebene Untersuchung mit dem Titel "The Economic Consequences of the Choice of Regime of Exhaustion in the Area of Trademarks" vorgelegt.[222] Die Studie beschäftigt sich mit ökonomischen Argumenten für bzw. wider die Einführung einer internationalen Erschöpfung in der EU. Die Kommission hat daraufhin im Frühjahr 1999 zwei Anhörungen zum Thema der Markenerschöpfung durchgeführt, und zwar eine mit Vertretern der Mitgliedstaaten[223] und eine mit den betroffenen Handelskreisen.[224] Den Teilnehmern wurde über die in der NERA-Studie gewonnenen Ergebnisse berichtet und Gele-

220 Die Kommission befürwortete in ihrem „Memorandum for the Creation of an EEC Mark" und in den ersten Fassungen der MRL und der GMVO die Einführung der internationalen Erschöpfung. Vgl. Berichterstatter Turner, Verhandlungen des Europäischen Parlamentes vom 12.10.1983, ABl. EG, Nr. 1-304/112, 114; Beier, Industrial Property, 21 IIC (1990), 131, 159; Beier/ v. Mühlendahl, Mitt. 1980, 101, 102; Harte-Bavendamm/ Scheller, WRP 1994, 571, 574.

221 Im Jahre 1998 haben Parallelhändler eine eigene Vereinigung gegründet, die European Parallel Trade Coalition, die ihren Sitz in Brüssel hat. Ausführlich John Griffith, "EU Traders push for competition in branded goods", Financial Times vom 16.12.1998, S. 8; Peggy Hollinger, "Traders unite to fight ban on sale of gray goods", Financial Times vom 11.08.1998, S. 1.

222 National Economic Research Associates (NERA) in Zusammenarbeit mit den Rechtsanwälten SJ Berwin & Co, London, Abschlußbericht für die GD XV der Europäischen Kommission vom 08.02.1999.

223 Am 26.04.1999 traten Vertreter der GD XV, 1A, III, IV und XXI, Mitglieder des Juristischen Dienstes sowie die Delegationen der Mitgliedstaaten zusammen. Dabei wurden die Ergebnisse der NERA-Studie erörtert und den Teilnehmern Gelegenheit zur Stellungnahme gegeben. Schweden legte eine eigene Untersuchung der schwedischen Wettbewerbsbehörde zur Erschöpfungsfrage mit dem Titel "Parallel Imports – Effects of the Silhouette Ruling", (Swedish Competition Authority, Report Series 1999:1) vor. Für einen Bericht über dieses Meeting siehe Kommissionsdienststellen, S. 18 f.; Single Market News, „Propriété Intellectuelle & Industrielle, Trademark Rights, Exhaustion Regime under Consideration", Ausgabe Nr. 17, Juli 1999, <http://europa.eu.int/comm/internal_market/en/smn/smn17/s17mn35.htm>.

224 Am 28.04.1999 führte die GD XV in Brüssel eine Anhörung von 180 Vertretern der betroffenen Kreise durch. Es erschienen Vertreter der Verbrauchergruppe, der Parallelhändler und der Einzelhändler. Auch sie nahmen zu den Ergebnissen der NERA-Studie Stellung. Über dieses Meeting berichten Kommissionsdienststellen, S. 19 f.; Single Market News, Propriété Intellectuelle & Industrielle, "Trademark Rights, Exhaustion Regime under Consideration", Ausgabe Nr. 17, Juli 1999, <http://europa.eu.int/comm/internal_market/en/smn/smn17/s17mn35.htm>.

genheit zur Stellungnahme gegeben.[225] Die Kommission hat trotz der zahllosen Kritik am bestehenden System letztendlich entschieden, vorerst am Grundsatz der regionalen Erschöpfung festzuhalten.[226] Seitens der EU besteht schon seit geraumer Zeit die Sorge, mit Einführung einer internationalen Erschöpfungsregel könnten die eigenen europäischen Unternehmen gegenüber denen anderer Staaten benachteiligt werden.[227] Der Rechtsausschuß für Währung und Wirtschaft hat bereits in seiner Stellungnahme zum Richtlinienvorschlag im Jahre 1983 darauf hingewiesen, daß eine rein markenrechtliche Betrachtung der Frage nach der Zulässigkeit von Parallelimporten zu unerwünschten handelspolitischen Ergebnissen führe.[228] Denn solange Drittstaaten den internationalen Erschöpfungsgrundsatz nicht anerkennen, habe seine Einführung „eine Diskriminierung der Industrie in der Gemeinschaft zur Folge". Diese Befürchtung beruht auf der Annahme, daß manche der wichtigsten Handelspartner am nationalen oder regionalen Erschöpfungsgrundsatz festhalten könnten, während die EU die internationale Erschöpfung einseitig anerkennt. In diesem Fall seien die in der EU ansässigen Unternehmen Parallelimporten aus Drittstaaten ausgesetzt, ohne durch Parallelexporte kompensiert zu werden.[229] Aus diesem Grunde würde die EU mit Einführung einer internationalen Erschöpfung gegenüber all jenen Staaten mit regionaler oder nationaler Erschöpfung in Vorleistung treten.[230] Europäische Betriebe könnten die Preisgestaltung unter Geltung der internationalen Erschöpfung wegen der Zunahme an intrabrand Wettbewerb dann weniger flexibel und differenziert handhaben. Sie müßten jederzeit damit rechnen, daß ihre Wa-

---

225 Zum Inhalt der geäußerten Kritik vgl. Kommissionsdienststellen, S. 18 ff.

226 Als das Internal Market Council sich mit der Erschöpfungsfrage am 25.05.2000 auf der Konferenz in Alicante befaßte, ließ die Europäische Kommission verkünden, daß sie eine Einführung der internationalen Erschöpfung zum jetzigen Zeitpunkt ablehne, siehe Bericht der Kommission, "Communiqué from Commissioner Bolkestein on the Issue of Exhaustion of Trade Mark Rights", <http://europa.eu.int/comm/internal_market/en/intprop/indprop/comexhaust.htm>; Single Market News, Propriété Intellectuelle & Industrielle, Exhaustion of Trademark Rights, "No Change to the Current Regime at this Stage", Ausgabe Nr. 22, Juli 2000, <http://europa.eu.int/comm/internal_market/en/smn/smn22/s22mn21. htm>.

227 Loewenheim, Erschöpfung, GRUR Int. 1996, 307, 313; Albert/ Heath, Paralleleinfuhr, GRUR 1998, 642, 645.

228 Bericht des Ausschusses für Wirtschaft und Währung über die Vorschläge der Kommission der Europäischen Gemeinschaft an den Rat für eine erste Richtlinie zur Angleichung des Markenrechts der Gemeinschaft, Dok. 1-611/83 vom 01.08.1983, S. 63.

229 Vgl. Albert/ Heath, Gefärbte Jeans, GRUR 1996, 275, 278.

230 So Kommissionsmitglied Narjes, Verhandlungen des Europäischen Parlaments vom 12.10.1983, ABl. EG, Nr. 1-304/ 112, 120.

ren aus Niedrigpreisländern parallelimportiert und auf demselben Markt günstiger vertrieben werden.[231]

Die regionale Erschöpfung soll für die EU eine Art Faustpfand gegenüber Staaten liefern, mit denen über die Einführung der internationalen Erschöpfung im Wege von gegenseitigen Vereinbarungen verhandelt werden kann.[232] Entsprechend der Ausführungen des EuGH im *Silhouette*-Urteil[233] und des Kommissionsmitglieds *Narjes* während der Verhandlungen des Europäischen Parlamentes[234] beabsichtigt die EU jedoch im Interesse der Förderung des internationalen Handels, Verträge mit den wichtigsten Handelspartnern über die beiderseitige Einführung der internationalen Erschöpfung abzuschließen. Dieses Ansinnen läßt darauf schließen, daß die Gemeinschaft die internationale Erschöpfung wohl als für den internationalen Handel förderlich erachtet. Daß die EU die internationale Erschöpfung für die wirtschaftlich bessere Lösung hält, ist auch in den Parlamentsdebatten zum Ausdruck gebracht worden.[235] Die einseitige Einführung der internationalen Erschöpfung kommt für die Gemeinschaft gleichwohl aus handelspolitischen Erwägungen nicht in Betracht. Während der Verhandlungen des Europäischen Parlamentes zum Thema „Gemeinschaftsmarke und Markenrecht“ wurde von dem Berichterstatter *Turner* ausgeführt, „..., daß wir zwar die weltweite Erschöpfung als richtigen Grundsatz anerkennen, es aber dennoch für unklug halten, der Kommission zum jetzigen Zeitpunkt Zwänge aufzuerlegen, da diese mit Drittländern wie Japan, den Vereinigten Staaten und Skandinavien darüber verhandeln muß, ob diese der weltweiten Erschöpfung zustimmen werden, falls wir es tun.“[236] Die Auswahl der Drittstaaten erfolgte unter dem Gesichtspunkt ihrer Bedeutung als Handelspartner für die EU. Gemäß der Außenhandelszahlen müßte die Schweiz hinzukommen. Außer den Vereinigten Staaten anerkennen jedoch alle diese Länder inzwischen den internationalen Erschöpfungsgrundsatz:

Japans Rechtsprechung anerkennt den Grundsatz der internationalen Erschöpfung für Markenrechte.[237] Mangels einer expliziten Erschöpfungsvorschrift

---

231 Wichard, GRUR 1997, 711, 712.

232 Klaka, FS Traub, S. 189.

233 EuGH Rs. C-355/96, GRUR Int. 1998, 695 – Silhouette, Rdnr. 30.

234 Verhandlungen des Europäischen Parlaments vom 12.10.1983, ABl. EG, Nr. 1-304/ 120.

235 Berichterstatter Turner, Verhandlungen des Europäischen Parlaments vom 12.10.1983, ABl. EG Nr. 1-304/ 112, 114.

236 Berichterstatter Turner, Verhandlungen des Europäischen Parlaments vom 12.10.1983, ABl. EG Nr. 1-304/ 112, 114.

237 Beier/ v. Mühlendahl, Mitt. 1980, 101, 107; Beußel, GRUR 2000, 188, 190; Albert/ Heath, Gefärbte Jeans, GRUR 1996, 275, 278; Heath, Parker, 24 IIC (1993), 179; Takamatsu, 57 Washington Law Review (1982), 433, 441; Moens, 34 Les Nouvel-

im japanischen Markengesetz basiert das Erschöpfungsrecht auf der Lehre der Rechtsprechung.[238] In der Entscheidung *Parker*[239] stellte das Landgericht noch fest, daß entsprechend Art. 37 des japanischen Markengesetzes die Abwehr von Parallelimporten eine Verbrauchertäuschung bzw. die Existenz eines separaten Goodwills voraussetze.[240] Die internationale Erschöpfungsform wurde mit der Funktion der Marke als Herkunfts- und Qualitätsindikator sowie mit dem Goodwillschutz begründet.[241] In dem jüngeren Marken- und Patentrechtsstreit *BBS Aluminium Wheels*[242] hat sich die Rechtsprechung dann auf die Lehre von der "implied licence"[243] gestützt, jedoch angemerkt, daß durch entsprechende vertragliche Absprachen Ausnahmen zur grundsätzlich geltenden internationalen Erschöpfung vereinbart werden könnten.[244] Schließlich hat die japanische Fair

---

les (1999), 26, 27; Donnelly, 13 Santa Clara Computer & High Technology Law Journal (1997), 445, 484, 495; Kremen, 23 Syracuse Journal of International Law and Commerce (1997), 161, 164.

238 Heath, Parker, 24 IIC (1993), 179.

239 Landgericht Osaka vom 27.02.1970, 2-1 Mutaishu 71, GRUR Int. 1971, 277 mit Anm. Kuwata – N.M.C. Co/ Shriro Trading Co.

240 Das Finanzministerium reagierte auf das Parker-Urteil durch den Erlaß einer Richtlinie vom 25.08.1992 über die Zulässigkeit von parallelimportieren Waren unter einer japanischen Marke (Kurakan Nr. 1443). Mit dieser Richtlinie änderte das Finanzministerium eine ältere, im Hinblick auf die Zulässigkeit von Parallelimporten restriktivere Richtlinie vom 31.05.1966 (Kurakan Nr. 522) ab. Die neue lautet nunmehr:

> "The permission to make parallel imports of genuine goods extends to those goods which were legitimately trademarked and distributed by a person who is the trademark right holder in Japan or who has a special relationship with the latter so that both persons can be regarded as one person. But if the source or quality indicated or guaranteed by the trademark attached to the goods thus distributed differs from the source or quality indicated or guaranteed by the trademark under petition and the trademark as used by the parallel importer is considered to be separately used under circumstances similar to those of the petitioner's trademark, then in such cases those genuine goods should be excluded from Japan."

241 Takamatsu, 57 Washington Law Review (1982), 433, 441; Moens, 34 Les Nouvelles (1999), 26, 27; Donnelly, 13 Santa Clara Computer & High Technology Law Journal (1997), 445, 484; Albert/ Heath, Gefärbte Jeans, GRUR 1996, 275, 278.

242 Heisei (1995) (o) Nr. 1998, 01.07.1997, affirming Heisei 6 (1994) (Ne) 3272 (23.03.1995) – BBS Kraftfahrzeug Technik AG/ Racimax Japan KK & Jap Auto Products KK.

243 Zur implied-licence-doctrine oder Lizenztheorie ausführlich Yusuf/ Moncayo von Hase, 16 World Competition (1992), 115, 118; Schefold, S. 31 m.w.N.

244 Derartige Vereinbarungen dürften indes unter kartellrechtlichen Gesichtspunkten problematisch sein. Darüber hinaus ist es fraglich, ob solche Absprachen dritte Parteien überhaupt binden können. Der Grundsatz der internationalen Erschöpfung

Trade Commission im Jahre 1991 wettbewerbsrechtliche Richtlinien zur Zulässigkeit von Parallelimporten erlassen.[245] Sie sind in Teil III, Kapitel 3 der Richtlinien zu Vertriebssystemen und Geschäftspraktiken[246] enthalten und tragen den Titel „Unverhältnismäßige Behinderung von Parallelimporten".[247] Parallelimporte sind danach wettbewerbsrechtlich generell zulässig.[248] In Japan herrscht demnach eine gegenüber Parallelhandel sehr liberale Gesinnung.[249]

Das schweizerische Markengesetz (MSchG)[250] regelt die Erschöpfung von Markenrechten nicht ausdrücklich.[251] Art. 3 (1) (a) MSchG nennt unter den relativen Ausschlußgründen für den Markenschutz jene Zeichen, die mit einer älteren Marke identisch sind und für gleiche Waren oder Dienstleistungen verwendet werden. Art. 13 (2) MSchG normiert das entsprechende Recht von Markeninhabern, Waren und Dienstleistungen mit solchen Zeichen vom Verkehr auszuschließen und ihre Einfuhr zu verhindern. Die Auslegung dieser Vorschriften hat in Literatur und Rechtsprechung zu einer starken Kontroverse geführt.[252] Diese

---

dürfte daher im Ergebnis relativ uneingeschränkt gelten. So auch O'Reilly/ Ohno, 32 Les Nouvelles (1997), 97 ; Hughes, IP Worldwide 1997, 5.

245 Heath, Parker, 24 IIC (1993), 179, 183.

246 "Viewpoint on Unreasonable Obstruction of Parallel Importing under the Antimonopoly Act" vom 17.04.1987 abgeändert durch "The Antimonopoly Guidelines Concerning Distribution Systems and Business Practices" vom 11.07.1991.

247 Der Titel lautet in englischer Sprache "Unreasonable Obstruction of Parallel Imports".

248 Danach erfüllen autorisierte Vertriebshändler den Tatbestand des unlauteren Wettbewerbs wenn sie
- Parallelimporteure daran hindern, auf fremden Märkten Originalware zu beschaffen,
- den Einzelhandel mit parallelimportierter Ware beschränken,
- auf andere autorisierte Händler Einfluß nehmen, damit diese nicht an Parallelhändler liefern,
- den Vertrieb von Parallelimporten dadurch stören, daß sie behaupten, es handele sich um nachgeahmte Waren,
- sich weigern, an parallelimportierter Ware Reparaturen o.ä. vorzunehmen oder
- die Werbemaßnahmen für Parallelimporte stören.

249 Heath, Parker, 24 IIC (1993), 179, 183.

250 Markenschutzgesetz der Schweiz vom 28.08.1992, abgedruckt in SR 232.11, AS 1993, 274.

251 Lutz, GRUR Int. 2000, 496; Stucki, S. 34.

252 Auf der Grundlage einer grammatikalischen Auslegung befürworteten ein absolutes Verbot von Parallelimporten bei identischen Marken und Produkten Appellationsgerichtshof Kanton Bern vom 06.10.1993, SMI 1995, 133 ff. – Pentax; David, SJZ 1993, 111 ff.; Meyer, SJZ 1994, 94 ff.; Raubner, AJP 1993, 539 ff.; Tschäni, SZW 1994, 178 ff.; Raubner/ Weder, NZZ Nr. 253 vom 29./30.10.1994, S. 29.
Als Ergebnis einer teleologischen Auslegung der bisherigen bundesgerichtlichen Rechtsprechung bejahen eine internationale Erschöpfung: Handelsgericht Kanton

dürfte seit der *Chanel*-Entscheidung des Bundesgerichtes vom 23.10.1996[253] beendet sein. Das Oberste Gericht erklärte darin Parallelimporte von Markenwaren generell für zulässig.[254] Mit Hinweis auf die Unanwendbarkeit des Art. 3 (1) (a) MSchG für parallelimportierte Originalwaren, auf die Hauptfunktionen der Marke sowie die verfassungsrechtlich garantierte Handels- und Gewerbefreiheit,[255] sprach sich das Bundesgericht für die internationale Erschöpfung aus.

Zu Skandinavien ist schließlich zu sagen, daß von den drei skandinavischen Staaten Norwegen seit dem EU-Beitritt von Schweden und Finnland im Jahre 1995 das einzige Land ist, auf den sich die Bedenken über ein restriktives Erschöpfungsrecht der Handelspartner heute noch beziehen könnten. Norwegen hat den Grundsatz der internationalen Erschöpfung seit der *Maglite*-Entscheidung des EuGH, in der das liberale Erschöpfungsregime Norwegens im Mittelpunkt des Rechtsstreits stand, beibehalten.[256] Das norwegische Markengesetz[257] enthält zur Frage der Erschöpfung keine explizite Regelung. Der internationale Erschöpfungsgrundsatz ist jedoch fester Bestandteil des norwegischen Richterrechts.[258]

Mit Ausnahme der USA anerkennen somit alle wichtigen Handelspartner der EU die internationale Erschöpfung. Japan, die Schweiz und Norwegen erbringen daher gegenüber der EU gegenwärtig selbst eine Vorleistung,[259] mit der die EU

St. Gallen vom 29.06.1994, SMI 1995, 126 ff. – Nikon; Handelsgericht Kanton Zürich vom 11.07.1994, SMI 1995, 107 ff. – Timberland; Cottier, Parallelimporte, SMI 1995, 41, 49, 51 f.; Zäch, SJZ 1995, 301 ff.; Bieri-Gut, AJP 1996, 566 ff.; Rosenkranz, Grünes Licht, NZZ Nr. 162 vom 14.07.1994, S. 23; Rosenkranz, Markenschutzgesetz, SZW 1994, 120, 122; Borner/ Weder, NZZ Nr. 265 vom 12./13.11.1994, S. 21.

253 BGE 122 (1996) III 469, GRUR Int. 1998, 520 – Chanel/ EPA, mit Anm. Knaak; siehe dazu Baudenbacher/ Joller, SZW 1997, 91; Perret, SZIER 1997, 267 ff.

254 Stucki, S. 34; Lutz, GRUR Int. 2000, 469; Arnold, S. 42.

255 Zur Wirtschaftsfreiheit als Grundrecht, Petersmann, S. 80 ff.

256 Obwohl Norwegen der EFTA angehört und Art. 7 (1) MRL sowie Art. 13 (1) GMVO aufgrund von Art. 65 (2) EWRA i.V.m. Art. 2 (1) des Protokolls 28 über geistiges Eigentum auch für Norwegen Geltung hat, hielt Norwegen gleichwohl am internationalen Erschöpfungsgrundsatz fest. Seit dem Urteil Maglite des EFTA-GH wird Art. 7 (1) MRL für die EFTA-EWR-Mitglieder im Sinne einer Minimalregelung ausgelegt. Laut EFTA-GH wäre der Eingriff in die Handelsfreiheit der EFTA-Mitgliedstaaten zu groß, legte man die europaweite Erschöpfung für diese Länder einheitlich fest. Denn das EWRA sieht keine gemeinsame Handelspolitik gegenüber Drittstaaten vor. Folglich besitzen die EFTA-Staaten die Freiheit, die internationale Erschöpfung anzuerkennen, wovon Norwegen Gebrauch macht. Siehe Kenny/ McNutt, S. 3.

257 Gesetz Nr. 4 vom 03.03.1961 bzgl. Marken, geändert durch Gesetz Nr. 113 vom 27.11.1992.

258 EFTA-GH Rs. E-2/97, GRUR Int. 1998, 309 – Maglite, Rdnr. 4.

259 Knaak, GRUR Int. 1998, 526, 527; Rauber, AJP 1993, 537, 540.

das Festhalten an der regionalen Erschöpfung seinerzeit begründet hat. Die EU hätte ihren eigenen Worten zufolge mit Japan und der Schweiz im Interesse der Förderung des internationalen Handels Verträge abschließen müssen, mit denen sich auch die EU zur Einführung der internationalen Erschöpfung, zumindest in den jeweiligen Handelsverhältnissen, verpflichtet. Anscheinend wartet die EU jedoch auf die Bereitschaft der USA, die internationale Erschöpfung anzuerkennen. Denn würde sich die EU gegenüber Japan und der Schweiz erschöpfungsrechtlich öffnen, so würde sie gegenüber den USA, die die internationale Erschöpfung noch nicht anerkennen, ihre Verhandlungsposition einbüßen. Amerikanischen Unternehmen wäre es dann nämlich gestattet, sich am Parallelhandel in der EU zu beteiligen. Die zurückhaltende Erschöpfungspolitik der EU hängt somit von der Entscheidung der USA über die Erschöpfungsfrage ab.[260] Es stellt sich folglich die Frage, welche Vorbehalte die USA gegen die Liberalisierung internationaler Parallelimporte haben.

2. Die Vorbehalte der USA gegen die internationale Erschöpfung

Der US-Congress erließ die Vorschrift der sec. 526 (a) Tariff Act, um US-Rechtsinhaber vor den Importen der ursprünglichen Inhaber hoheitlich oder privatautonom aufgespaltener Markenrechte zu schützen.[261] Das Schutzbedürfnis der US-Markeninhaber, die keinerlei Verbindung mehr zu den ursprünglichen Rechtsinhabern im Ausland hatten, war der Grund dafür, warum sec. 526 (a) Tariff Act ausschließlich an US-amerikanische Markeninhaber adressiert ist und sich nur gegen Waren aus ausländischer Produktion wendet.[262] US-Rechtsinhaber, die von ausländischen Unternehmen Marken- und Vertriebsrechte erwarben, sollten nicht befürchten müssen, daß die ursprünglichen Inhaber der aufgespaltenen Markenrechte ihre Waren auf dem US-Markt parallel zu denen des amerikanischen Schutzrechtsinhabers vertreiben. Die eigens erworbenen Ausschließlichkeitsrechte sollen durch Parallelimporte nicht ausgehöhlt werden.[263] Weil dieses Schutzbedürfnis unterdessen nicht besteht, wenn der Rechtsinhaber in den USA und im Ausland derselbe ist oder beide Rechtsinhaber verbundene Unternehmen sind, trägt auch sec. 133.21 (c) Customs Regulations dem Schutzzweck der sec. 526 (a) Tariff Act einschränkend Rechnung.

---

260 So auch Joller, Maglite, GRUR Int. 1998, 311, 312.

261 H.R. Rep. No. 1223, 67th Congress, 2nd Session 158 (1922); 62 Congress Record at 11604; “There is no dispute that ... Katzel was the “major stimulus” for the enactment of sec. 526”, K Mart Corp. v. Cartier, Inc., 486 U.S. 281 (1988) at 302.

262 62 Congress Record at 11603.

263 Hiebert, Parallel Importation, S. 53.

Der restriktive Umgang mit Parallelimporten sollte zudem beschäftigungsfördernd wirken. Der Congress war der Ansicht, daß der Schutz der einheimischen Industrie auch positiven Einfluß auf den Arbeitsmarkt habe.[264] Auch dieser Zweck wird fortgesetzt durch sec. 133.21 (c) Customs Regulations verfolgt. Indem allen mit ausländischen Unternehmen verbundenen US-Betrieben der Schutz vor Parallelimporten verwehrt wird, entfällt für sie der Anreiz, ihre Ware im Ausland produzieren zu lassen. Sobald nämlich ein US-Unternehmen eine Produktionsstätte im Ausland hat, greift die "common ownership and control-exception" der sec. 133.21 (c) (2) Customs Regulations. Demzufolge steht der US-Markeninhaber Parallelimporten wehrlos gegenüber, sollte seine Ware im Ausland in „graue Kanäle" gelangen.

Wie die EU versuchen somit auch die USA, ihre Unternehmen vor der ausländischen Konkurrenz durch Importbeschränkungen zu schützen.[265] Bei der Entscheidung für die regionale Erschöpfung orientierten sich die USA jedoch nicht wie die EU an den Erschöpfungsgrundsätzen der wichtigsten Handelspartner, sondern an eigenen Marktzielen, wozu der Schutz der einheimischen Industrie und die Belebung des Arbeitsmarktes zählen.[266] Insofern besitzt auch das Erschöpfungsrecht der USA vielmehr einen handelspolitischen als markenrechtlichen Hintergrund.

3. Zwischenergebnis

Die EU geht davon aus, daß Parallelhandel global zugelassen für alle Staaten Nutzen brächte, will die internationale Erschöpfung aber nicht einführen, solange es die Vereinigten Staaten nicht tun. Im Gegensatz dazu basiert das Erschöpfungsrecht der USA auf der Annahme, daß sich Parallelhandel für die US-Wirtschaft überwiegend nachteilig auswirken würde. Die USA halten deshalb immer noch an den aus der ersten Hälfte des 20. Jahrhunderts stammenden protektionistischen Ansätzen, vor allem an der Bevorzugung einheimischer Unternehmen fest.

Tatsächlich unterscheiden sich die Ansätze der EU und der USA nicht wesentlich. Bei beiden steht der Schutz der einheimischen Industrie im Vorder-

---

264 Senator Reed im Jahre 1929, 71 Congress Record at 3873.

265 Vgl. Klaka, FS Traub, S. 189.

266 Brief der Senatoren James Abdnor, Bill Bradley, Orrin G. Hatch, Dennis DeConcini, Alfonse D'Amato, Daniel Moynihan und Paul Laxalt to Ronald Reagan, Secretary of the Treasury vom 07.11.1983, zitiert bei Mackintosh/ Graham, 11 North Carolina Journal of International Law and Commercial Regulation (1986), 293, 319, Fn. 183.

grund. Die EU will ihre Unternehmen vor diskriminierender Vorleistung schützen, solange in den USA die internationale Erschöpfung nicht gilt. Die USA sichern die von US-Rechtsinhabern erworbenen aufgespaltenen Rechte aus ausländischen Marken, damit US-Erwerber gegenüber Parallelimporten der ursprünglichen Inhaber nicht schutzlos stehen. Auch wenn die USA eine Änderung ihrer Erschöpfungslehre nicht in Aussicht gestellt haben, ist es nicht ausgeschlossen, daß nicht auch sie die internationale Erschöpfung anerkennen würden, wenn die EU sich dazu bereit erklärte. Die Einführung der internationalen Erschöpfung in der EU könnte das besondere Schutzbedürfnis für US-Markeninhaber beseitigen, weil sich die Nachteile des Parallelhandels durch die Vorteile der eigenen Beteiligung an Parallelexporten ausgleichen könnten. Ob jedoch auch eine rechtliche Notwendigkeit für die Einführung der internationalen Erschöpfung in das Markenrecht der EU und der USA besteht, wird im nächsten Teil der Arbeit im Wege der Prüfung internationaler Rechtsvorschriften erörtert.

II. Widerspruch zwischen der regionalen Erschöpfung und internationalem Recht

Die restriktive Haltung der EU und der USA gegenüber Parallelimporten von Markenprodukten ist angesichts der fortschreitenden Globalisierung der Weltwirtschaft und des international angestrebten Abbaus von Handelsschranken bedenklich.[267] Es bestehen Zweifel hinsichtlich der Vereinbarkeit der in der EU und den USA geltenden Erschöpfungsregeln mit internationalem Warenverkehrs- und Markenrecht.

Staatsverträge, die gewerbliche Schutzrechte betreffen, geben keine materielle Erschöpfungsregelung für die Vertragsparteien vor.[268] Weder die Pariser Verbandsübereinkunft[269] (PVÜ), noch die revidierte Berner Übereinkunft[270] (RBÜ), das Madrider Abkommen über die internationale Registrierung von Marken[271] (MMA), das dazu ergangene Protokoll[272] (PMMA), der Markenrechtsvertrag[273] (TLT) noch das General Agreement on Tariffs and Trade[274] (GATT 1994) regeln die Erschöpfung von Markenrechten explizit.[275] Die genannten Abkommen enthalten mangels ihrer Bezugnahme auf Aspekte des Handels keine Vorschriften, die sich mit Handelsverzerrungen oder -barrieren auseinandersetzen, die durch die Ausübung gewerblicher Schutzrechte hervorgerufen werden können. Das Abkommen über Trade Related Aspects of Intellectual Property Rights[276] (TRIPs-Abkommen) hingegen zielt genau darauf, namentlich

---

267 Cottier/ Stucki, S. 33.

268 Fezer, Markenrecht, § 24 Rdnr. 6; EuGH-Gutachten 1/94 Slg. 1994 I – 5267, 5297 = GRUR Int. 1995, 239 ff.

269 Abgedruckt in seiner neusten Fassung in BGBl. 1970 II, 391 ff.; in Kraft getreten am 20.03.1883.

270 In Kraft getreten am 09.09.1886.

271 In Kraft getreten am 14.04.1891.

272 Abgedruckt in BGBl. 1995 II, 1016 ff.; in Kraft getreten am 01.12.1995.

273 Abgedruckt in Veröffentlichungen der Weltorganisation für geistiges Eigentum (WIPO), Nr. 225 (G) von 1996; in Kraft getreten am 01.08.1996.

274 Abgedruckt in ABl. 1994 L 336/11.

275 Die Existenz dieser Abkommen zeigt die Bedeutung gewerblicher Schutzrechte im internationalen Rahmen. Ihr Ziel ist es, die einzelnen nationalen Markenrechte zu harmonisieren und ihren Schutz über die nationalen Grenzen hinaus zu erweitern; dazu Stucki, S. 36.

276 Abgedruckt in BGBl. 1994 II, 1730 ff.; ABl. 1994 L 336/213; in Kraft getreten am 01.01.1995.

die Bewältigung der handelshemmenden Wirkung geistigen Eigentums ab.[277] Jedoch auch der Erschöpfungsvorschrift des Art. 6 TRIPs ist keine substantielle Erschöpfungsregel für Markenrechte zu entnehmen.[278]

Aufgrund dieses Regelungsdefizites soll das Erschöpfungsrecht der EU und der USA auf seine Vereinbarkeit mit den für die Erschöpfungsfrage einschlägigen Staatsverträgen des TRIPs und des GATT überprüft werden. Das Augenmerk wird zunächst auf die spezielleren Normen des TRIPs und anschließend auf die allgemeineren Vorschriften des GATT gerichtet.

A. Das TRIPs-Abkommen

Die im September 1986 in Punta del Este begonnenen Verhandlungen im Rahmen der Uruguay Runde des GATT gelangten am 15.04.1994 zu ihrem formellen Abschluß.[279] Sie gipfelten in der Unterzeichnung des Übereinkommens zur Errichtung der Welthandelsorganisation[280] (WTO-Übereinkommen). Das bisherige GATT-Vertragswerk geht nunmehr im neuen WTO-Vertrag auf.[281] Eine Reihe von Abkommen fließen als Vertragsbeiwerk in das WTO-Übereinkommen ein. Sie befinden sich in seinen Anlagen. Zu den Wichtigsten gehört neben dem GATT 1994[282] (Anlage Nr. 1A) auch das TRIPs-Abkommen (Anlage Nr. 1C).

Das TRIPs-Abkommen ist ein sogenanntes multilaterales Handelsabkommen, das dem Teil des WTO-Vertrages angehört, der für die Mitglieder verpflichtend ist.[283] Gem. Artt. 2 (1), 9 (1) TRIPs verpflichten sich die Unterzeichner des

277 Einen Überblick über die Entstehung des TRIPs gewährt Evans, 18 World Competition (1994), 137 ff.

278 Cornish, 20 EIPR (1998), 172; Lee/ v. Lewinski, S. 317.

279 Fezer, Grundprinzipien, WRP 1998, 1, 4; Oppermann, WTO, RIW 1995, 919, f.; Verma, 29 IIC (1998), 534. Für einen Überblick zum Verlauf der Runde, Bendek, S. 19 ff.

280 Abgedruckt in BGBl. 1994 II, 1625; ABl. 1994 L 336/3; in Kraft getreten am 01.01.1995.

281 Über die Geschichte des GATT, Jackson, System, S. 9 ff.; G. M. Moncayo von Hase, S. 9 ff.; Langhammer, GATT, S. 18.

282 Bei dem GATT 1994 handelt es sich um ein völlig eigenständiges und dogmatisch von dem früheren GATT aus dem Jahre 1947 (BGBl. 1951 II, 173; in Kraft getreten für die Bundesrepublik Deutschland am 01.10.1951) zu unterscheidendes Abkommen. Laut der Erw. 1(a) des GATT 1994 bezieht es jedoch alle Vorschriften des GATT 1947 in seiner jüngsten Fassung in seinen Regelungsgehalt mit ein.

283 In Abgrenzung zu den multilateralen sind in Anlage 4 plurilaterale Abkommen aufgeführt, die spezielle Sachgebiete regeln und lediglich die Staaten binden, die diese

TRIPs zur Beachtung der Vorschriften der PVÜ, und der RBÜ.[284] Beide sind Übereinkommen der World Intellectual Property Organization[285] (WIPO).[286] Damit ist klargestellt, daß die WTO-Abkommen zu den WIPO-Konventionen nicht in einem Ausschließlichkeitsverhältnis stehen,[287] sondern alle Übereinkommen ineinandergreifen und ein internationales Rechtsgeflecht mit dem einheitlichen Fernziel konstituieren, den internationalen Handel zu fördern, wozu auch die Stärkung des gewerblichen Rechtsschutzes gehört.[288] Gleichwohl reicht der Regelungsgehalt des TRIPs-Abkommens im Hinblick auf materiellrechtliche Vorschriften eindeutig weiter als der, der sogenannten „großen Konventionen“.[289]

Seiner Präambel nach verfolgt das TRIPs-Abkommen das Ziel, Handelsverzerrungen und -beschränkungen im internationalen Warenverkehr zu reduzieren. Dahinter steht die Intention, den Freihandelsgedanken der WTO auch auf gewerbliche Schutzrechte zu erstrecken.[290] Denn das TRIPs-Abkommen darf nicht

---

zusätzlichen Vereinbarungen getroffen haben. Vgl. Drexl, GRUR Int. 1994, 777, 778; Verma, 29 IIC (1998), 534.

284 Bei der PVÜ handelt es sich um ein Abkommen zum Schutz von gewerblichen Schutzrechten, bei der RBÜ um einen völkerrechtlichen Vertrag zum Schutz von literarischen und künstlerischen Werken.

285 Im Jahre 1968 haben die Mitglieder auf der Stockholmer Konferenz die heutigen Fassungen der PVÜ und der RBÜ angenommen und gleichzeitig die WIPO gegründet.

286 Dagegen nimmt das TRIPs-Abkommen an keiner Stelle bezug auf das MMA oder das PMMA. Zum einen ist das MMA mit nur rund 40 Mitgliedern bei weitem nicht von derselben Bedeutung wie die weit über 100 Mitglieder zählende PVÜ. Zum anderen unterscheiden sich das TRIPs-Abkommen und das MMA hinsichtlich ihrer Regelungszwecke und stehen deshalb gar nicht miteinander in Konkurrenz. Das MMA enthält Verfahrensrecht für die internationale Registrierung von Marken und nicht wie das TRIPs-Abkommen materielles Markenrecht. Da es nicht zu Überschneidungen kommt, muß das Verhältnis zwischen beiden Übereinkommen nicht geregelt werden.

287 Auch am Ende der Präambel des TRIPs-Abkommens wird darauf hingewiesen, daß „eine der gegenseitigen Unterstützung dienende Beziehung zwischen der Welthandelsorganisation und der Weltorganisation für geistiges Eigentum [...] sowie anderen einschlägigen internationalen Organisationen“ angestrebt wird. Dazu siehe Drexl, GRUR Int. 1994, 777.

288 Gleichwohl ist auf Betreiben der Entwicklungsländer hin während der Verhandlungen der Uruguay-Runde festgelegt worden, daß die Verhandlungen zu TRIPs die Verhandlungen der WIPO nicht präjudizieren dürfen. Ausführlich dazu Ballreich, PVÜ-Revision, GRUR Int. 1987, 747, 748; Evans, 18 World Competition (1994), 137, 159.

289 Man spricht insoweit auch kurz vom „Bern-plus-“ und „Paris-plus-Ansatz“, Kur, TRIPs, GRUR Int. 1994, 987, 989; Staehelin, S. 27.

290 Katzenberger/ Kur, S. 3.

isoliert, sondern muß im Rahmen des gesamten WTO-Vertragswerkes verstanden werden.[291] Um wirtschaftliche Vorteile für den Welthandel zu gewinnen,[292] räumt die WTO im Wege gegenseitiger Vereinbarungen[293] zwischen den Unterzeichnern Ungleichbehandlungen, Zölle, Einfuhrbeschränkungen und andere Handelsbarrieren aus.[294] Grundsätzlich stehen der individuelle Markenschutz und der durch die WTO anvisierte Freihandel im Widerspruch zueinander. Gemäß der TRIPs-Präambel ist jedoch ein ausgewogenes Verhältnis herzustellen zwischen dem Schutz geistigen Eigentums einerseits und der internationalen Warenverkehrsfreiheit andererseits. Die Vertragsparteien waren bestrebt, einen möglichst effektiven gewerblichen Rechtsschutz zu gewährleisten, wollten aber gleichwohl sicherstellen, daß Maßnahmen und Verfahren zur Durchsetzung der Schutzrechte nicht selbst zur Etablierung von Handelsbarrieren mißbraucht werden.[295] Das TRIPs-Abkommen verfolgt somit das Ziel, freien, unbeschränkten Handel zwischen den WTO-Mitgliedern unter Sicherstellung eines hohen Schutzniveaus für geistiges Eigentum herbeizuführen und löst den Konflikt zwischen beiden Rechtsgütern auf diese Weise auf.

Gem. Art. 1 (1) S. 2 schreibt TRIPs den Mitgliedern seinen materiellen Regelungsgehalt in Form von Mindeststandards vor und verpflichtet sie gem. Art. 41 ff., für die effektive Rechtsdurchsetzung zu sorgen.[296] Dadurch erreicht das Abkommen eine große internationale Rechtsvereinheitlichung, verbunden mit einem Streben nach der Verstärkung des Immaterialgüterschutzes für Länder mit schwächerem Schutz.[297] Damit Länder mit hohem Protektionsniveau an ihrem über den TRIPs-Mindest-Standard hinausgehenden Schutz festhalten, erlaubt Art. 1 (1) S. 2 TRIPs ausdrücklich eine Überschreitung der vorgegeben Standards, sofern dadurch nicht der Sinn und Zweck des Abkommens vereitelt wird.

---

291 Drexl, GRUR Int. 1994, 777, 778; Gervais, 1.35: Zur sog. "single-package-idea", Bronckers, 31 CML Rev. (1994), 1245, 1249.

292 Nach Schätzungen des Genfer GATT-Sekretariats wird die mit Abschluß der Uruguay-Runde ausgelöste Liberalisierung in den Jahren nach 2005 ein zusätzliches jährliches Welteinkommen von mindestens 109 bis 510 Milliarden US-Dollar und ein zusätzliches Welthandelsvolumen von mindestens 244 bis 668 Milliarden US-Dollar erzeugen. Vgl. Ebenroth, Wirtschaftsrecht, RIW 1995, 1, 2.

293 Zum Prinzip der Reziprozität siehe Kasto, S. 17 f.; Ballreich, Gegenseitigkeit, GRUR Int. 1983, 470 ff.; Kuilwijk, S. 110.

294 Vgl. Erw. 3 der Präambel des WTO-Übereinkommens.

295 Seinem Bestreben, Mißbrauch von Schutzrechten vorzubeugen, verleiht das TRIPs-Abkommen auch in seinen Artt. 8 (2) und 40 Ausdruck.

296 Zur Durchsetzung von Rechten des geistigen Eigentums nach TRIPs, Fritze, GRUR Int. 1997, 143 ff; Dreier, GRUR Int. 1996, 205 ff.; Krieger, GRUR Int. 1997, 421 ff.

297 Staehelin, S. 52.

1. Art. 6 des TRIPs-Abkommens

Seinem Inhalt nach legt sich Art. 6 TRIPs[298] nicht auf eine bestimmte Erschöpfungsform fest.[299] Vielmehr spiegelt er die Abneigung der Vertragsstaaten gegen die Einführung einer einheitlichen Erschöpfungsregel wider. Obwohl die Erschöpfungsfrage zu den Themen mit dem größten Handelsbezug gezählt werden muß, haben sich fast alle Vertragsstaaten dagegen gewehrt, Zugeständnisse im Hinblick auf die Einführung der internationalen Erschöpfung zu machen.[300] Folglich blieb dieser Streitpunkt größtenteils unangetastet.[301] Auf Nachdruck der Entwicklungsländer wurde in Art. 6 TRIPs die Erschöpfung, vorbehaltlich der Artt. 3 und 4 TRIPs, „für die Zwecke der Streitbeilegung“ ausgenommen. Aus der Formulierung des Art. 6 TRIPs lassen sich nunmehr unterschiedliche Schlüsse ziehen, was die Reichweite dieses Verbotes angeht. Festgehalten werden kann zunächst, daß die Vorschrift weder die regionale bzw. nationale, noch die internationale Erschöpfung für die Vertragsstaaten ausdrücklich vorsieht. Daher ist die Annahme berechtigt, das TRIPs wolle es ihnen freistellen, sich selbst für den jeweils favorisierten Erschöpfungsgrundsatz zu entscheiden.[302] Damit bleibt hinsichtlich der Markenerschöpfung der Status quo, nämlich der Zustand, der vor der Unterzeichnung des TRIPs bestanden hat, erhalten.[303] Der Disput um die Auslegung des Art. 6 TRIPs betrifft die Frage, ob die Bestimmung lediglich pro-

---

298 Art. 6 TRIPs lautet:

> „Für die Zwecke der Streitbeilegung im Rahmen dieses Übereinkommens darf vorbehaltlich der Art. 3 und 4 dieses Übereinkommen nicht dazu verwendet werden, die Frage der Erschöpfung von Rechten des geistigen Eigentums zu behandeln.“

Die englische Fassung lautet:

> “For the purposes of dispute settlement under this Agreement, subject to the provisions of Articles 3 and 4 nothing in this Agreement shall be used to address the issue of exhaustion of intellectual property rights.”

299 Verma, 29 IIC (1998), 534, 535.

300 Lediglich der Mehrheit der Entwicklungsländer (angeführt von Indien und Brasilien) war an der Einführung der internationalen Erschöpfung gelegen, da sie davon profitiert hätten, ihre Waren frei in die Industriestaaten exportieren zu können und sie sich von Parallelimporten die Erweiterung der Warenvielfalt sowie die Senkung der Preise erhofften, Pacón, GRUR Int. 1995, 875, 878.

301 Staehelin, S. 58.

302 Heath, Paralleleinfuhr, RIW 1997, 541, 547; Staehelin, S. 59; Cottier/ Stucki, S. 54; Ullrich, Technologieschutz, GRUR Int. 1995, 623, 635; Pacón, GRUR Int. 1995, 875, 878; Yusuf, S. 18; Correa, S. 230; Bercovitz, S. 160 f.; Lee/ v. Lewinski, S. 318; Verma, 29 IIC (1998), 534, 535.

303 So auch Bereskin, NAFTA, 83 TMR (1993), 1, 3; Cohen Jehoram, GRUR Int. 1996, 280, 284; Heath, Paralleleinfuhr, RIW 1997, 541, 548, f.; Pacón, GRUR Int. 1995, 875, 878; Reinbote/ Howard, 13 EIPR (1991), 157, 159.

zessualen Charakter hat und die Erschöpfungsproblematik somit nur für das Streitbeilegungsverfahren sperrt oder ob man ihr materiellen Gehalt beimessen sollte, was zur Folge hätte, daß keine Bestimmung des TRIPs für die Beurteilung der Zulässigkeit von Parallelimporten herangezogen werden dürfte.[304]

a) Art. 6 TRIPs als prozessuale Vorschrift (*wörtliche Auslegung*[305])

Der Wortlaut der Norm[306] läßt den Schluß zu, sie gelte ausschließlich für das Streitbeilegungsverfahren und sei infolgedessen verfahrensrechtlicher und nicht materieller Natur.[307] Das Streitbeilegungsverfahren eröffnet den Mitgliedern die Möglichkeit, Verstöße gegen die Einhaltung des TRIPs-Abkommens vor das WTO-Tribunal in Genf zu bringen, das über die vorgebrachten Beschwerden entscheidet und gegebenenfalls sogar Sanktionen verhängen kann.[308] Die Formulierung „für die Zwecke der Streitbeilegung" könnte die Reichweite der Sperre des Art. 6 TRIPs auf den Bereich des Streitbeilegungsverfahrens beschränken, so daß die von den Parteien angenommene Erschöpfung zwar nicht Gegenstand dieses Verfahrens sein kann, sich inhaltlich aber sehr wohl an sonstigen Bestimmungen des TRIPs-Abkommens messen lassen muß. Konsequenterweise müßte man Art. 6 TRIPs als materiell stillschweigend begreifen. Dementsprechend würde er auch nicht die Heranziehung anderer Vorschriften des TRIPs-Abkommens zur rechtlichen Bewertung der Erschöpfungsregeln der EU und der USA hindern.

---

304 Die Alternativen unterscheiden sich insbesondere im Hinblick auf die Anwendung des Art. 16 TRIPs und somit hinsichtlich der Frage, ob die Unzulässigkeit von Parallelimporten vom Vorliegen einer Verwechslungsgefahr abhängt.
Daß die Anwendung von Art. 16 TRIPs unter dem Vorbehalt des Art. 6 TRIPs steht, stellt die (eigentlich überflüssige) Verweisung in Fußnote 6) zu Art. 28 TRIPs klar. Da Art. 16 TRIPs eine Vorschrift „dieses Übereinkommens" im Sinne des Art. 6 TRIPs ist, bezieht sich dieser ohnehin auf Art. 16 TRIPs.
Fußnote 6) lautet:

> „Dieses Recht unterliegt ebenso wie alle sonstigen nach diesem Übereinkommen gewährten Rechte in bezug auf Gebrauch, Verkauf, Einfuhr oder sonstigen Vertrieb von Waren Art. 6."

305 Zu den allgemeinen Auslegungsregeln der völkerrechtlichen Verträge Buck, S. 126 ff.

306 „Für die Zwecke der Streitbeilegung...".

307 Stucki, S. 42; Lee/ v. Lewinski, S. 318.

308 Heath, Paralleleinfuhr, RIW 1997, 541, 547; Kasto, S. 22 f. Das ist einer der größten Unterschiede zu den WIPO-Konventionen, denen ein derartiger Streitschlichtungsmechanismus und insbesondere Sanktionsmöglichkeiten fehlen.

b) Art. 6 TRIPs als materiell-rechtliche Maxime (systematische Auslegung)

Gegen die Ansehung des Art. 6 TRIPs als rein prozessuale Norm läßt sich das Argument seines systematischen Zusammenhangs einwenden. Die einschlägige Vorschrift zum Streitbeilegungsverfahren findet sich in Art. 64 TRIPs, der zu Teil V des TRIPs-Abkommens gehört und den Titel „Streitbeilegung" trägt.[309] Stellte Art. 6 TRIPs tatsächlich nur eine Verfahrensnorm dar, so müßte die Regelung systematisch im Anschluß an Art. 64 TRIPs positioniert sein. Teil I hingegen, dem Art. 6 TRIPs angehört, trägt den Titel „Allgemeine Bestimmungen und Grundprinzipien". Demzufolge spricht der systematische Zusammenhang dagegen, Art. 6 TRIPs als reine Verfahrensnorm zu begreifen.

Vielmehr müßte man der Norm aufgrund der Stellung im Vertrag den materiellen Gehalt von „Allgemeine[n] Bestimmungen und Grundprinzipien" beimessen.[310] So könnte man die Formel „für die Zwecke der Streitbeilegung" ebensogut im Sinne von „um der Streitbeilegung willen" oder „zugunsten der Streitbeilegung" begreifen. In dem Fall enthielte Art. 6 TRIPs das ausdrückliche Verbot, das Abkommen mit Ausnahme von Artt. 3 und 4 TRIPs für die Beurteilung der Markenerschöpfung heranzuziehen. Sodann wäre die Untersuchung anderer TRIPs-Regelungen auf das Erschöpfungsrecht der EU und der USA untersagt.[311] Die Unterzeichner wären danach völlig frei, jede Erschöpfungsform zu wählen oder zwischen ihnen zu wechseln, soweit dies mit Artt. 3 und 4 TRIPs im Einklang stünde.[312]

---

309 „Die Artt. XXII und XXIII des GATT 1994, wie sie durch die Vereinbarung über Streitbeilegung im einzelnen ausgeführt und angewendet werden, finden auf Konsultationen und die Streitbeilegung nach diesem Übereinkommen Anwendung, sofern hierin nicht ausdrücklich etwas anderes vorgesehen ist. … ."

310 Quick, 33 Les Nouvelles (1998), 148, 149.

311 Quick, 33 Les Nouvelles (1998), 148, 149; Stucki, S. 44.

312 Dessenungeachtet soll daran erinnert werden, daß sich das Verbot des Art. 6 TRIPs allein auf die Anwendung von TRIPs-Vorschriften beschränkt. Art. 6 TRIPs sieht nämlich vor, daß vorbehaltlich der Artt. 3 und 4 TRIPs lediglich *diesem Übereinkommen* nichts für die Klärung der Erschöpfungsfrage entnommen werden darf. Zwar wäre es unzulässig, Art. 16 TRIPs oder die Präambel zu konsultieren, dagegen ist es erlaubt, auf „fremde" Vorschriften zurückzugreifen, wie das GATT oder die PVÜ. Somit ist selbst nach der materiellen Auslegung des Art. 6 TRIPs die Untersuchung anderer Abkommen auf Erschöpfungsaspekte hin grundsätzlich zulässig.

c) Der Hintergrund von Art. 6 TRIPs (historische Auslegung)

Letztlich überzeugt jedoch auch die systematische Auslegung nicht. Wäre die Formel „für die Zwecke der Streitbeilegung“ tatsächlich im Sinne von „zugunsten der Streitbeilegung“ zu verstehen, so hätten die Parteien doch vernünftigerweise auf die Streitvermeidung anstatt die -beilegung abgestellt. Dem Titel des Teils V zufolge ist der Begriff der Streitvermeidung dem TRIPs-Abkommen nämlich nicht fremd. Die Streitbeilegung ist im WTO-Recht ein förmliches Verfahren zur Ausräumung von rechtlichen Differenzen zwischen den Vertragsparteien.[313] Es gab im Zeitpunkt der Unterzeichnung des TRIPs jedoch kein anhängiges Streitbeilegungsverfahren über die Frage der Erschöpfung von Markenrechten.[314] Deshalb galt es doch, potentiellen Streit zu vermeiden und nicht bereits vorhandenen beizulegen.

Somit bleibt noch die Berücksichtigung der historischen Auslegung. Sie erlaubt die Einbeziehung der Entstehungsgeschichte von Art. 6 TRIPs. Hinweise für die Erforschung der wahren Bedeutung des Art. 6 TRIPs in seiner heutigen Fassung könnten der Entwurf vom 23. Juli 1990[315] (Juli-Entwurf) sowie der Entwurf vom Dezember 1990[316] (Dezember-Entwurf) enthalten, zwei der endgültigen Fassung des Art. 6 des TRIPs-Abkommens vorausgegangene Versionen. Der auffälligste Unterschied der damaligen Entwürfe zur heutigen Fassung des Art. 6 TRIPs ist ihr Verzicht auf die Formel „für die Zwecke der Streitbeilegung“. Somit waren die Entwürfe unzweideutig darauf bedacht, dem Still-

---

313 Zum Streitbeilegungsverfahren Geller, GRUR Int. 1995, 935 ff.; Schäli, sic! 1998, 233 ff.; Pescatore, 27 JWT (1993), 5 ff.; Lee/ Lewinski, S. 329 ff.; Staehelin, S. 194 ff.

314 Bollinger, sic! 1998, 541, 542; für eine Übersicht über die bisherigen WTO-Verfahren im TRIPs-Bereich siehe Staehelin, S. 202 ff.; zum ersten Panel-Entscheid über TRIPs-Normen Schäli, sic! 1998, 233 ff.

315 Der folgende Wortlaut fand sich lediglich als Fußnote zu einem Artikel, der den Vertrieb von urheberrechtlich geschützten Waren regelte:

> "It is understood, unless expressly provided to the contrary in this agreement, nothing in this agreement shall limit the freedom of PARTIES to provide that any intellectual property rights conferred in respect of the use, sale, importation and other distribution of goods are exhausted once those goods have been put on the market by or with the consent of the right holder."

316 Der entsprechende Artikel des Dezember-Entwurfs lautete:

> "Subject to the provisions of Articles 3 and 4 above, nothing in this Agreement imposes any obligation on, or limits the freedom of, PARTIES with respect to the determination of their respective regimes regarding the exhaustion of any intellectual property rights conferred in respect of the use, sale, importation or other distribution of goods once those goods have been put on the market by or with the consent of the right holder."

schweigen des TRIPs zur Erschöpfungsfrage materielle Bedeutung zu verleihen. Auch wenn im Juli-Entwurf das Recht der Parteien vorgesehen war, eine internationale Erschöpfung in ihrem nationalen Recht vorzusehen, so gab gleichwohl keine der beiden Fassungen den Mitgliedern eine bestimmte Erschöpfungsform vor. Vielmehr regelten sie ausdrücklich das Recht der Parteien, eine Erschöpfungsform frei zu wählen. Auf die Auslegung des Art. 6 TRIPs übertragen, sprechen die beiden Entwürfe dafür, die Vorschrift als materiell zu begreifen und das übrige TRIPs-Abkommen, ausgenommen Artt. 3 und 4 TRIPs, als stillschweigend in bezug auf die Erschöpfung aufzufassen.

Indessen ist zu berücksichtigen, daß die zitierten Fassungen eben gerade nicht die Zustimmung der Unterzeichner gefunden und sich deshalb nicht durchgesetzt haben. Während der Uruguay Runde herrschte völlige Uneinigkeit hinsichtlich der Rechtserschöpfung,[317] und zwar nicht nur im Rahmen des Konflikts zwischen Industriestaaten und Entwicklungsländern,[318] sondern ebenso zwischen vielen Industriestaaten.[319] Mit der Begründung, die globalen Unterschiede im Bereich des Wettbewerbsrechts und der Produktionsbedingungen seien noch zu groß, lehnten die meisten Parteien die allgemeine Einführung einer internationalen Erschöpfung ab.[320] Industriestaaten verwiesen darauf, daß die Entwicklungsländer aufgrund der Mängel im Verwaltungs- und Justizbereich nicht zuverlässig zwischen den mit der Zustimmung des Markeninhabers parallelimportierten Originalprodukten und Plagiaten unterscheiden könnten.[321] Entwicklungsländer führten gegen die internationale Erschöpfung an, daß mit ihrer Einführung keine Produktionslizenzen mehr an Entwicklungsländer vergeben würden, wo die Herstellung von Waren billiger sei.[322] Viele Entwicklungsländer, insbesondere die sog. „Hardlinerstaaten“[323] wie Indien, Brasilien und Ägypten, sowie einzelne Industriestaaten, z. B. Australien, waren jedoch für die Einführung einer internationalen Erschöpfung.[324] Deshalb fand weder die Einführung

317 Cottier/ Stucki, S. 53.

318 Zum Interessenskonflikt entlang dem Nord-Süd-Gefälle, Hilpert, GRUR Int. 1998, 91 ff.; Bail, S. 141.

319 Joller, GRUR Int. 1998, 751, 761; Dhanjee/ Boisson de Chazournes, 24 JWT (1990), Issue 5, 5; Stucki, S. 39; Staehelin, S. 58.

320 Staehelin, S. 59.

321 Pacón, GRUR Int. 1995, 875, 878.

322 Pacón, GRUR Int. 1995, 875, 878.

323 Reinbothe, S. 158, Fn. 16.

324 Faupel, GRUR Int. 1990, 255, 261; Pacón, GRUR Int. 1995, 875, 878. Die Hardliner unter den Entwicklungsländern bestritten anfänglich die Notwendigkeit und den Nutzen eines effektiven Schutzsystems insbesondere für ausländische Marken. Sie hielten es für nachgewiesen, daß bekannte ausländische Marken tendenziell die Produktion und den Konsum von unwichtigen Luxusgütern in armen Gesellschaf-

der regionalen oder nationalen, noch die der internationalen Erschöpfung die hinreichende Zustimmung der Unterzeichner. Die Uneinigkeit führte dazu, daß die verhandelnden Parteien die Erschöpfungsfrage schließlich völlig aus dem Vertrag herauslassen, also unerwähnt lassen wollten, um den erfolgreichen Abschluß der Uruguay Runde nicht zu gefährden.[325] Eine Gruppe von Entwicklungsländern drängte unterdessen darauf, die Erschöpfung zumindest vom Verfahren der Streitbeilegung auszuschließen.[326] Als Kompromiß dieser schwierigen

---

ten steigerten. Das habe eine Fehlallokation von Ressourcen und Devisenabfluß zur Folge. Zudem seien nachteilige Effekte für Wachstum und Entwicklung der heimischen Industrie feststellbar, vgl. Beier/ Krieger, GRUR Int. 1976, 125. Zur Notwendigkeit der Anhebung des Schutzniveaus für geistiges Eigentum in Entwicklungsländern aus wirtschaftlichen Gründen siehe Brown, Connection, 22 IIC (1991), 348, 359; Saxena, 12 World Competition (1988), 81 ff.

Zur Verteidigung ihres Standpunktes argumentierten diese Länder, daß der Schutz geistigen Eigentums dem Gedanken des freien Warenverkehrs zuwiderliefe. Immaterialgüterschutz bewirke eine monopolartige und restriktive Güterzuordnung und die Etablierung von Ausschließlichkeitsrechten, weshalb er per se im Widerspruch zum Ziel des freien Welthandels stünde. Mit der Zeit ließen sich die Entwicklungsländer dann darauf ein, sich bei den GATT-Verhandlungen auf den Teil der Schutzrechte mit Handelsbezug zu beschränken. Dementsprechend war das Hauptaugenmerk darauf gerichtet, die restriktiven und wettbewerbsbeschränkenden Praktiken von Schutzrechtsinhabern aufzudecken. Vor diesem Hintergrund erstaunt es nicht, daß die meisten Entwicklungsländer der regionalen Erschöpfung sehr skeptisch gegenüberstehen.

325 Pacón, GRUR Int. 1995, 875, 876. Mit dem Erschöpfungsthema war schließlich der Erfolg oder Mißerfolg des GATT in seiner Gesamtheit verknüpft. Ein Scheitern der Runde insgesamt konnte sich jedoch kein Mitglied leisten, da das GATT ein Bündel von Sach- und Verhandlungsinteressen zur Durchsetzung freien Welthandels enthält, auf deren Abschluß es den Parteien zumindest teilweise ankam. Zum Verhandlungsverlauf bis zur sog. "midterm review" Faupel, GRUR Int. 1990, 255 ff.

326 Pacón, GRUR Int. 1995, 875, 878. Grundsätzlich war es den Entwicklungsländern unangenehm, sich dem Streitbeilegungsmechanismus verpflichten zu müssen. Die Möglichkeit, wegen der Nichterfüllung von TRIPs-Verpflichtungen Handelssanktionen ausgesetzt zu sein, stellt nach wie vor eine Belastung dar. Jedoch öffneten sich die Entwicklungsländer schließlich auch in diesem Punkt dem TRIPs-Abkommen, weil sie es vorzogen, sich im Rahmen eines multilateralen Verfahrens verantworten zu müssen, als (wie in der Vergangenheit nicht selten) einseitig handelspolitischem Druck durch mächtige Verhandlungspartner ausgesetzt zu werden. Mit der Einführung des Streitbeilegungsverfahrens geht der ausdrückliche Verzicht auf alle einseitigen Maßnahmen einher. Der Streitschlichtungsmechanismus hat für Entwicklungsländer daher auch eine Schutzschildfunktion.

Die Besorgnis darüber, ohne eine vertragliche Ausgrenzung der Erschöpfungsfrage aus dem Streitbeilegungsverfahren könnten speziell die USA oder die EU, die eine internationale Erschöpfung der Schutzrechte nicht begrüßen, doch wieder Druck auf die schwächeren Länder ausüben, die sich für eine internationale Erschöpfung

Verhandlungen billigten die Parteien die heute geltende Fassung des Art. 6 TRIPs.[327]

Die Kenntnis dieser Vorgeschichte ermöglicht es, den Sinngehalt des Art. 6 TRIPs zu entschlüsseln. Seine Entstehungsgeschichte verdeutlicht, daß die Parteien die Erschöpfungsfrage unangetastet lassen wollten, sich gleichwohl auf den Kompromiß eingelassen haben, das Streitbeilegungsverfahren für die Erschöpfung zu sperren. Zweck dieser Regelung war und ist es, zu verhindern, daß auf Entwicklungsländer seitens solcher Industriestaaten, die eine internationale Erschöpfung nicht befürworten, im Wege des Verfahrens nach Art. 64 TRIPs eingewirkt wird.[328] Somit ist die Sperrwirkung des Art. 6 TRIPs tatsächlich auf das Verfahren zur Streitbeilegung beschränkt.[329] Die fragwürdige Stellung des Art. 6 TRIPs in Teil I des Abkommens ist zugegebenermaßen nur schwer, möglicherweise aber damit zu erklären, daß die Parteien der Erschöpfungsfrage wegen ihrer handelsbezogenen Bedeutung den Stellenwert eines Grundprinzips des Markenrechts beigemessen haben. Die Mitgliedstaaten dürfen daher über die Frage der Erschöpfung ein WTO-Streitbeilegungsverfahren nur dann einleiten, wenn sie die Verletzung von Artt. 3 bzw. 4 TRIPs geltend machen können. Somit können zunächst andere Vorschriften des TRIPs-Abkommens hinsichtlich der Zulässigkeit von Parallelimporten untersucht werden, bevor sich die Arbeit anschließend den Regelungen des GATT zuwendet.

2. Art. 16 des TRIPs-Abkommens

Art. 16 TRIPs[330] regelt die Rechte aus der Marke und legt damit die Reichweite der unter einer Marke geschützten Rechtsposition fest. Die Regelung dient

---

entscheiden, war der Grund für den Wunsch, das Streitbeilegungsverfahren in diesem Punkt auszuschalten.

327 Heath, Paralleleinfuhr, RIW 1997, 541, 547; Gervais, 2.40; Bronckers, 31 CML Rev. (1994), 1245, 1268.

328 Kunz-Hallstein, Parallelimporte, GRUR 1998, 268, 269; Pacón, GRUR Int. 1995, 875, 878.

329 So im Ergebnis auch EuGH-Gutachten vom 15.11.1994, 1/94 Slg. 1994 I – 5267, 5297 = GRUR Int. 1995, 239, 241; BGH, X ZR 61/98, verk. am 14.12.99 – Karate; Heath, Paralleleinfuhr, RIW 1997, 541, 548 f.; Straus, GRUR Int. 1996, 179, 193; Bollinger, sic! 1998, 541, 547; Katzenberger, GRUR Int. 1995, 447, 463; Kunz-Hallstein, Parallelimporte, GRUR 1998, 268, 269; Joller, Erschöpfungsgrundsatz, GRUR Int. 1998, 751, 758; Pacón, GRUR Int. 1995, 875, 878; Cottier, Parallelimporte, SMI 1995, 37, 56; Cottier, Implications, 33 Les Nouvelles (1998), 152; Ullrich, Technologieschutz, GRUR Int. 1995, 623, 635.

330 Art. 16 (1) TRIPs lautet:

hauptsächlich der Bekämpfung von Nachahmungen.[331] Aber auch Parallelimporte von Originalwaren müssen sich an der Vorschrift messen lassen. Je nachdem, ob Parallelimporte unter Art. 16 TRIPs zulässig sind oder nicht, steht die Norm mit der internationalen oder der regionalen Erschöpfung im Einklang.

a) Die isolierte Betrachtung des Art. 16 TRIPs

Nach Art. 16 TRIPs kann der Inhaber einer eingetragenen Marke ihre Benutzung durch Dritte verbieten, wenn dadurch eine Verwechslungsgefahr begründet wird. Für Waren, die ein Dritter unter der identischen Marke für identische Waren ohne Zustimmung des Schutzrechtsinhabers im geschäftlichen Verkehr vertreibt, wird entsprechend Art. 16 (1) S. 2 TRIPs die Gefahr der Verwechslung kurzerhand vermutet. Parallelimporte betreffen Produkte, die vom Inhaber gekennzeichnet und in den Verkehr gebracht wurden. Aufgrund dessen tragen sie stets eine Marke, die der des Markeninhabers identisch ist und weisen in der Regel auch dieselbe Qualität auf.[332] Danach müßten parallelimportierte Waren, weil die Verwechslungsgefahr für sie grundsätzlich vermutet wird, stets dem Ausschlußrecht des Art. 16 (1) TRIPs unterliegen.

Die Schlußfolgerung, Parallelimporte seien Art. 16 (1) TRIPs zufolge mithin generell unzulässig, trägt jedoch dem besonderen Charakter der Vermutungsregel nicht ausreichend Rechnung. Zutreffend verweist *Cottier*[333] darauf, daß es sich bei Art. 16 (1) S. 2 TRIPs nicht um eine unwiderlegbare Vermutung, sondern lediglich um eine Beweislastumkehr handelt. Demnach können Parallelimporteure den Gegenbeweis dafür antreten, daß es zu der gesetzlich vermuteten Verwechslung gar nicht gekommen ist.[334] Die Gefahr der Verwechslung muß in engem Zusammenhang mit der Täuschung über die Produktqualität und -her-

---

„Dem Inhaber einer eingetragenen Marke steht das ausschließliche Recht zu, einem Dritten zu verbieten, ohne seine Zustimmung im geschäftlichen Verkehr identische oder ähnliche Zeichen für Waren oder Dienstleistungen, die identisch oder ähnlich denen sind, für welche die Marke eingetragen ist, zu benutzen, wenn die Benutzung die Gefahr von Verwechslungen nach sich ziehen würde. Bei der Benutzung identischer Zeichen für identische Waren oder Dienstleistungen wird die Verwechslungsgefahr vermutet. ... ."

331 Cottier, Implications, 33 Les Nouvelles (1998), 152, 153; Cottier, Parallelimporte, SMI 1995, 37, 54.

332 Während die Markenidentität stets gegeben ist, haben die importierten Waren nicht immer Inlandsqualität. In diesem Fall liegt jedoch zumindest eine Warenähnlichkeit vor, die den Tatbestand des Art. 16 TRIPs ebenfalls erfüllt.

333 Cottier, Parallelimporte, SMI 1995, 37, 54.

334 So auch Schweiz. BGE 122 III 469, 479, GRUR Int. 1998, 520, 523 – Chanel; Staehelin, S. 93; Stucki, S. 45.

kunft gesehen werden. Stammt die Ware aus derselben Produktionsquelle, wie die des Markeninhabers und wurde sie von diesem auch rechtmäßig in den Verkehr gebracht, so wird der Verbraucher weder über die Produktqualität, noch über die -herkunft getäuscht und dem Parallelimporteur wird der Gegenbeweis gegen die Vermutung des Art. 16 (1) S. 2 TRIPs in aller Regel gelingen. Der Entlastungsbeweis eines Parallelimporteurs verspricht daher Erfolg, wenn er Originalware des Markeninhabers eingeführt hat. Die Verbotsnorm des Art. 16 TRIPs-Abkommen stellt sich also nicht grundsätzlich allen Parallelimporten entgegen. Ohne Verwechslungsgefahr kann ein Parallelhändler sich der Einfuhrbeschränkung des Art. 16 TRIPs widersetzen.[335] Folglich steht Art. 16 (1) TRIPs mit der internationalen Erschöpfung im Einklang.[336]

b) Art. 16 TRIPs i.V.m. Art. 1 (1) S. 2, 2. HS. und der Präambel

Aufgrund der Konformität zwischen Art. 16 TRIPs und dem Grundsatz der internationalen Erschöpfung liegt die Vermutung nahe, daß die regionale Erschöpfung gegen die Vorschrift verstößt. Art. 1 (1) S. 2 TRIPs spricht jedoch für die Vereinbarkeit von Art. 16 TRIPs mit der regionalen Erschöpfung. Art. 1 (1) S. 2 TRIPs zufolge enthält das Abkommen lediglich Minimal-Standards und gestattet es den Parteien, ein höheres Schutzniveau in ihrem nationalen Recht vorzusehen. Die Unterzeichner könnten somit unter Berufung auf Art. 1 (1) S. 2 TRIPs Markenrechten über Art. 16 TRIPs hinaus Schutz verleihen. Diese Schutzverschärfung ließe sich bis zu einem voraussetzungslosen Verbot von Parallelimporten weiterführen.[337] Art. 16 TRIPs setzt einer solchen Schutzsteigerung nur dann eine Grenze, wenn man die Vorschrift sowohl als Minimal- als auch als Maximal-Bestimmung interpretiert.[338] Diese Wertung berücksichtigt zum einen die in Art. 1 (1) S. 2 TRIPs verankerte Mindestschutz-Systematik und verhindert zum anderen die Umgehung der in Art. 16 (1) TRIPs genannten Voraussetzung einer Verwechslungsgefahr.

Fraglich ist indessen, worin die rechtliche Grundlage für die Einstufung des Art. 16 (1) TRIPs als Maximal-Standard zu sehen sein könnte. Ein über Art. 16 TRIPs hinausgehender Schutz überschreitet den gem. Art. 1 (1) S. 2, 2. HS.

335 Cottier, Parallelimporte, SMI 1995, 37, 55; Staehelin, S. 93, 96.
336 So im Ansatz auch v. Zumbusch, GRUR Int. 1997, 134, 140.
337 Nach Rauber/ Müller, S. 29, ist Art. 16 (1) S. 2 TRIPs als unwiderlegbare Vermutung bzw. als Fiktion einstufen. Dies ist unzutreffend, weil TRIPs den Beweis des Gegenteils nicht ausschließt, vgl. Staehelin, S. 94, Fn. 34.
338 Cottier, Parallelimporte, SMI 1995, 37, 55; Stucki, S. 45; Staehelin, S. 95. Alle drei Autoren schlagen vor, Art. 16 TRIPs als Maximalbestimmung zu werten, treten dabei jedoch in einen nicht weiter besprochenen Konflikt mit Art. 1 (1) S. 2 TRIPs.

TRIPs von TRIPs tolerierten Bereich dann, wenn die Schutzverschärfung selbst gegen TRIPs-Bestimmungen verstößt. In Betracht kommt eine Verletzung der Präambel,[339] da Erw. 1 ausdrücklich festlegt, daß die Durchsetzung von Schutzrechten keine handelsbeschränkende Wirkung entfalten darf. Art. 1 (1) S. 2 TRIPs stellt zusammen mit der Präambel die Zulässigkeit einer Schutzsteigerung der im TRIPs niedergelegten Standards somit unter die Bedingung unbeschränkten Freihandels.

Jede Erschöpfungsform, die mehr Markenschutz gewährt als die internationale, befähigt Rechtsinhaber jedoch zur Beschränkung von Parallelhandel. Die regionale Erschöpfung erlaubt Markeninhabern, ihre Märkte gegen Parallelimporte abzuschotten, um Vermarktungs- und Preisstrategien durchzusetzen.[340] Dadurch werden Verzerrungen des internationalen Wettbewerbes hervorgerufen.[341] Die Präambel aber spricht sich ausdrücklich gegen eine derartige "over-protection" von Schutzrechten aus, damit diese nicht selbst zu Handelsbarrieren werden, welche das GATT-/ WTO-Vertragswerk, ebenso wie Wettbewerbsverzerrungen, doch gerade abzubauen bemüht ist.

Somit spricht Art. 1 (1) S. 2, 2. HS. TRIPs i.V.m. der Präambel dafür, Art. 16 TRIPs zugleich als Minimal- und Maximal-Bestimmung zu verstehen. Folglich ist eine Verstärkung des Markenrechts über das Schutzniveau des Art. 16 TRIPs hinaus mit dem Abkommen nicht zu vereinbaren. Daraus folgt, daß die regionale Erschöpfung gegen Art. 16 TRIPs i.V.m. Art. 1 (1) S. 2, 2. HS. und der Präambel verstößt,[342] die internationale Erschöpfung mit diesen Vorschriften hingegen vereinbar ist.

---

339 Bei der Suche nach Hinweisen über die Zulässigkeit von Parallelimporten im TRIPs ist zu berücksichtigen, daß der Präambel überragende Bedeutung bei der Auslegung und Anwendung des Abkommens zukommt. Sie ist ein Bestandteil des Vertrags und enthält die ihm zugrundeliegenden Prinzipien in komprimierter und allgemeiner Form. Gem. Art. 31 (2) der Wiener Konvention über das Recht der völkerrechtlichen Verträge vom 27.01.1980 ist bei der Interpretation von Regelungen eines Abkommens ihr Zusammenhang und dabei insbesondere die Präambel zu berücksichtigen. So auch Gervais, 2.08.

340 Soltysinski, GRUR Int. 1996, 316, 318 f.; Cohen Jehoram, GRUR Int. 1996, 280, 284; Amador, IP Worldwide 1997.

341 Heath, Paralleleinfuhr, RIW 1997, 541, 548.

342 Das TRIPs-Abkommen muß von den Vertragsparteien bei der Ausgestaltung des Erschöpfungsrechts beachtet werden. TRIPs-Recht ist für die Parteien verbindlich. Die Rechtssysteme müssen mit dem Abkommen im Einklang stehen, auch wenn der einzelne Bürger sich nicht darauf berufen kann. Zur innerstaatlichen und unmittelbaren Anwendbarkeit sowie Rechtsverbindlichkeit des Abkommens vgl. Staehelin, S. 225; Katzenberger/ Kur, S. 71; Fikentscher, S. 112, 119 f.; Fezer, Grundprinzipien, WRP 1998, 1, 7; Ebenroth, FS Piper, S. 169; Drexl, GRUR Int.

3. Art. 7 des TRIPs-Abkommens

Auch zu Art. 7 TRIPs[343] könnte die regionale Erschöpfung im Widerspruch stehen. Es handelt sich um eine Norm, in der die mit TRIPs verfolgten Ziele niedergelegt sind. Die Vorschrift bezieht sich auf das geistige Eigentum in seiner Gesamtheit und gilt demnach auch für Markenrechte. Die Tatsache, daß sich eine derart allgemeine Vorschrift im Hauptteil des Abkommens und nicht in seiner Präambel befindet, erhöht ihren Bedeutungsgrad.[344] In Art. 7 TRIPs heißt es, der Schutz und die Durchsetzung von Schutzrechten solle „...in einer dem gesellschaftlichen und wirtschaftlichen Wohl zuträglichen Weise erfolgen und einen Ausgleich zwischen Rechten und Pflichten herstellen". Das TRIPs verlangt an dieser Stelle eine Interessensabwägung zwischen Schutz*rechten* einerseits und gesellschaftlichen und wirtschaftlichen *Pflichten* andererseits. Der Formulierung zufolge erkennt Art. 7 TRIPs die Schutzrechte und die gesellschaftlichen und wirtschaftlichen Pflichten der Schutzrechtsinhaber als gegenläufige Interessen. Daß der ungehinderte Warenverkehr zu diesen wirtschaftlichen Pflichten zu zählen ist, legt Erw. 1 der TRIPs-Präambel fest. Unter Geltung der internationalen Erschöpfung ist die Ausübung des Markenrechts und die gleichzeitige Berücksichtigung des Allgemeininteresses an einem ungehinderten Warenverkehr möglich. Die regionale Erschöpfung hingegen gewährt Markenschutz unter mindestens teilweiser Preisgabe der Importinteressen der Handelsindustrie, so daß wirtschaftliche Pflichten weitgehend unbeachtet bleiben.

Inwieweit hieraus jedoch Schlüsse auf die Unzulässigkeit der regionalen Erschöpfung nach Art. 7 TRIPs gezogen werden können, ist zweifelhaft. Denn Art. 7 TRIPs enthält nur eine Soll-Bestimmung, die sich von Muß-Vorschriften dadurch unterscheidet, daß jene Vorgaben enthält, von denen aus vernünftigen Gründen ausnahmsweise abgewichen werden kann, während diese die starre Einhaltung gebieten.[345] Problematisch ist, daß Art. 7 TRIPs ausdrücklich keine Voraussetzungen für die Zulassung einer Ausnahmeregelung nennt. Versteht man Art. 7 TRIPs dementsprechend als bloße Regel, von der in einer nicht defi-

---

1994, 777, 783 f.; Dreier, GRUR Int. 1996, 205 ff.; Krieger, GRUR Int. 1997, 421; Reger, S. 82 ff. Für die USA: Ebenroth, Wirtschaftsrecht, RIW 1995, 1, 3.

343 Art. 7 TRIPs lautet:
„Der Schutz und die Durchsetzung von Rechten des geistigen Eigentums sollen zur Förderung der technischen Innovation sowie zur Weitergabe und Verbreitung der Technologie beitragen, dem beiderseitigen Vorteil der Erzeuger und Nutzer technischen Wissens dienen, in einer dem gesellschaftlichen und wirtschaftlichen Wohl zuträglichen Weise erfolgen und einen Ausgleich zwischen Rechten und Pflichten herstellen."

344 Gervais, 2.44.

345 Gervais, 2.44.

nierten Vielzahl von Fällen Ausnahmen gemacht werden können, so dürfte etwa jede Erschöpfungsform mit Art. 7 TRIPs im Einklang stehen.

Das TRIPs grenzt die Ausnahmefälle indessen aus sich heraus ein. Es ist davon auszugehen, daß die Vertragsparteien sich sinnvollerweise nur deshalb auf eine Soll-Bestimmung geeinigt haben, weil eine starre Regelung dem Sinn und Zweck der Vorschrift abträglich gewesen wäre. Somit ist eine Ausnahme von der Regel des Art. 7 TRIPs nur dann zulässig, wenn anderenfalls die darin genannten Ziele vereitelt würden. Im Zusammenhang mit der regionalen Erschöpfung ist hier also zu prüfen, ob das Verbot von Parallelimporten zugunsten des gesellschaftlichen und wirtschaftlichen Wohls ausnahmsweise erforderlich ist. Die gesellschaftlichen Aspekte zurückgestellt,[346] mündet diese Prüfung, das wirtschaftliche Wohl betreffend, in der bereits erörterten Frage, ob im Falle von Parallelimporten dem Markenschutz oder der Handelsfreiheit der Vorrang einzuräumen ist. Im WTO-/ GATT-Kontext ist die Generalklausel des „wirtschaftlichen Wohls" in Art. 7 TRIPs als Zugang zum allgemeinen Bestreben zu verstehen, Handelsbeschränkungen abzubauen. Die Formulierung stellt nicht etwa auf das wirtschaftliche Wohlergehen der Markeninhaber ab. Im Rahmen der Prüfung von Art. 16 TRIPs i.V.m. Art. 1 (1) S. 2, 2. HS. TRIPs und der Präambel hat sich gezeigt, daß der Handelsfreiheit insoweit Vorrang vor dem Markenschutz gebührt, als das Recht aus der Marke zur Abschottung der Märkte dienen kann. Eine TRIPs-konforme Erschöpfungslösung kann sich somit nur aus der internationalen Erschöpfung ergeben. Dementsprechend dient auch im Rahmen des Art. 7 TRIPs allein die internationale Erschöpfung der Erfüllung des wirtschaftlichen Wohls.

4. Art. 15 des TRIPs-Abkommens

Im übrigen spricht Art. 15 (1) S. 1 TRIPs[347] gegen das generelle Verbot von Parallelimporten und damit gegen die Vereinbarkeit des TRIPs mit der regionalen

346 Rein gesellschaftliche Fragen stellen sich im Zusammenhang mit der Erschöpfungsfrage nicht. Die Markenrechtserschöpfung ist ein sehr stark handelsbezogenes Thema, das vor allem wirtschaftliche Auswirkungen hat. Gesellschaftliche Aspekte treten dagegen in den Hintergrund, betreffen doch selbst die allgemeinbezüglichen Folgen von Parallelimporten, wie Warenvielfalt oder Preisniveau, letzten Endes wirtschaftliche Belange.

347 Art. 15 (1) S. 1 TRIPs lautet:

> „Alle Zeichen und alle Zeichenkombinationen, die geeignet sind, die Waren oder Dienstleistungen eines Unternehmens von denen anderer Unternehmen zu unterscheiden, können eine Marke darstellen."

Erschöpfung. Die Vorschrift geht von der Funktion der Marke als Unterscheidungszeichen aus, verzichtet indessen auf die Nennung der Marktsegmentierung als Schutzgegenstand.[348] Eine Erweiterung des Schutzgegenstandes nach Art. 1 (1) S. 2, 1. HS TRIPs kommt wegen Art. 1 (1) S. 2, 2. HS TRIPs nicht in Betracht. Dürften die Parteien das Recht aus der Marke im Sinne einer strategischen Instrumentalisierung des Markenrechts über das von Art. 15 (1) TRIPs festgelegte Niveau hinaus stärken, wäre die Regelung des Art. 15 TRIPs vollkommen überflüssig. Man wird folglich davon ausgehen müssen, daß die Vertragsparteien auf die Vorschrift verzichtet hätten, würde es sich bloß um eine fakultative Bestimmung handeln. Deswegen liefe eine derartige Schutzverschärfung dem Abkommen zuwider, Art. 1 (1) S. 2, 2. HS. TRIPs.

Mit der in Art. 15 TRIPs genannten Herkunfts- oder Unterscheidungsfunktion steht allein die internationale Erschöpfung im Einklang. Die Hauptfunktion der Marke rechtfertigt es nicht, Nutzungshandlungen aus dem Ausland für das nationale Schutzrecht unberücksichtigt zu lassen. Die Marke gibt nämlich über die Herkunft der Ware Aufschluß, gleichgültig, ob das mit ihr gekennzeichnete Produkt nur national oder international vertrieben wird.

5. Artt. 3 (1), 4 S. 1 des TRIPs-Abkommens

Die Grundsätze der Inländerparität[349] und der Meistbegünstigung[350] sind Vorschriften zur Gleichbehandlung bzw. Nichtdiskriminierung der Vertragsparteien untereinander.[351] Beide Maximen limitieren die Souveränität der WTO-Mitglieder zugunsten der formalen Reziprozität dieser Verpflichtung.[352] Seit Abschluß der PVÜ (Art. 2 (1))[353] konstituiert der Grundsatz der Inländerbehandlung, im Völkerrecht auch Assimilationsprinzip genannt, eine tragende Grundregel im gewerblichen Rechtsschutz.[354] Die MFN-Regel existiert dagegen nicht in

348 Cottier, Parallelimporte, SMI 1995, 37, 54; Staehelin, S. 94 f.; Stucki, S. 45, Fn. 250.

349 In englischer Sprache: national treatment, im folgenden abgekürzt als NT.

350 In englischer Sprache: most favored nation, im folgenden abgekürzt als MFN.

351 Fikentscher, S. 114.

352 Dhanjee/ Boisson de Chazournes, 24 JWT (1990), Issue 5, 5, 6; Buck, S. 88 ff.; zur Gegenseitigkeit des GATT Ballreich, PVÜ-Revision, GRUR 1987, 747, 752; zur Gegenseitigkeit als allgemeines Völkerrechtsprinzip, Ballreich, Gegenseitigkeit, GRUR Int. 1983, 470 ff.

353 Der Grundsatz der Inländerbehandlung war bereits in der ersten Fassung der PVÜ aus dem Jahre 1883 enthalten.

354 Gervais, 2.23; Bodenhausen, S. 20; Reger, S. 80.

den WIPO-Konventionen.[355] Das GATT enthält beide Prinzipien und zwar die NT-Bestimmung in Art. III (4) GATT und die MFN-Vorschrift in Art. I (1) GATT. Das TRIPs normiert den Inländerbehandlungsgrundsatz in Art. 3 (1)[356] und die Meistbegünstigungsklausel in Art. 4 S. 1 TRIPs [357].

Grundsätzlich können die Vertragsparteien Art. 6 TRIPs zufolge zwar eine Form der Erschöpfung frei wählen.[358] Für das NT- und MFN-Prinzip bleibt die Kompetenz des WTO-Tribunals zur Streitschlichtung im Hinblick auf die Erschöpfungsfrage jedoch erhalten. Folglich muß der von den Parteien gewählte Erschöpfungsgrundsatz denjenigen Anforderungen genügen, die Artt. 3 (1) und 4 S. 1 des TRIPs an ein Erschöpfungssystem stellen. Verstöße können im Wege des Streitbeilegungsverfahrens geltend gemacht werden.

a) Grundsatz der Inländerbehandlung, Artt. 3 (1) TRIPs, 2 (1) PVÜ

Der NT-Maxime von TRIPs und PVÜ zufolge sind ausländische Schutzrechtsinhaber insoweit geschützt, als sie, verglichen mit den inländischen[359] Rechtsinhabern, Gleichbehandlung genießen, das heißt, sie dürfen weder willkürlich, noch ungerechtfertigt anders behandelt werden. Die NT-Regel der PVÜ[360] betrifft

---

355 Tietje, S. 194; für die PVÜ Ballreich, PVÜ-Revision, GRUR Int. 1987, 747, 754; Awuku, 28 JWT (1994), 75, 83.

356 Art. 3 (1) TRIPs lautet:
„Die Mitglieder gewähren den Angehörigen der anderen Mitglieder eine Behandlung, die nicht weniger günstig ist als die, die sie ihren eigenen Angehörigen in bezug auf den Schutz des geistigen Eigentums gewähren, vorbehaltlich der jeweils bereits in der Pariser Verbandsübereinkunft (1967), der Berner Übereinkunft (1971), dem Rom-Abkommen oder dem Vertrag über den Schutz des geistigen Eigentums im Hinblick auf integrierte Schaltkreise vorgesehenen Ausnahmen. ... ."

357 Art. 4 S. 1 TRIPs lautet:
„In bezug auf den Schutz des geistigen Eigentums werden Vorteile, Vergünstigungen, Sonderrechte und Befreiungen, die von einem Mitglied den Angehörigen eines anderen Landes gewährt werden, sofort und bedingungslos den Angehörigen aller anderen Mitglieder gewährt."

358 Siehe oben S. 93.

359 Zum Begriff des Inländers im TRIPs-Kontext Blakeney, 3.02.

360 Art. 2 (1) PVÜ lautet:
„Die Angehörigen eines jeden der Verbandsländer genießen in allen übrigen Ländern des Verbandes in bezug auf den Schutz des gewerblichen Eigentums die Vorteile, welche die betreffenden Gesetze des eigenen Staatsangehörigen gegenwärtig gewähren oder in Zukunft gewähren werden, und zwar unbeschadet der durch diese Übereinkunft besonders vorgesehenen Rechte. Demgemäß haben sie den gleichen Schutz wie diese und die gleichen Rechtsbehelfe gegen

ebenso wie Art. 3 (1) TRIPs die Gleichbehandlung der in- und ausländischen Rechtsinhaber innerhalb eines Mitgliedstaates und steht allein im Dienste des Schutzes geistigen Eigentums.[361] Die Mitglieder müssen Ausländern denselben Schutz durch ihr nationales Recht gewähren und dürfen dies nicht von der Gegenseitigkeit des materiellen Schutzstandards der anderen Mitglieder abhängig machen.[362] Sowie ein WTO- bzw. Verbandsmitglied seinen eigenen Staatsangehörigen den Grundsatz der regionalen Erschöpfung als rechtliches Instrument zur Abwehr von Parallelimporten an die Hand gibt, ist es verpflichtet, die Markenrechte der ausländischen Inhaber gegen Paralleleinfuhren in gleicher Weise zu schützen. Bei den eigenen Bürgern darf daher nicht die regionale und bei ausländischen die internationale Erschöpfung zugrunde gelegt werden.[363] Die NT-Maxime gilt somit nicht nur für den Eintritt der Erschöpfung an sich, sondern garantiert auch die Anwendung der jeweiligen Erschöpfungsform auf ausländische Rechtsinhaber.

---

jeden Eingriff in ihre Rechte, vorbehaltlich der Erfüllung der Bedingungen und Förmlichkeiten, die den eigenen Staatsangehörigen auferlegt werden."

361 Art. 2 (1) PVÜ bezieht sich auf den Schutz des geistigen Eigentums wie er in Art. 1 (2) PVÜ definiert ist, und stellt bzgl. der Gleichbehandlung auf die Nationalität der Schutzrechtsinhaber ab, Bodenhausen, S. 21. Das TRIPs knüpft in Art. 3 (1) ebenfalls an die Nationalität der Schutzrechtsinhaber an; Faupel, GRUR Int. 1990, 255, 265. Dagegen verlangt Art. III (4) GATT eine Gleichbehandlung von Waren in- und ausländischer Herkunft.

362 Man spricht insoweit vom „Non-Reciprocity-Prinzip". Dieses ist im Grundsatz der Inländerbehandlung verankert und normiert die Pflicht der Vertragsstaaten, unabhängig von der rechtlichen Situation der anderen Mitglieder, mit den eigenen Pflichten in Vorleistung zu treten, vgl. Dhanjee/ Boisson de Chanzournes, 24 JWT (1990), Issue 5, 5, 9. Zu unterscheiden ist das Non-Reciprocity-Prinzip von der ebenfalls im NT-Grundsatz enthaltenen formalen Reziprozität, die nicht materielle Regelungen betrifft, sondern lediglich die Tatsache, daß sich die Mitglieder gegenseitig zur Einhaltung der NT-Prämisse verpflichten. Zur Abgrenzung zwischen formaler und materieller Reziprozität, vgl. Dhanjee/ Boisson de Chanzournes, 24 JWT (1990), Issue 5, 5, 9, m.w.N.
Vor diesem Hintergrund könnte die Abwehrhaltung der EU gegenüber der internationalen Erschöpfung problematisch sein, da als Begründung angeführt wurde, die EU sei nicht bereit, eine einseitige Vorleistung zu erbringen. Wünschenswert hingegen sei die Einführung der internationalen Erschöpfung im Wege gegenseitiger Vereinbarungen mit den wichtigsten Handelspartnern. Da die NT-Regel jedoch keine antizipierte Wirkung entfaltet, sondern erst greifen kann, wenn das nationale Recht tatsächlich besteht, können die Rechtssetzungserwägungen der EU wohl kaum einen Verstoß gegen die NT-Regel begründen.

363 EuGH-Gutachten 1/94 Slg. 1994 I – 5267, 5297 = GRUR Int. 1995, 239 ff.

Es bestehen Bedenken hinsichtlich der Vereinbarkeit der sec. 526 (a) Tariff Act mit der NT-Regel von TRIPs und PVÜ.[364] Sec. 526 (a) Tariff Act sieht nur für Rechtsinhaber Schutz vor, die US-Staatsbürger, Unternehmen oder Vereinigungen sind. Hingegen können sich ausländische Inhaber einer US-Marke nicht auf sec. 526 (a) Tariff Act berufen.[365] Die Gesetzgebungsgeschichte der sec. 526 (a) Tariff Act verdeutlicht, daß die Norm dazu geschaffen wurde, inländische Rechtsinhaber vor ausländischen Importen zu schützen und mithin tatsächlich einen diskriminierenden Hintergrund hat.[366] Zum Schutze der inländischen Markenrechte haben die USA die Tatsache in Kauf genommen, daß Ausländer durch die Vorschrift schlechter gestellt werden als einheimische Rechtsinhaber.[367] Auch die Ausnahmen der NT-Regel gem. Art. 2 (3) PVÜ greifen hier nicht ein. Sec. 526 (a) Tariff Act ist zwar eine Verwaltungsvorschrift, so daß man die Anwendung von Art. 2 (3), 1. Alt. PVÜ in Betracht ziehen könnte. Dieser Ausnahmetatbestand betrifft jedoch Ungleichbehandlungen zwischen In- und Ausländern, die für die Durchführung des Gerichts- oder Verwaltungsverfahrens erforderlich sind, wie z.B. der Hinterlegung eines Gerichtskostenvorschusses.[368] Der sachliche Grund für die Ungleichbehandlung muß im Zusammenhang mit dem Verfahren selbst stehen. Dies trifft auf sec. 526 (a) Tariff Act nicht zu. Die Norm

---

364 Palmeter, 12 World Competition (1988), 49.

365 Takamatsu, 57 Washington Law Review (1982), 433, 439.

366 Sinn von sec. 526 (a) Tariff Act ist die Abwehr von Parallelimporten der ursprünglichen Inhaber aufgespaltener Markenrechte aus dem Ausland. Dabei diskriminiert die Vorschrift ungerechtfertigterweise alle Ausländer, da sec. 526 (a) Tariff Act nicht einmal voraussetzt, daß der Anspruchsgegner der ehemalige Markeninhaber war. Wenn bspw. ein deutsches Unternehmen seine Markenrechte an ein japanisches Unternehmen in die USA verkauft, so wäre dem japanischen Markeninhaber der Rückgriff auf sec. 526 (a) Tariff Act zur Abwehr der Parallelimporte der ehemaligen deutschen Inhabers versperrt.

367 Der Verstoß gegen den Grundsatz der Inländerbehandlung wird auch nicht dadurch abgemildert, daß Ausländern die Vorschrift der sec. 42 Lanham Act offensteht, um Rechtsverletzungen ihrer Markenrechte abzuwehren. Zwar können Ausländer unter Bezugnahme auf sec. 42 Lanham Act Parallelimporte abwehren und unter Umständen ein ähnliches Resultat erreichen wie unter Berufung auf sec. 526 (a) Tariff Act. Allerdings knüpft ein Anspruch gem. sec. 42 Lanham Act an andere Voraussetzungen an als das Ausschlußrecht nach sec. 526 (a) Tariff Act. Sec. 42 Lanham Act ist nämlich ursprünglich konzipiert worden, um Plagiaten rechtlich zu begegnen. Aufgrund dessen setzt sec. 42 Lanham Act die Irreführung der Verbraucher (consumer confusion) voraus. Dieses Merkmal erfüllen Parallelimporte allenfalls dann, wenn sie sich gegenständlich von dem autorisiert vertriebenen Produkt unterscheiden, also "materially different" sind. Aus sec. 526 (a) Tariff Act kann indessen auch ohne Verbrauchertäuschung vorgegangen werden. Folglich stellt sec. 42 Lanham Act keine Kompensation zu der Diskriminierung der sec. 526 (a) Tariff Act dar.

368 Bodenhausen, S. 25.

begrenzt den Kreis der Anspruchsteller auf Inländer und begründet daher nicht nur eine verfahrensmäßige, sondern eine materiellrechtliche Ungleichbehandlung. Sec. 526 (a) Tariff Act verstößt folglich gegen den Grundsatz der Inländerbehandlung nach Artt. 3 (1) TRIPs, 2 (1) PVÜ.

b) Meistbegünstigungsprinzip, Art. 4 S. 1 TRIPs

Dem MFN-Prinzip des Art. 4 S. 1 TRIPs zufolge müssen alle einem Mitglied gewährten Vorteile oder Vergünstigungen auch allen übrigen Mitgliedern eingeräumt werden.[369] Während es bei der NT-Regel darum geht, die ins Inland gelangten Waren ausländischer Schutzrechtsinhaber denen der Inländer gleichzustellen, will der MFN-Grundsatz sicherstellen, daß nicht einige Länder hinsichtlich gewerblicher Schutzrechte von einer Vertragspartei schlechter behandelt werden als andere.[370] Das Ziel dieser Maxime ist also die Vermeidung von Diskriminierungen der Mitglieder untereinander, wobei die Meistbegünstigung den Maßstab für die Behandlung der übrigen Staaten vorgibt.

Die MFN-Regel beschränkt die Entscheidungsfreiheit der TRIPs-Parteien über die Ausgestaltung ihrer Markenerschöpfung dann, wenn ein Mitglied von der einen zu einer anderen Form der Erschöpfung übergehen will. Insofern stößt das Vorhaben der EU auf Bedenken, die internationale Erschöpfung im Wege einer bilateralen Vereinbarung mit den USA nur für dieses Handelsverhältnis einzuführen.[371]

Ein Verstoß gegen die MFN-Maxime des TRIPs setzt jedoch voraus, daß dem jeweiligen Vertragspartner durch die Einführung der internationalen Erschöpfung auch tatsächlich Vergünstigungen im Bereich des geistigen Eigentums gewährt werden. Art. 4 S. 1 TRIPs steht ausschließlich im Dienste des Schutzes geistigen Eigentums und nicht des ungehinderten Warenverkehrs, wie die entsprechenden Normen des GATT.[372] Der Wechsel von der regionalen zur internationalen Erschöpfung ist unter der MFN-Prämisse des TRIPs unproblematisch, weil mit Einführung der internationalen Erschöpfung nur Parallelimporteuren der Vorteil der ungehinderten Wareneinfuhr zugestanden, der Marken-

369 Tietje, S. 194; Awuku, 28 JWT (1994), 75, 83 f.

370 Cottier, TRIPs, S. 196; Reger, S. 80.

371 Zu diesem Vertragsvorhaben vgl. EuGH-Gutachten 1/94 Slg. 1994 I - 5267, 5297 = GRUR Int. 1995, 239 ff.; Kommissionsmitglied Narjes, Verhandlungen des Europäischen Parlamentes vom 12.10.1983, Dok. Nr. 1-304/ 112, 120.

372 Das ergibt sich nicht nur daraus, daß TRIPs generell den Schutz des geistigen Eigentums bezweckt, sondern insbesondere aus der Formulierung von Artt. 3 und 4 TRIPs. Beide Vorschriften stellen nämlich den Bezug zum Schutze geistigen Eigentums explizit her.

schutz der betroffenen Rechtsinhaber hingegen abgeschwächt würde.[373] Während die regionale Erschöpfung der EU und der USA zumindest teilweise die Abwehr von Parallelimporten ermöglicht, hätten Rechtsinhaber unter Geltung der internationalen Erschöpfung keine rechtliche Handhabe gegen Parallelimporte. Die Anwendung der MFN-Regel des TRIPs scheitert mithin bereits an der Voraussetzung einer Vorteilsgewährung. Die Prüfung des Vorhabens der EU hat deshalb anhand des entsprechenden GATT-Grundsatzes zu erfolgen.[374]

6. Zwischenergebnis

Die Prüfung des TRIPs hat gezeigt, daß Art. 6 TRIPs die Frage der Zulässigkeit von Parallelimporten zwar unberührt läßt, jedoch, da die Vorschrift nur für das Streitbeilegungsverfahren Bedeutung hat und nicht materieller Natur ist, nicht die Heranziehung anderer TRIPs-Normen zur Beurteilung der regionalen Erschöpfung ausschließt. Art. 16 TRIPs legt nicht nur die Unter-, sondern zugleich die Obergrenze für das Schutzniveau von Marken fest. Deshalb ist es mit Art. 16 TRIPs unvereinbar, Parallelimporte zu untersagen, ohne daß sie die Gefahr von Verwechslungen erzeugen. Ein internationales Erschöpfungskonzept stünde hingegen mit Art. 16 TRIPs im Einklang. Auch Artt. 7 und 15 TRIPs stehen im Widerspruch zur regionalen Erschöpfung, weil weder das in Art. 7 TRIPs erklärte Regelungsziel noch der in Art. 15 TRIPs zugrunde gelegte Schutzgegenstand eine protektionistische Schutzrechtsausübung zulassen. Mit beiden Normen ließe sich die internationale Erschöpfung jedoch vereinbaren. Schließlich hat sich gezeigt, daß sec. 526 (a) Tariff Act den Grundsatz der Inländerbehandlung gem. Artt. 3 (1) TRIPs und 2 (1) PVÜ verletzt, da die Norm nur auf US-amerikanische Markeninhaber anwendbar ist. Hingegen liefe die internationale Erschöpfung mit dem NT-Prinzip des TRIPs konform. Das in der EU und den USA geltende Erschöpfungsrecht verletzt das TRIPs-Abkommen daher in mehrfacher Hinsicht.

---

373 Stucki, S. 44.

374 So auch Albert/ Heath, Paralleleinfuhr, GRUR 1998, 642, 646, die allerdings übersehen, daß die MFN-Regel des TRIPs nicht inhaltsgleich mit der des GATT ist und deshalb fälschlicherweise von einer einheitlichen MFN-Regel von TRIPs und GATT ausgehen.
Die Schlußfolgerung von Wichard, GRUR 1997, 711, 714, der Weg sei aufgrund der Unanwendbarkeit des Art. 4 TRIPs frei für eine graduelle Ausweitung der internationalen Erschöpfung, greift zu kurz. Die MFN-Maxime findet sich an verschiedenen Stellen in den WTO-Verträgen. Die Rechtsinstrumente der Mitglieder müssen allen WTO-Regeln genügen. Deshalb ist die von der EU beabsichtigte partielle Einführung der internationalen Erschöpfung auch vor dem Hintergrund der MFN-Regel des GATT zu beurteilen.

Diese Rechtsverstöße könnten durch die Einführung einer internationalen Erschöpfung für beide Rechtssysteme ausgeräumt werden.

B. Das GATT 1994

Das GATT ist neben dem TRIPs in bezug auf markenrechtliche Fallproblematiken grundsätzlich anwendbar.[375] Da sich die Schranke des Art. 6 TRIPs lediglich auf TRIPs-Vorschriften bezieht, sperrt diese Vorschrift die Anwendbarkeit von GATT-Normen auf die Erschöpfungsfrage nicht.[376] Diesbezüglich wird sogar die Meinung vertreten, das TRIPs lasse den Regelungsbereich der Erschöpfung absichtlich unbehandelt und überantworte ihn mithin dem GATT.[377] Folglich steht der Konsultation des GATT hinsichtlich des Erschöpfungsrechts der EU und der USA nichts entgegen.

Die Erschöpfungsgrundsätze der EU und der USA stellen Maßnahmen dar, die handelsbeschränkende Wirkung entfalten und sich im Lichte der Verbotstatbestände des GATT als unzulässig herausstellen könnten. Allerdings kennt das GATT eine Reihe von verbotsbeschränkenden Tatbestandsannexen, Ausnahmetatbeständen und Rechtfertigungsgründen, die an sich unzulässige Maßnahmen ausnahmsweise legitimieren können.

---

375 Obwohl das TRIPs-Abkommen auf dem Gebiet des gewerblichen Rechtsschutzes das speziellere der beiden Abkommen ist, war das GATT 1947 doch vor Inkrafttreten des TRIPs im Jahre 1995 der maßgebliche handelsbezogene Vertrag, der auch im Hinblick auf Immaterialgüter Wirkung entfaltete. Dem GATT ist diese Materie bis heute nicht fremd. Cottier, Parallelimporte, SMI 1995, 37, 57.
Bspw. sieht Art. XX (d) vor, daß die Verpflichtungen aus dem Abkommen die effektive Durchsetzung von Marken- und anderen gewerblichen Schutzrechten nicht behindern darf. Daneben erwähnen auch Artt. IX, XII (3) (iii) und XVIII GATT gewerbliche Schutzrechte. Außerdem gab es auch im Rahmen des GATT Versuche, dem Problem von Nachahmungen zu begegnen. Am Ende der Tokio-Runde einigten sich die US- und EG-Delegationen auf ein Dokument mit dem Titel "Agreement on Measures to Discourage the Importation of Counterfeit Goods". Dieses Abkommen trat jedoch niemals in Kraft und ist seit Abschluß des TRIPs am 01.01.1995 ohnehin überflüssig geworden, da das TRIPs auch für Nachahmungen Bestimmungen enthält.

376 Cottier/ Stucki, S. 54.

377 Stucki, S. 42, 48, der gleichwohl einwendet, daß das TRIPs als lex specialis grundsätzlich vor dem GATT als lex generalis zu prüfen sei. Dementsprechend müßten bei der Auslegung des GATT die Wertungen des TRIPs berücksichtigt werden.

1. Die Vereinbarkeit des regionalen Erschöpfungsgrundsatzes mit Art. XI (1) GATT

a) Verstoß gegen das Verbot quantitativer Importbeschränkungen

Die markenrechtliche Beschränkung von Parallelimporten von einem in einen anderen WTO-Vertragsstaat könnte gegen das Verbot mengenmäßiger Einfuhrbeschränkungen gem. Art. XI (1) GATT[378] verstoßen. Art. XI GATT konkretisiert das Prinzip der Offenheit der Märkte.[379] Der Eingriffstatbestand nennt als Oberbegriff alle Maßnahmen (sei es in Form von Kontingenten, Einfuhr- und Ausfuhrbewilligungen), die Handelsverbote oder -beschränkungen nach sich ziehen. Die Vorschrift unterscheidet somit zwischen der Art der Maßnahme und ihrer Wirkung. Der Begriff der Maßnahme ist ebenso wie bei Art. 28 EG weit auszulegen.[380] Man versteht darunter jede hoheitliche Maßnahme, die sich abstrakt oder konkret[381] außenhandelsbeschränkend auswirkt.[382]

Das Erschöpfungsrecht der EU und der USA basiert auf formellen Gesetzen und läßt sich demnach auf hoheitliche Maßnahmen i.S.v. „anderen Maßnahmen“ gem. Art. XI (1) zurückführen.[383] Die Erschöpfungsregeln belegen Parallelimporte aus Drittstaaten mit Restriktionen. Dementsprechend entfalten die Erschöpfungsvorschriften beider Rechtssysteme außenhandelsbeschränkende Wir-

---

378 Art. XI (1) GATT lautet:

> „Außer Zöllen, Abgaben und sonstigen Belastungen darf eine Vertragspartei bei der Einfuhr einer Ware aus dem Gebiet einer anderen Vertragspartei oder bei der Ausfuhr einer Ware oder ihrem Verkauf zwecks Ausfuhr in das Gebiet einer anderen Vertragspartei Verbote oder Beschränkungen, sei es in Form von Kontingenten, Einfuhr- und Ausfuhrbewilligungen oder in Form von anderen Maßnahmen, weder erlassen noch beibehalten.“

379 Tietje, S. 273; Heald, 29 Vanderbilt Journal of Transnational Law (1996), 635, 658.

380 Zur Vergleichbarkeit von Art. XI GATT und Art. 28 EG vgl. Cottier/ Stucki, S. 56; Tietje, S. 283; Yusuf/ Moncayo von Hase, 16 World Competition (1992), 115, 129.

381 Somit kommt es nicht auf die Rechtsqualität einer hoheitlichen Maßnahme an. Unabhängig davon, ob sich ein Mitglied aufgrund von formellen Gesetzen, Verwaltungsvorschriften oder Einzelfallentscheidungen außenhandelsbeschränkend engagiert, bestimmt sich die Zulässigkeit einer Maßnahme ausschließlich nach ihrer Wirkung.

382 Tietje, S. 279.

383 Cottier, Implications, 33 Les Nouvelles (1998), 152, 154; Bollinger, sic! 1998, 541, 550; Perrot, S. 44, 55, vertritt den Standpunkt, die Variante der “anderen Maßnahmen” sei in den Text des Art. XI (1) GATT aufgenommen worden, um die vom Schutz geistigen Eigentums ausgehenden Handelsbeschränkungen überhaupt erfassen zu können. Anderenfalls gehe der Ausnahmetatbestand des Art. XX (d) GATT ins Leere. Ebenso Litpher, S. 249.

kung.[384] Die Erschöpfungsvorschriften der EU und der USA verstoßen daher gegen die Vorschrift des Art. XI (1) GATT.[385]

b) Zulässigkeit der Importbeschränkung gem. Art. XX (d) GATT

Die markenrechtliche Beschränkung von Parallelimporten ist gleichwohl zulässig, wenn die Voraussetzungen des Art. XX (d) GATT[386] erfüllt sind. Die Vorschrift sieht Ausnahmen zu allen GATT-Verbotstatbeständen vor[387] und ist deshalb auch geeignet, restriktive Erschöpfungsregeln vom Verbot des Art. XI (1) GATT auszunehmen.[388] Die Vertragsparteien haben mit Art. XX (d) GATT offenbar den Zweck verfolgt, daß der Schutz von Immaterialgütern nicht vollends der Handelsliberalisierung zum Opfer fallen sollte, unterdessen jedoch im Auge behalten, daß auch Schutzrechte als Handelsbarrieren fungieren können. Dieser Befürchtung wird dadurch Rechnung getragen, daß Art. XX (d) GATT seinen Schutz von Markenrechten nur ausnahmsweise und in den engen Grenzen[389] der folgenden drei Voraussetzung gewährt, daß die Maßnahmen

- Länder, in denen gleiche Verhältnisse bestehen, nicht willkürlich oder ungerechtfertigt diskriminieren,
- keine verschleierte Beschränkung für den internationalen Handel zur Folge haben,

---

384 Verma, 29 IIC (1998), 534, 554.

385 Dazu eingehend Yusuf/ Moncayo von Hase, 16 World Competition (1992), 115, 128.

386 Im Hinblick auf Markenrechte lautet Art. XX (d) GATT:
„Unter dem Vorbehalt, daß die folgenden Maßnahmen nicht so angewendet werden, daß sie zu einer willkürlichen und ungerechtfertigten Diskriminierung zwischen Ländern, in denen gleiche Verhältnisse bestehen, oder zu einer verschleierten Beschränkung des internationalen Handels führen, darf keine Bestimmung dieses Abkommens so ausgelegt werden, daß die eine Vertragspartei daran hindert, folgende Maßnahmen zu beschließen oder durchzuführen:
Maßnahmen, die zur Anwendung von Gesetzen oder sonstigen Vorschriften erforderlich sind, welche nicht gegen dieses Abkommen verstoßen, einschließlich der Bestimmungen über [...] den Schutz von [...] Warenzeichen ....“

387 Dogmatisch handelt es sich bei Art. XX GATT um einen Tatbestandsannex, der die Verbotsnorm des Art. XI (1) GATT dadurch einschränkt, daß er die Zulässigkeit von Maßnahmen bestimmt, die er gleichwohl unter explizite Voraussetzungen stellt. v. Bogdandy, Ordnung, RIW 1991, 55, 58. Fälschlicherweise wird im Zusammenhang mit Art. XX GATT jedoch auch häufig von einer Rechtfertigungsnorm gesprochen. Vgl. Wenig, EuZW 1990, 106; G. M. Moncayo von Hase, S. 48, 65.

388 Cottier, Prospects, 28 CMLR (1991), 383, 400; Stucki, S. 49.

389 Die Ausnahmevorschrift wird eng ausgelegt, vgl. Bail, S. 140.

- zur Anwendung von Gesetzen erforderlich sind und diese Gesetze nicht gegen das GATT verstoßen.[390]

Die Beschränkung von Parallelimporten im Erschöpfungsrecht der EU und der USA ist somit nur unter den Voraussetzungen des Art. XX (d) GATT zulässig. Zur ersten Voraussetzung ist zu sagen, daß die Erschöpfungsgrundsätze der EU und der USA für Drittstaaten keine unterschiedlichen Rechtsfolgen vorsehen. Daher unterliegen Parallelimporte aus allen Drittstaaten denselben Einfuhrbeschränkungen. Das Erschöpfungsrecht der EU und der USA erfüllt deshalb die erste Voraussetzung des Art. XX (d) GATT.

Es bestehen hingegen Bedenken, ob die regionale Erschöpfung der EU und der USA nicht die Wirkung einer verschleierten Handelsbeschränkung besitzt.[391] Die Definition verschleierter Handelsbeschränkungen ist nicht unumstritten. Es liegt nahe, bei der Begriffsinterpretation auf die Vorschrift des Art. 30 EG zurückzugreifen.[392] Art. XX GATT ähnelt zum einen wegen seines Ausnahmecharakters und zum anderen aufgrund der Begriffsverwendung der verschleierten Handelsbeschränkungen der gemeinschaftsrechtlichen Parallelvorschrift des Art. 30 EG.[393] Eine Übertragung der Begriffsauslegung ist insbesondere deshalb zu befürworten, weil Art. XX GATT dem Art. 30 EG als Vorbild diente und beide Vorschriften somit den gleichen Regelungszweck verfolgen.[394] Im Rahmen des Art. 30 S. 2 EG versteht man unter verschleierten Handelsbeschränkungen Maßnahmen, die in Wahrheit dem Zweck dienen, die Warenverkehrsfreiheit zu umgehen und somit im Dienste der Verwirklichung protektionistischer Motive stehen.[395] So können sogar grundsätzlich zulässige Maßnahmen wegen spezifischer Modalitäten die durch Art. 30 EG gesteckte Grenze überschreiten.[396] Ein GATT-Panel hat einer Maßnahme die Qualität einer verschleierten Handelsbeschränkung i.S.d. Art. XX GATT jedoch abgesprochen, weil sie als eine bestimmte Handelsmaßnahme ergriffen und als solche öffentlich bekannt gemacht worden

390 Zur Erforderlichkeit für die Anwendung von Gesetzen oder Verordnungen siehe Wenig, EuZW 1990, 106; v. Bogdandy, Internationaler Handel, EuZW 1992, 243, 245 ff.

391 Verma, 29 IIC (1998), 534, 555.

392 Litpher, S. 253, m.w.N.; Quick, 33 Les Nouvelles (1998), 148, 149, der jedoch zu dem Ergebnis gelangt, daß sich wegen der unterschiedlichen Finalität von EG (Vertrag einer Zollunion) und WTO (Völkerrechtliche Vereinbarung) eine Übertragung der Auslegungsansätze verbietet.

393 Cottier/ Stucki, S. 56.

394 Litpher, S. 244; v. Bogdandy, Internationaler Handel, EuZW 1992, 243, 245. Zu den Unterschieden zwischen Art. XX GATT und Art. 30 EG siehe Perrott, S. 57 f.

395 Geiger, Art. 30 Rdnr. 18; Cottier/ Stucki, S. 57.

396 Grabitz/ Hilf, Art. 30 Rdnr. 9

war,[397] was dafür spricht, daß das Merkmal der Transparenz bei der Abgrenzung zur Unzulässigkeit berücksichtigt werden muß.[398] Von einem Verstoß gegen die zweite Voraussetzung des Art. XX (d) GATT ist demnach auszugehen, wenn die Erschöpfungsregeln der EU und der USA vorder- und hintergründig unterschiedlichen Zwecken dienen und mit den Vorschriften in Wahrheit protektionistische Ziele verfolgt werden.

Vordergründig beruft sich die EU auf das Schutzbedürfnis einheimischer Unternehmen gegen die internationale Erschöpfung und ihre wirtschaftlichen Folgen. Die Erschöpfungslehre der EU ist von der Befürchtung beeinflußt, daß im Falle der Anerkennung der internationalen Erschöpfung die europäischen Markeninhaber gegenüber denen anderer Staaten mit restriktiven Erschöpfungsregeln in Vorleistung treten müßten. Um sie im internationalen Wettbewerb nicht zu benachteiligen, ist die EU darauf bedacht, ihren eigenen Markeninhabern nicht weniger Schutz gegen Parallelimporte bereitzustellen als dies bei anderen wichtigen Handelspartnern der Fall ist.

Hintergründig kommt es der EU jedoch darauf an, mittels der regionalen Erschöpfung handelspolitischen Druck auf die USA auszuüben. Die EU hat ein Interesse daran, daß sich die USA zur Einführung der internationalen Erschöpfung bereit erklären, damit Unternehmen der EU von Parallelexporten in die USA profitieren können.[399] Die regionale Erschöpfung besitzt für die EU die Qualität eines Faustpfandes, mit dem sie durchzusetzen versucht, die Liberalisierung des Erschöpfungsrechts zusammen mit den USA und nicht alleine zu vollziehen. Schon die Tatsache, daß die EU die internationale Erschöpfung im Wege einer zweiseitigen Vereinbarung einführen möchte,[400] zeigt, daß sie diese Form der Erschöpfung als wirtschaftlich wünschenswert erachtet. Dies geht auch aus dem ursprünglichen Entwurf der MRL hervor, der die internationale Erschöpfung vorsah.[401] Der Schutz der Industrie, mit der die EU die Beschränkung von Parallelimporten vordergründig rechtfertigt, ist jedoch seit geraumer Zeit überflüssig, da Japan, die Schweiz sowie Norwegen Parallelimporte legalisiert haben. Dementsprechend profitieren Unternehmen der EU bereits einseitig durch Par-

---

397 Panel-Bericht über das Einfuhrverbot von Thunfisch aus Kanada, GATT-BISD 29S/ 9, Punkt 85.

398 Charnovitz, 25 JWT (1991), Issue 5, 37, 48.

399 Bronckers, 31 CML Rev. (1994), 1245, 1267; Schwartz, 7 EIPR (1985), 70, 72.

400 Schwartz, 7 EIPR (1985), 70, 72.

401 Art. 6 (1) des geänderten Vorschlags der ersten Richtlinie des Rates zur Angleichung der Rechtsvorschriften der Mitgliedstaaten über die Marken, KOM (85) 793 endg., ABl. Nr. C 351/4 vom 31.12.85 lautete:

> „Die Marke gewährt ihrem Inhaber nicht das Recht, einem Dritten zu verbieten, die Marke für Waren zu benutzen, die unter dieser Marke von ihm oder mit seiner Zustimmung in Verkehr gebracht worden ist.“

allelexporte in diese Länder. Die einseitige Vorleistung gegenüber den USA würde dadurch leicht kompensiert. Dennoch weigert sich die EU, die internationale Erschöpfung anzuerkennen. Die EU wehrt Parallelimporte aus dem Ausland ab, um ihr strategisches Druckmittel für Verhandlungen gegenüber den USA nicht zu verlieren. In der EU ist der freie Parallelhandel damit Handelsstrategien gegenüber den USA zum Opfer gefallen. Die vordergründige Rechtfertigung der internationalen Erschöpfung mit dem Schutz der einheimischen Industrie entspricht mithin nicht dem wahren Grund für die Beschränkung von Parallelimporten. Das Erschöpfungsrecht der EU wirkt somit verschleiert handelsbeschränkend.

Auch im Erschöpfungssystem der USA lassen sich Anhaltspunkte für die Verschleierung der Handelsbeschränkungen finden. Der mit sec. 526 (a) Tariff Act verfolgte Regelungszweck besteht im Schutz von aus dem Ausland erworbenen aufgespaltenen Markenrechten. Mit sec. 42 Lanham Act verfolgen die USA neben dem Gesichtspunkt des Marken- auch Aspekte des Verbraucherschutzes. Zur Erreichung des angeblichen Schutzzwecks der sec. 526 (a) Tariff Act wäre es nicht erforderlich, ausländische Rechtsinhaber gegenüber den einheimischen durch die dahingehende Begrenzung der Vorschrift zu benachteiligen. Es würde US-Rechtsinhabern nämlich in keiner Weise schaden, auch ausländischen Rechtsinhabern die Berufung auf sec. 526 (a) Tariff Act zu eröffnen, damit sich beispielsweise deutsche Inhaber von US-Marken gegen Parallelimporte aus Japan zur Wehr setzen können. Die Differenzierung legt die Vermutung nahe, daß die Vorschrift mittlerweile dazu dient, US-Rechtsinhabern gegenüber ausländischen Unternehmen einen Wettbewerbsvorteil zu sichern, indem die einheimische Produktion und das bestehende Preisniveau vor ausländischer Konkurrenz geschützt werden. US-Markeninhaber haben im Gegensatz zu ausländischen Inhabern von US-Marken weniger Paralleleinfuhren und mithin geringeren intrabrand Wettbewerb auf dem US-Markt zu befürchten. Deshalb bestimmen sie in den Grenzen des interbrand Wettbewerbes die Preis- und Vermarktungsstrategien ihrer Markenware. Das benachteiligt ausländische Markeninhaber, die sich gegen Absatzverluste aufgrund von Parallelimporten ohne Verwechslungsgefahr gem. sec. 42 Lanham Act nicht zur Wehr setzen und folglich ihre Preis- und Vermarktungsstrategien markenrechtlich nicht durchsetzen können. Somit ist in den USA der angebliche Markenschutz nicht die alleinige Triebfeder für die Beschränkung von Parallelimporten nach sec. 526 (a) Tariff Act. Vor diesem Hintergrund ist auch das US-amerikanische Erschöpfungsrecht als verschleiert handelsbeschränkend anzusehen.

Aber selbst unter Vernachlässigung der handelspolitischen Ambitionen der EU und der USA läßt sich vertreten, daß ein System, das die regionale Erschöpfung anerkennt, generell im Widerspruch zu Art. XX (d) GATT steht.[402] Die regionale Erschöpfung verleiht Markeninhabern eine Machtposition, die es erlaubt, Parallelimporte zu beschränken. Diese Machtstellung wirkt sich generell verschleiert handelsbeschränkend aus, da sie im Gegensatz zu den offenen und leicht kontrollierbaren Handelsschranken wie Zöllen, Abgaben oder sonstigen Belastungen für die Warenverkehrfreiheit mittelbare und unterschwellige Restriktionen erzeugt. Aufgrund dessen verstößt die regionale Erschöpfung generell gegen die zweite Voraussetzung von Art. XX (d) GATT. Auf die dritte Voraussetzung kommt es somit nicht mehr an.[403] Das Erschöpfungsrecht der EU und der USA verstößt gegen Art. XI (1) GATT.

Unter Geltung der internationalen Erschöpfung können Markenrechte nicht handelsbeschränkend eingesetzt werden.[404] Mengenmäßige Beschränkungen und andere Maßnahmen i.S.d. Art. XI (1) GATT treten unter der internationalen Erschöpfung folglich nicht auf. Aufgrund dessen ließe sich der Verstoß gegen das Verbot des Art. XI (1) GATT durch die erschöpfungsrechtliche Legalisierung von Parallelimporten verhindern.

2. Die Vereinbarkeit eines bilateralen Abkommens mit Art. I (1) GATT

a) Verstoß gegen das Meistbegünstigungsprinzip

Das Ansinnen der EU, die internationale Erschöpfung durch eine bilaterale Vereinbarung mit den USA für dieses Handelsverhältnis einzuführen, ist unter der

---

402 Stucki, S. 50 f., in Fortführung der von Perrott, S. 55 aufgestellten Thesen zur alleinigen Verträglichkeit des GATT mit dem Grundsatz der internationalen Erschöpfung.

403 Im übrigen erfüllt die regionale Erschöpfung aber auch nur in seltenen Fällen die dritte Voraussetzung des Ausnahmetatbestandes, Yusuf/ Moncayo von Hase, 16 World Competition (1992), 115, 128 f. Die Abwehr von Parallelimporten müßte nämlich zum Schutz des Markenrechts erforderlich sein, was in Anlehnung an die Parallelvorschrift des Art. 30 EG (Cottier/ Stucki, S. 56) eine Frage des spezifischen Gegenstands des Markenrechts ist. Der spezifische Schutzgegenstand läßt sich durch die in einem Rechtssystem anerkannten Markenfunktionen substantiieren. Allenfalls der Goodwillschutz kann in einzelnen Fällen, in denen der Goodwill einer Marke von Markt zu Markt differiert, die Abwehr von Parallelimporten aus Drittstaaten rechtfertigen. Folglich wäre die Existenz eines separaten Goodwills die Bedingung für die Erfüllung der dritten Voraussetzung.

404 Cottier, Intellectual Property, SMI 1992, 11, 16.

MFN-Regel des GATT problematisch.[405] Diesem Grundsatz zufolge hat ein WTO-Vertragsstaat einen anderen oder dessen Angehörige in der Weise zu behandeln, daß alle legislativen oder exekutiven Maßnahmen der günstigsten Behandlung entsprechen, die der handelnde Staat einem dritten WTO-Staat zukommen läßt.[406] Der MFN-Grundsatz begründet jedoch nicht primär Leistungs- oder Teilhaberechte, sondern entfaltet diese Wirkung lediglich mittelbar. In erster Linie stellt die Meistbegünstigung einen Maßstab auf für die Rechtmäßigkeit einer Maßnahme im Verhältnis der Vertragsstaaten untereinander.[407] Damit besitzt der Grundsatz den Charakter eines Abwehranspruchs der benachteiligten Drittstaaten. Allerdings hat die Geltendmachung dieses Abwehrrechts zur Folge, daß der bilateral getroffenen Vereinbarungen multilaterale bzw. universale Wirkung zukommt.[408]

Die bilaterale Übereinkunft zur Einführung der internationalen Erschöpfung fällt als „Vorschrift im Zusammenhang mit der Einfuhr" unter Art. I (1) GATT. Die Einführung der internationalen Erschöpfung zwischen einigen, nicht aber allen WTO-Parteien, gestattet denjenigen Mitgliedern Parallelimporte, sie sich auf das Abkommen einigen, während gegenüber den übrigen die Importverbote weiterhin aufrechterhalten bleiben.[409] Das beabsichtigte Erschöpfungsabkommen im Handelsverhältnis EU-USA würde somit zwangsläufig zur Benachteiligung der nicht in das Abkommen eingebundenen WTO-Staaten führen und mithin dem Gleichbehandlungsgedanken der MFN-Maxime des GATT widerstreben. Somit verstößt das Vertragsvorhaben gegen Art. I (1) GATT. Infolgedessen könnten sich die übrigen WTO-Mitglieder ebenfalls auf die Liberalisierung der Erschöpfung berufen und diese unmittelbar und bedingungslos,[410] auch für sich beanspruchen. Der Verstoß gegen Art. I (1) GATT durch das bilaterale Abkommen zwischen der EU und den USA zur Einführung der internationalen Erschöpfung nur für dieses Handelsverhältnis liefe daher faktisch auf eine WTO-weit internationale Erschöpfung der Markenrechte der EU und der USA hinaus.

---

405 So auch Loewenheim, Erschöpfung, GRUR 1996, 307, 316; Albert/ Heath, Paralleleinfuhr, GRUR 1998, 642, 646; Joller, Erschöpfungsgrundsatz, GRUR Int. 1998, 751, 761.

406 Tietje, S. 194.

407 Cottier, Intellectual Property, SMI 1992, 11, 15 ; Tietje, S. 194.

408 Ballreich, PVÜ-Revision, GRUR Int. 1987, 747, 753; Karl, EuZW 1991, 363 ff. spricht treffend von der „Multilateralisierung bilateraler Abkommen".

409 Cottier, Parallelimporte, SMI 1995, 37, 57.

410 Bedingungslos bedeutet, daß die übrigen Mitglieder nicht verpflichtet sind, ihrerseits eine Gegenleistung in Form der Anerkennung der internationalen Erschöpfung zu erbringen. Es genügt, daß sie den Mindeststandard des TRIPs erfüllen. Reger, S. 81.

b) Zulässigkeit der Ungleichbehandlung gem. Art. XX (d) GATT

Der Verstoß gegen Art. I (1) GATT durch das Vertragsvorhaben ist gleichwohl als zulässig anzusehen, wenn die Voraussetzungen des Art. XX (d) GATT erfüllt sind. Diese Legitimierung hätte zur Folge, daß sich die anderen Vertragsparteien gegen die selektive Einführung der internationalen Erschöpfung nicht zur Wehr setzen und folglich die Legalisierung von Parallelimporten in die EU und die USA für sich nicht beanspruchen könnten.

Es bestehen aufgrund der von der EU vorgenommenen Differenzierung zwischen wichtigen und weniger wichtigen Handelspartnern erhebliche Zweifel hinsichtlich der ersten Voraussetzung des Art. XX (d) GATT. Danach ist es untersagt, Länder mit gleichen Verhältnissen ungleich zu behandeln. Die EU strebt den Abschluß einer Erschöpfungsvereinbarung mit den USA jedoch nur wegen der Bedeutung der USA als Handelspartner der EU an. Der EU war ursprünglich daran gelegen, mit je nach ihrer Stellung in der internationalen Wirtschaft „wichtigen" Handelspartnern Vereinbarungen zu treffen, wonach sich beide Seiten zur gegenseitigen Anerkennung der internationalen Erschöpfung verpflichten sollten. Von den als wichtig eingestuften Handelspartnern sind die USA jedoch inzwischen der einzige, der nicht die internationale Erschöpfung anerkennt. Aufgrund dessen bezieht sich das Vertragsvorhaben heute nunmehr auf das Verhältnis EU-USA. Die Auswahl der USA als Vertragspartner beruht folglich nach wie vor auf ihrer wirtschaftlichen Position. Dadurch werden unwichtigere Handelsstaaten diskriminiert.

Anscheinend mißbilligt Art. XX GATT jedoch nicht jede Form von Ungleichbehandlungen, sondern nur solche, die willkürlich und ungerechtfertigt sind.[411] Willkürlich und ungerechtfertigt sind Ungleichbehandlungen dann, wenn Vertragsparteien unterschiedlich behandelt werden, obwohl sie sich hinsichtlich der dort herrschenden Verhältnisse nicht unterscheiden.[412] Daß mit diesen „Verhältnissen" nicht die wirtschaftliche Lage eines Mitgliedstaates, seine Bedeutung für den internationalen Handel oder sein Handelsvolumen gemeint

411 G. M. Moncayo von Hase, S. 43; Charnovitz, 25 JWT (1991), Issue 5, 37, 47.

412 Zwar ist bisher in keinem Streitbeilegungsverfahren entschieden worden, unter welchen Voraussetzungen eine Diskriminierung als willkürlich oder ungerechtfertigt anzusehen ist. Eine willkürliche und ungerechtfertigte Diskriminierung ist jedoch in Fällen verneint worden, in denen die zur Diskussion stehende Maßnahme auch gegenüber Importen anderer Staaten angewendet worden ist. Vgl. Panel-Bericht über das US-Einfuhrverbot von Thunfisch aus Kanada, GATT-BISD 29S/9, Punkt 4.8; Panel-Bericht über US Imports of Certain Automotive Spring Assemblies, GATT-BISD 30S/ 107, Punkt 54 f.

sein kann, ergibt sich bereits aus dem Verbot der Diskriminierung von Entwicklungsländern gem. Erw. 2 der Präambel des WTO-Übereinkommens.

Das GATT meint freilich rechtliche Verhältnisse, und zwar, jedenfalls soweit sich der Eingangssatz des Art. XX GATT auf Unterpunkt d) bezieht, die im Bereich des gewerblichen Rechtsschutzes vorherrschenden.[413] Da das TRIPs-Abkommen die Rechtsvereinheitlichung auf dem Sektor des geistigen Eigentums veranlaßt, dürften die diesbezüglichen Verhältnisse der Mitglieder, soweit sie sich nicht schon auf TRIPs-Niveau befinden, doch zumindest auf dem Wege dorthin sein.[414] Da Ende des Jahres 2005 selbst für die am wenigsten entwickelten Länder die Fristen für die Anwendung von TRIPs-Bestimmungen ablaufen,[415] kann spätestens für diesen Zeitpunkt erwartet werden, daß bei allen WTO-Mitgliedstaaten einheitliche Verhältnisse für den Schutz geistigen Eigentums auf TRIPs-Niveau herrschen.[416] Somit entfällt auch der Rechtfertigungsgrund für eine Ungleichbehandlung der Vertragsstaaten gem. Art. XX (d) GATT spätestens zum Ablauf des Jahres 2005. Da sich das Vorhaben der EU jedoch nicht auf den bis dahin verbleibenden Zeitraum beschränkt, kommt eine Zulassung der selektiven Einführung der internationalen Erschöpfung für die EU und die USA gem. Art. XX (d) GATT nicht in Betracht. Die Einführung der internationalen Erschöpfung durch ein bilaterales Abkommen zwischen der EU und den USA verstieße folglich gegen Art. I (1) GATT.

3. *Die Vereinbarkeit der warenverkehrsrechtlichen Mitgliederprivilegierung im EWR mit Art. I (1) GATT*

a) Verstoß gegen das Meistbegünstigungsprinzip

Weiterhin könnte die warenverkehrsrechtliche Mitgliederprivilegierung innerhalb des EWR gegen den MFN-Grundsatz des GATT verstoßen. Aufgrund von Artt. 11, 13 EWRA dürfen Waren innerhalb des EWR ungehindert zirkulieren;

---

413 Bollinger, sic! 1998, 541, 551; Stucki, S. 50.

414 Stucki, S. 50.

415 Während den Industriestaaten gem. Art. 65 (1) TRIPs eine allgemeine Frist zur Anwendung des Abkommens von einem Jahr eingeräumt wurde, erstreckt sich die Frist für die Umsetzung der TRIPs-Bestimmungen durch Entwicklungsländer gem. Art. 65 (2) TRIPs auf weitere vier und durch die am wenigsten entwickelten Länder gem. Art. 66 (1) TRIPs auf weitere zehn Jahre. Zu den Umsetzungsfristen ausführlich Bronckers, 31 CML Rev. (1994), 1245, 1252 ff.

416 Insbesondere die Existenz des Streitschlichtungsverfahrens gem. Art. 64 TRIPs i.V.m. Artt. XXII, XXIII GATT verleiht dieser Prognose Sicherheit.

Parallelimporten in diesen Grenzen steht darüber hinaus gem. Artt. 7 (1) MRL, 65 (2) EWRA, 2 (1) Protokoll 28 nichts entgegen. Händlern aus Drittstaaten ist jedoch die Paralleleinfuhr in den EWR untersagt, sofern der Markeninhaber seine Ware dort noch nicht selbst in den Verkehr gebracht hat. Es handelt sich bei Artt. 7 (1) MRL, 65 (2) EWRA, 2 (1) Protokoll 28 deshalb um „Vorschriften im Zusammenhang mit der Einfuhr" i.S.d. Art. I (1) GATT. Infolgedessen stellt die warenverkehrsrechtliche Mitgliederprivilegierung innerhalb des EWR eine an alle WTO-Staaten zu gewährende Vergünstigung i.S.d. Art. I (1) GATT dar.

b) Rechtfertigung des Verstoßes gem. Art. XXIV (5) GATT

Die Vorschrift des Art. XXIV (5) a), b) GATT[417] ist geeignet, den Verstoß gegen Art. I (1) GATT zu rechtfertigen, sofern die umstrittenen Vergünstigungen innerhalb einer Zollunion i.S.d. Art. XXIV (8) a) GATT oder einer Freihandelszone i.S.d. Art. XXIV (8) b) GATT gewährt werden.[418] Aus der Rechtfertigung erwüchse die Konsequenz, daß die bevorzugte Behandlung zulässig wäre und von den übrigen Vertragsparteien nicht beansprucht werden könnte.[419] Nach

---

417 Art. XXIV (5) a), b) GATT lautet:
„Demgemäß schließt dieses Abkommen nicht aus, daß Gebiete von Vertragsparteien zu Zollunionen oder Freihandelszonen zusammengeschlossen oder vorläufige Vereinbarungen zur Bildung solcher Unionen oder Zonen abgeschlossen werden; Voraussetzung hierfür ist
a) im Fall einer Zollunion oder einer mit dem Ziel der Bildung einer Zollunion getroffenen vorläufigen Vereinbarung, daß die bei der Bildung der Union oder beim Abschluß der vorläufigen Vereinbarung eingeführten Zölle und Handelsvorschriften für den Handel mit den an der Union oder Vereinbarung nicht teilnehmenden Vertragsparteien in ihrer Gesamtheit nicht höher oder eingeschränkter sind als die allgemeine Belastung durch Zölle und Handelsvorschriften, die in den teilnehmenden Gebieten vor der Bildung der Union oder dem Abschluß der vorläufigen Vereinbarung bestand;
b) im Fall einer Freihandelszone oder einer mit dem Ziel der Bildung einer Freihandelszone getroffenen vorläufigen Vereinbarung, daß die in den teilnehmenden Gebieten beibehaltenen und bei der Bildung der Zone oder dem Abschluß der vorläufigen Vereinbarung geltenden Zölle und Handelsvorschriften für den Handel mit den in die Zone nicht einbezogenen oder der an der Vereinbarung nicht teilnehmenden Vertragsparteien nicht höher oder eingeschränkter sind als die entsprechenden Zölle und Handelsvorschriften, die in den teilnehmenden Gebieten vor der Bildung der Zone oder dem Abschluß der vorläufigen Vereinbarung bestanden."

418 Es handelt sich bei Art. XXIV GATT dogmatisch um einen Erlaubnistatbestand, der eine grundsätzlich verbotene Maßnahme rechtfertigt. v. Bogdandy, Ordnung, RIW 1991, 55, 58.

419 Schoneveld, 26 JWT (1992), Issue 5, 59, 60.

Art. XXIV (5) a) und b) GATT sind im Rahmen einer Zollunion oder Freihandelszone Ausnahmen vom MFN-Grundsatz unter der Voraussetzung möglich, daß Handelsliberalisierungen im Innenverhältnis nicht auf zusätzliche Kosten der in den regionalen Verband nicht eingebundenen WTO-Drittstaaten gehen (sog. Verbot neuer Handelshemmnisse).[420] Die Vorschrift verlangt dabei, daß, gemessen an der rechtlichen Situation im Zeitpunkt des Zusammenschlusses bzw. des Beitritts, keine neuen Handelshemmnisse errichtet werden. Das GATT weicht durch die Akzeptanz gegenüber der Regionalisierung einzelner Vertragsparteien nicht in systemwidriger Weise sein Freihandelsziel auf,[421] sondern billigt lediglich den Abbau von Handelsschranken über den vom GATT festgelegten Mindeststandard hinaus.[422] Mit der Schaffung von Zollunionen oder Freihandelszonen ist beabsichtigt, den Abbau von Handelsschranken weiter zu fördern. Sie ist dem Liberalisierungsgedanken des GATT deshalb dienlich, was durch die Vorschrift des Art. XXIV (4) GATT[423] auch zum Ausdruck gebracht wird.

Es ist somit der Frage nachzugehen, ob Art. 7 (1) MRL neue Handelshemmnisse für WTO-Drittstaaten hervorruft.[424] Da die Vorschrift im Hinblick auf EFTA-EWR- und EU-Staaten unterschiedlich ausgelegt wird, ist die Frage für die Freihandelszone einerseits und die Zollunion andererseits getrennt zu beantworten. In bezug auf EFTA-EWR-Staaten hat der EFTA-GH festgestellt, daß Art. 7 (1) MRL als Minimalbestimmung zu werten sei (*Maglite*).[425] Folglich hat ein Mitglied, das vor dem Beitritt die internationale Erschöpfung anerkannte auch danach die Möglichkeit, die internationale Erschöpfung beizubehalten. Damit zwingt Art. 7 (1) MRL diese Länder nicht, Parallelimporte gegenüber Drittstaaten zu verbieten. Somit begründet das Erschöpfungsrecht der EFTA-

---

420 Reichmann, S. 26 f.; Jackson, Jurisprudence, S. 101.

421 Kritisch: Fikentscher, S. 119.

422 Hauser/ Schanz, S. 34; v. Bogdandy, Ordnung, RIW 1991, 55, 59; Schoneveld, 26 JWT (1992), Issue 5, 59, 60.

423 Art. XXIV (4) GATT lautet:

> „Die Vertragsparteien erkennen an, daß es wünschenswert ist, durch freiwillige Vereinbarungen zur Förderung der wirtschaftlichen Integration der teilnehmenden Länder eine größere Freiheit des Handels herbeizuführen. Sie erkennen ferner an, daß es der Zweck von Zollunionen und Freihandelszonen sein soll, den Handel zwischen den teilnehmenden Gebieten zu erleichtern, nicht aber dem Handel anderer Vertragsparteien mit den Gebieten Schranken zu setzen."

424 Neue Handelshemmnisse umfassen alle Erschwerungen des Marktzugangs, somit auch die durch die Ausübung geistigen Eigentums hervorgerufenen. Cottier, Parallelimporte, SMI 1995, 37, 57; Cottier, Implications, 33 Les Nouvelles (1998), 152, 154; Bollinger, sic! 1998, 541, 552.

425 EFTA-GH Rs. E-2/97, GRUR Int. 1998, 309, mit Anm. Joller – Maglite.

EWR-Länder nicht die Gefahr der Schaffung neuer Handelshemmnisse. Anders verhält es sich mit dem Erschöpfungsrecht der EU. Dort wird Art. 7 (1) MRL vom EuGH als Maximalbestimmung ausgelegt (*Silhouette*).[426] Das hat zur Konsequenz, daß alle Mitgliedstaaten, die ursprünglich die internationale Erschöpfung anerkannten,[427] durch Art. 7 (1) MRL nunmehr dazu verpflichtet sind, ihren liberalen Erschöpfungsansatz aufzugeben und Parallelimporte aus Drittstaaten zu verbieten.[428] Durch die Verpflichtung der EU-Mitglieder, zur EWR-weiten Erschöpfung zu wechseln, wird für Drittstaaten der Marktzugang zu denjenigen Ländern erschwert, die früher den internationalen Erschöpfungsgrundsatz anerkannten.[429] Damit dürfte die Rechtfertigung des Verstoßes gegen Art. I (1) GATT nach Art. XXIV (5) a) GATT für die EU scheitern.

Im Gegensatz zum Verbot neuer Handelshemmnisse in bezug auf Freihandelszonen mißbilligt die Rechtfertigungsnorm für Zollunionen neue Handelshemmnisse nur dann, wenn sie in ihrer Gesamtheit zusätzliche Belastungen darstellen.[430] Für Zollunionen ist die Toleranzgrenze des GATT im Hinblick auf Handelsbeschränkungen für Drittstaaten mithin verschwommen. Gleichwohl ist im Rahmen der Interpretation von Art. XXIV GATT in der Uruguay Runde eigens auf den Zweck der Vorschrift hingewiesen worden, den Handel für die regionalen Zusammenschlüsse zu erleichtern, nicht aber dem Handel mit ihnen Schranken zu setzen.[431] Der Bedeutung dieses Regelungszwecks haben die Parteien dadurch Ausdruck verliehen, daß sie die gleiche Formulierung in Art. XXIV (4) S. 2 GATT aufgenommen und die Anwendbarkeit von Abs. (5) a) folglich unter diese Bedingung gestellt haben. Dadurch ist der Parteiwille erkennbar, regionale Zusammenschlüsse nur dann zu billigen, wenn der Handel mit den übrigen GATT-Parteien durch die internen Privilegierungen nicht zusätzlichen Belastungen ausgesetzt wird. Die Verpflichtung der EU-Mitglied-

---

426 EuGH Rs. C-355/96, GRUR Int. 1998, 695 – Silhouette.

427 Dänemark, Schweden, Finnland und Deutschland sahen für die nationalen Markenrechte vor Erlaß der MRL den internationalen Erschöpfungsgrundsatz vor. Siehe oben Fn. 85.

428 Auch wenn Art. XXIV (5) a) GATT nach seinem Wortlaut verlangt, daß keine, verglichen mit der Rechtslage vor der Gründung der Union, neuen Handelshemmnisse geschaffen werden, so ist es gleichwohl nicht erforderlich, daß die Handelshemmnisse bereits im Zeitpunkt des Zusammenschlusses der Zollunion vorlagen. Unter die Vorschrift fallen vielmehr auch nachträgliche Handelshemmnisse. Vgl. Cottier, Parallelimporte, SMI 1995, 37, 57.

429 Stucki, S. 54.

430 Bei der Beurteilung der neuen Handelshemmnisse in der Gesamtheit kommt es auf den Durchschnitt aller Veränderungen an. Bollinger, sic! 1998, 541, 552.

431 Erw. 4 der Präambel der Vereinbarung zur Auslegung des Art. XXIV des allgemeinen Zoll- und Handelsabkommens, GATT Secretariat, S. 31.

staaten zur Anerkennung der EWR-weiten unter Aufgabe der internationalen Erschöpfung ist danach von Art. XXIV (5) a) GATT nicht gedeckt, weil die Handelsliberalisierung im Innenverhältnis der EU auf Kosten der übrigen WTO-Staaten erfolgt.[432]

Der Verstoß gegen Artt. I (1), XXIV (5) GATT könnte dadurch beseitigt werden, daß auch den Mitgliedstaaten der EU die Möglichkeit eingeräumt wird, die internationale Erschöpfung gegenüber Drittstaaten anzuerkennen. Bereits die Möglichkeit einer Anerkennung der internationalen Erschöpfung würde den Verstoß ausräumen, da die Beschränkung von Parallelimporten durch das nationale Recht der Mitgliedstaaten dann nicht mehr auf europarechtliche Vorschriften zurückgeführt werden könnte, die Zollunion also keine Handelsbeschränkungen mehr veranlassen und Art. XXIV (5) a) GATT mithin anwendbar würde.

4. Die Vereinbarkeit der Importbeschränkung nach sec. 337 Tariff Act mit Art. III (4) GATT

Das Verfahren nach sec. 337 Tariff Act, wonach schutzrechtsverletzende Importe in einem gerichtsähnlichen Verwaltungsverfahren vor der ITC belangt werden können, erweckt Zweifel hinsichtlich seiner Vereinbarkeit mit dem NT-Prinzip des GATT. Dieser Grundsatz enthält ein Diskriminierungsverbot zwischen In- und Ausländern. Im Gegensatz zur entsprechenden Vorschrift des Art. 3 TRIPs, die sich auf die Behandlung von Schutzrechten bezieht, ist in Art. III GATT das Prinzip verankert, daß in- und ausländische Produkte innerhalb eines Staates gleich zu behandeln sind.[433] Die NT-Regel des GATT verfolgt den Zweck, das Auftreten von Markt- und Wettbewerbsverzerrungen zu verhindern, damit die internationale Beteiligung am Handel begünstigt und ein optimales Funktionieren des internationalen Warenaustausches sichergestellt werden kann.[434]

Sec. 337 Tariff Act begegnet GATT-rechtlichen Bedenken, weil die Vorschrift sich ausschließlich gegen Importeure und deren Händler, nicht dagegen gegen einheimische Händler richtet. Folglich sind Importprodukte diesem sui-generis-Verfahren ausgesetzt, während nicht einmal identische Inlandswaren in diesem, sondern nur in regulären Gerichtsverfahren beanstandet werden können. Die bedeutendsten Unterschiede zwischen beiden Verfahren bestehen darin, daß das sec. 337-Verfahren eine Art Eilverfahren darstellt und daher kurze Fristen

432 Cottier, Parallelimporte, SMI 1995, 37, 58; Cottier/ Stucki, S. 55 f.
433 Brand, 24 JWT (1990), Issue 3, 5, 8; Tietje, S. 221.
434 Tietje, S. 223.

hat, was die Verteidigungsmöglichkeiten der Antragsgegner einschränkt und häufig zur Präklusion ihrer Vorbringen führt.[435] Zudem erzeugt das Verfahren in relativ kurzer Zeit verhältnismäßig hohe Verfahrenskosten.[436] Weiterhin setzt es Antragsgegner einer doppelten Inanspruchnahme aus, da die Entscheidung nach sec. 337 Tariff Act nicht der Rechtskraft fähig ist. Ferner kann die ITC generelle Einfuhrverbote für die Zukunft verhängen, während im Gerichtsverfahren nur die streitgegenständlichen Produkte Gegenstand einer Anordnung sein können. Schließlich fallen Erkenntnis- und Vollstreckungsverfahren nach sec. 337 Tariff Act aufgrund der unmittelbaren Durchsetzung der Importverbote durch die Zollbehörden zusammen,[437] so daß Antragsgegnern keine Rechtsmittel im Vollstreckungsverfahren wie im gerichtlichen Verfahren zur Verfügung stehen. Infolge dieser Eigenheiten können sich Ausländer vor der ITC schlechter als im Gerichtsverfahren verteidigen. Zudem können sie leichter in Anspruch genommen werden als inländische Händler.

Die begrenzte Anwendung des Sonderverfahrens auf Importeure und deren Stellung im Verfahren gab bereits zweimal Anlaß zur Einleitung eines GATT-Streitschlichtungsverfahrens. Während im ersten Prozeß ein Verstoß gegen die NT-Maxime des GATT wegen der Anwendung der Ausnahmevorschrift des Art. XX (d) GATT verneint wurde,[438] bejahte ein GATT-Panel sechs Jahre später im Zusammenhang mit einem Patentrechtsstreit den diskriminierenden Charakter des Verfahrens und mithin einen Rechtsverstoß gegen Art. III (4) GATT.[439]

Zwar ist das sec. 337-Verfahren nach der Annahme der Panel-Entscheidung durch den GATT-Rat[440] reformiert worden,[441] die Novelle hat das Verfahren in

---

435 Evans, 18 World Competition (1994), 137, 151; Haedicke, Urheberrecht und Handelspolitik, S. 106.

436 Die Kosten eines Verfahrens nach sec. 337 Tariff Act betragen in der Regel die Hälfte der Kosten eines regulären Gerichtsverfahrens. Haedicke, Importe, GRUR Int. 1999, 497, 498, Fn. 6.

437 Brand, 24 JWT (1990), Issue 3, 5, 19 ff.; Haedicke, Importe, GRUR Int. 1999, 497, 500.

438 GATT Dok. L/5333, Spring Assemblies and Components Thereof, and Methods for Their Manufacture, GATT Panel-Report, 26.05.1983, BISD 30th Supp., S. 107. Zur Begründung der Anwendbarkeit des Art. XX (d) GATT wurde angeführt, es handele sich bei sec. 337 Tariff Act um eine Maßnahme, die notwendig sei, um sicherzustellen, daß Vorschriften über das geistige Eigentum, die ihrerseits nicht gegen das GATT verstoßen, beachtet werden, vgl. S. 126 f.

439 GATT Dok. L/6439, United States Section 337 of the Tariff Act of 1930, Panel-Report, 07.11.1989, BISD 36th Supp., S. 345, 388 f. (1990). Zu diesem Streitschlichtungsverfahren ausführlich Brand, 24 JWT (1990), Issue 3, 5, 19 ff.; Evans, 18 World Competition (1994), 137, 151; Lee/ v. Lewinski, S. 312 ff.

440 Haedicke, Urheberrecht und Handelspolitik, S. 108.

seinen Grundzügen jedoch aufrecht erhalten.[442] In der Entscheidung *San Huan v. ITC*[443] hat das Gericht, welches für die Überprüfung der ITC-Urteile zuständig ist, dem Verfahren erneut große Bedeutung beigemessen und die umfassenden Kompetenzen der ITC ausdrücklich hervorgehoben.[444] Somit ist nach wie vor von einem Rechtsverstoß gegen den NT-Grundsatz des GATT durch das Verfahren nach sec. 337 Tariff Act auszugehen.

C. Zwischenergebnis

Das Erschöpfungsrecht der EU und der USA verstößt mehrfach gegen das GATT. Die regionale Erschöpfung ist mit Art. XI (1) GATT unvereinbar, da sie eine „andere Maßnahme" zur Beschränkung von Parallelhandel darstellt. Die Anwendung der Heilungsnorm des Art. XX (d) GATT kommt nicht in Betracht, denn die Prüfung hat gezeigt, daß die Erschöpfungsregimes der EU und der USA verschleiert handelsbeschränkende Wirkung entfalten. Des weiteren gilt die Markenerschöpfung der EU unter der Bestimmung des Art. I (1) GATT in zweierlei Hinsicht als problematisch, und zwar zum einen wegen des geplanten Abschlusses eines bilateralen Abkommens zur Einführung der internationalen Erschöpfung mit den USA und zum anderen hinsichtlich der erschöpfungsrechtlichen Mitgliederprivilegierung, die für Drittstaaten neue Handelshemmnisse i.S.d. Art. XXIV (5) a) GATT erzeugt. Darüber hinaus verstößt das ITC-Verfahren der USA zur Rechtsdurchsetzung nach sec. 337 Tariff Act gegen Art. III (4) GATT.

Die Erschöpfungsgrundsätze der EU und der USA stehen folglich weder mit dem TRIPs-Abkommen noch mit dem GATT im Einklang. Der einzelne Parallelimporteur kann sich zur Verteidigung gegen Markenrechtsklagen zwar nicht unmittelbar auf TRIPs- oder GATT-Vorschriften berufen.[445] Im Wege des WTO-Streitbeilegungsmechanismus könnten jedoch WTO-Staaten die Zulas-

---

441 Sec. 321 des Uruguay Agreement Act, Pub. L. 103-465, 103 d Congress, 2nd Session 109 Stat. 4809 (1994); siehe auch Aktuelle Informationen, GRUR Int. 1994, 767.

442 Haedicke, Importe, GRUR Int. 1999, 497, 500.

443 San Huan New Materials High Tech, Inc. v. ITC vom 20.11.1998, 48 U.S.P.Q. 2d 1865 (Federal Circuit 1998) = GRUR Int. 1999, 561.

444 Für eine kritische Betrachtung der San-Huan-Rechtsprechung vgl. Haedicke, Importe, GRUR Int. 1999, 497 ff.

445 Es sind inzwischen die ersten Stimmen für die unmittelbare Anwendung und den Selbstvollzug von GATT- und TRIPs-Normen laut geworden, siehe A. Moncayo von Hase, S. 118 ff.; Drexl, GRUR Int. 1994, 777, 783; Reger, S. 86; andeutungsweise auch Stucki, S. 51.

sung von Parallelhandel auf der Basis dieser Rechtsverstöße fordern. Es besteht mithin die rechtliche Notwendigkeit für eine Änderung des Erschöpfungsrechts der EU und der USA. Sowohl im Rahmen des TRIPs-Abkommens als auch des GATT hat sich gezeigt, daß die internationale Erschöpfung zu keiner der geprüften Normen im Widerspruch steht und sich internationale Rechtsverstöße durch ihre Einführung beseitigen ließen. Wie ein Wechsel im einzelnen gestaltet sein könnte und welche rechtlichen und wirtschaftlichen Konsequenzen die Einführung der internationalen Erschöpfung für die EU und die USA hätte, wird im nächsten Teil der Arbeit erörtert.

III. Die Einführung der WTO-weiten Erschöpfung

Die Prüfung von TRIPs- und GATT-Vorschriften hat gezeigt, daß die in der EU und den USA derzeit praktizierte Beschränkung von Parallelimporten unzulässig ist. Beide völkerrechtlichen Abkommen bilden daher eine Rechtsgrundlage für die Verpflichtung der Parteien zur Liberalisierung ihres Erschöpfungsrechts für Marken. Bevor sich die Arbeit mit den potentiellen rechtlichen und wirtschaftlichen Auswirkungen der internationalen Erschöpfung für die beteiligten Staaten auseinandersetzt, unterbreitet der folgende Abschnitt ein Konzept für die TRIPs- und GATT-konforme Gestaltung des Erschöpfungsrechts der Vertragsparteien und seine praktische Umsetzung.

A. Das Konzept

Die rechtliche Notwendigkeit der Legalisierung von Parallelimporten zwingt die Vertragsparteien zur Anerkennung einer internationalen Erschöpfungsform, und zwar vor dem Hintergrund der rechtlichen Begründung mit TRIPs- und GATT-Vorschriften zur Einführung der WTO-weiten Erschöpfung. Somit legen beide Abkommen den rechtlichen Grundstein für die Harmonisierung des Erschöpfungsrechts aller Vertragsparteien. Damit beansprucht das Konzept nicht nur Geltung für das Erschöpfungsrecht der EU und der USA, sondern zielt auf eine Einführung der WTO-weiten Erschöpfung für alle Vertragsparteien ab. Infolgedessen erschöpfen sich Markenrechte in der WTO, sobald die gekennzeichneten Produkte mit Zustimmung der Rechtsinhaber irgendwo auf dem Gebiet einer Vertragspartei in den Verkehr gebracht worden sind.

1. Multilaterale Erschöpfungsvereinbarung

Aus völkerrechtlicher Perspektive existieren zwei Möglichkeiten für die Umsetzung des Erschöpfungskonzeptes: In Betracht kommt zum einen die unilaterale, also einseitige Änderung der entsprechenden Rechtsinstrumente der Vertragsparteien oder zum anderen der Abschluß eines multilateralen Abkommens, das sämtliche Vertragsparteien zur Liberalisierung ihres Erschöpfungsrechts verpflichtet. Die multilaterale hat gegenüber der unilateralen Lösung zwei entscheidende Vorteile: Eine einseitige Rechtsänderung bietet den Vertragsparteien keine Gewähr für die Vornahme der entsprechenden Rechtsänderungen der anderen WTO-Staaten. Aufgrund dessen besteht die Gefahr, daß Staaten, in denen Parallelimporte bereits legalisiert wurden, gegenüber den übrigen Ländern in Vorleistung träten, weil dorthin nicht parallelexportiert werden dürfte. Die gegenseitige Verpflichtung ist zudem mit Blick auf die Rechtsdurchsetzung erfolgsversprechender, da der Abschluß einer gesonderten Vereinbarung über die Markenerschöpfung einen neben den bestehenden TRIPs- und GATT-Normen weiteren, selbständigen Rechtsgrund für die entsprechende Anpassung der Markengesetze der Parteien schaffen würde. Die WTO-weite Erschöpfung sollte deshalb im Wege einer multilateralen völkerrechtlichen Vereinbarung eingeführt werden.

2. Ergänzung des TRIPs

Das Konzept sollte durch die Einfügung einer Erschöpfungsvorschrift in den Markenteil des TRIPs (Abschnitt 2, Artt. 15 ff. TRIPs) umgesetzt werden. Von einer Novellierung des Art. 6 TRIPs zu diesem Zweck ist Abstand zu nehmen, weil Art. 6 TRIPs für alle Rechte des geistigen Eigentums gilt. Die Heranziehung des Art. 6 TRIPs würde die Konzeptrealisierung unnötig erschweren oder schlimmstenfalls zum Scheitern bringen, da die Änderung der Markenerschöpfung dann gleichzeitig von einer entsprechenden Novellierung der Erschöpfungsregeln der anderen Schutzrechte abhängig gemacht würde. Dies könnte insbesondere im Hinblick auf das Patentrecht großen Schwierigkeiten begegnen.[446] Mit Blick darauf wäre es am sinnvollsten, Art. 6 TRIPs auf die übrigen Schutzrechte zu beschränken und die Erschöpfung von Markenrechten separat im Markenteil des TRIPs zu regeln. Die angedachte Erschöpfungsvorschrift könnte folgenden Wortlaut tragen:

> „Die Marke gewährt ihrem Inhaber nicht das Recht, einem Dritten zu verbieten, die Marke für Waren zu benutzen, die unter dieser Marke von ihm oder mit seiner Zustimmung in einem Vertragsstaat in den Verkehr gebracht worden sind.[447]“

Die vorgeschlagene Erschöpfungsvorschrift hätte zwar auch ohne die entsprechende Verweisung in der Fußnote den Charakter einer zwingenden Vorschrift, da eine Schutzverschärfung über die WTO-weite Erschöpfung hinaus i.S.d. Art. 1 (1) S. 2 TRIPs mit dem TRIPs-Abkommen aufgrund der Artt. 16, 7,

446 Statt vieler Beier, Erzeugnisse, GRUR Int. 1996, 1 ff.; Heath, Paralleleinfuhr, RIW 1997, 541 ff.; Loewenheim, Erschöpfung, GRUR Int. 1996, 307, 310.

447 „Auf diese Vorschrift findet Art. 1 (1) S. 2 TRIPs keine Anwendung.“

15, 3 TRIPs unvereinbar wäre. Deshalb müßte Art. 1 (1) S. 2, 2. HS. TRIPs Anwendung finden, was der WTO-weiten Erschöpfung ohnehin den Charakter einer Maximal-Bestimmung verleiht. Um Mißverständnissen der Vertragsparteien vorzubeugen, erscheint es gleichwohl sinnvoll, Art. 1 (1) S. 2, 1. HS. TRIPs von einer Anwendung auf die Erschöpfungsvorschrift ausdrücklich auszunehmen.

Die Einbindung einer Erschöpfungsnorm in das TRIPs hätte den Vorteil, daß kein zusätzliches Abkommen abgeschlossen werden müßte und zur Rechtsdurchsetzung für das Streitbeilegungs- und andere Verfahren auf die bereits vorhandenen Instrumente der Artt. 41 ff. TRIPs und die GATT-Mechanismen zurückgegriffen werden könnte. Die Einbettung der vorgeschlagenen Erschöpfungsvorschrift in den TRIPs- bzw. WTO-/ GATT-Rahmen dient somit der Bestandskraft der Regelung, garantiert ihre Berücksichtigung durch die Vertragsparteien und steht daher im Dienste der Rechtssicherheit.

B. Die rechtliche Beurteilung des Konzepts

Im Rahmen der Prüfung von TRIPs- und GATT-Vorschriften hat sich herausgestellt, daß die internationale Erschöpfung TRIPs- und GATT-kompatibel ist. Die Einführung der WTO-weiten Erschöpfung für die EU und die USA wirft jedoch weitere rechtliche Fragen auf, welche der folgende Teil der Arbeit adressiert.

I. Rechtsfragen im Zusammenhang mit der EU

a) Die Vertragsschlußkompetenz der Gemeinschaft

Fraglich ist, wer auf Seiten der EU überhaupt befugt wäre, eine WTO-weite Erschöpfung im TRIPs zu ratifizieren. Es bestehen Zweifel, ob die Gemeinschaft die alleinige Abschlußkompetenz besitzt oder ob diese zwischen der EG und den Mitgliedstaaten geteilt ist.[448] Die Beantwortung dieser Frage hängt davon ab, ob der Anwendungsbereich des Art. 133 EG[449] für eine TRIPs-Novelle eröffnet ist.

---

448 Zwar ist an anderer Stelle festgestellt worden, daß die EG die ausschließliche *Innenkompetenz* zur abschließenden Entscheidung über das Erschöpfungsrecht der EU aufgrund seiner Bedeutung für den Warenverkehr besitzt (siehe oben S. 52 ff.). Die Außenkompetenz zum Abschluß völkerrechtlicher Verträge in diesem Bereich ergibt sich jedoch nicht automatisch aus der vorhandenen Innenkompetenz. Stein, S. 69; Schwarze, NJW 1979, 456, 460.

449 Art. 133 (1) EG lautet:

Art. 133 (1) EG überantwortet der Gemeinschaft nämlich die ausschließliche Kompetenz zur Regelung handelspolitischer Fragen und räumt ihr zu diesem Zweck die Befugnis zum Abschluß von Handelsabkommen ein.[450] Art. 133 EG beschränkt sich dabei auf den Bereich des Außenhandels,[451] also die Handelsbeziehungen der Gemeinschaft mit Drittstaaten, ist hingegen nicht auf die Handelspolitik des Binnenmarktes anwendbar.[452] Maßgeblich für die Beurteilung der Frage, welches Rechtsverhältnis im Einzelfall betroffen ist, ist der Schwerpunkt einer Maßnahme.[453]

Man könnte annehmen, daß die Gemeinschaft die ausschließliche Kompetenz für die Ratifizierung einer Erschöpfungsvorschrift im TRIPs auf der Grundlage von Art. 133 EG besitzen muß, da die Entscheidung über die Erschöpfungsfrage in der EU den Ausführungen des EuGH, der Kommission sowie des Parlamentes zufolge vorwiegend auf handelspolitischen Erwägungen beruht.[454] Darüber hinaus spricht auch die Bezeichnung der Regelungsmaterie des TRIPs als "trade related aspects" dafür, einen handelspolitischen Bezug i.S.d. Art. 133 EG zu bejahen.

Für das TRIPs muß jedoch laut EuGH davon ausgegangen werden, daß die Abschlußbefugnis zwischen der Gemeinschaft und den Mitgliedstaaten geteilt ist.[455] Es handelt sich bei dem TRIPs-Abkommen um ein sogenanntes „gemischtes Abkommen",[456] für dessen Abschluß weder die Gemeinschaft noch die Mitgliedstaaten die ausschließliche Kompetenz besitzen, da für diejenigen Re-

---

„Die gemeinsame Handelspolitik wird nach einheitlichen Grundsätzen gestaltet; dies gilt insbesondere für die Änderung von Zollsätzen, den Abschluß von Zoll- und Handelsabkommen, die Vereinheitlichung der Liberalisierungsmaßnahmen, die Ausfuhrpolitik und die handelspolitischen Schutzmaßnahmen, zum Beispiel im Fall von Dumping und Subventionen."

450 Nicolaysen, S. 487; von der Groeben/ Thiesing/ Ehlermann, Art. 113 Rdnr. 28; Geiger, Art. 133 Rdnr. 7.

451 Geiger, Art. 133 Rdnr. 2; von der Groeben/ Thiesing/ Ehlermann, Art. 113 Rdnr. 4, 9; Lenz, Art. 133 Rdnr. 1, 5; Nicolaysen, S. 476 f., 490.

452 Geiger, Art. 133 Rdnr. 1.

453 Geiger, Art. 133 Rdnr. 3.

454 Für den EuGH: GA Jacobs in: EuGH Rs. C-355/96, GRUR Int. 1998, 695 – Silhouette, Rdnr. 51; für die Kommission: Kommissionsmitglied Narjes, Verhandlungen des Europäischen Parlaments vom 12.10.1983, ABl. EG, Nr. 1-304/ 112, 120; für das Parlament: Berichterstatter Turner, Verhandlungen des Europäischen Parlamentes vom 12.10.1983, ABl. EG, Nr. 1-304/ 112, 114.

455 Gutachten des EuGH vom 15.11.1994 über die Zuständigkeit der Gemeinschaft für den Abschluß des TRIPs-Abkommens, 1/94 Slg. 1994 I – 5276 ff. = GRUR Int. 1995, 239 ff., Rdnr. 71.

456 Dazu Stein, S. 24 ff.; Wuermeling, S. 214 ff.; Nicolaysen, S. 488; Schermers, S. 25 f.; Oppermann, Europarecht, § 6 Rdnr. 1711.

gelungen, die den Binnenhandel betreffen, die Mitgliedstaaten zuständig sind.[457] In seinem Gutachten zu der Frage der Zuständigkeit der EG für den Abschluß des TRIPs vertritt der EuGH den Standpunkt, daß, obwohl Immaterialgüterschutz unweigerlich Auswirkungen auf den Außenhandel habe,[458] das Maß an Handelsbezug dennoch nicht genüge, um den Anwendungsbereich des Art. 133 EG zu eröffnen.[459] Das Recht des geistigen Eigentums sei nur insoweit als handelspolitisch einzustufen, als es um Regelungen zur Einfuhr nachgeahmter Waren gehe.[460] Im übrigen betreffe Immaterialgüterschutz den Binnenhandel mindestens im gleichen Maße wie den internationalen Warenverkehr.[461] Außerdem dürfe sich die Gemeinschaft durch den Abschluß völkerrechtlicher Verträge über geistiges Eigentum in Bereichen, die gleichzeitig eine Harmonisierung auf Gemeinschaftsebene bewirken, nicht den Zwängen entziehen, denen sie intern hinsichtlich des Verfahrens und der Art der Beschlußfassung unterliegen.[462] Aufgrund dessen ist das TRIPs auf EU-Seite durch die Gemeinschaft und die Mitgliedstaaten gemeinsam zu ratifizieren.

Fraglich ist, ob die Verpflichtung zum gemeinsamen Vertragsschluß auch hinsichtlich einzelner Vorschriften im TRIPs besteht. Die Einfügung einer Erschöpfungsvorschrift in das TRIPs bewirkt eine Vertragsänderung. Was die Kompetenzverteilung für die Änderung eines gemischten Abkommens anbelangt, spielt es für das Zustimmungsbedürfnis der Mitgliedstaaten keine Rolle,

---

457 Es handelt sich dabei um „Bestimmungen des TRIPs über die Maßnahmen, die zur Gewährung eines wirksamen Schutzes der Rechte an geistigem Eigentum zu treffen sind, wie die Gewährleistung eines gerechten und billigen Verfahrens, die Vorschriften über die Beibringung von Beweismitteln, das Recht zur Äußerung, die Begründung von Entscheidungen, das Klagerecht, die einstweiligen Maßnahmen und den Schadensersatz.", vgl. EuGH-Gutachten, 1/94 Slg. 1994 I – 5276 ff. = GRUR Int. 1995, 239 ff., Rdnr. 104. Der EuGH gibt zwar zu erkennen, daß er in den genannten Bereichen die Innenkompetenz der EG im Hinblick auf den Erlaß von Rechtsakten anerkennt, die sich unmittelbar auf das Funktionieren des Gemeinsamen Marktes auswirken (Art. 95 EG), lehnt gleichwohl seine Zuständigkeit für den Abschluß völkerrechtlicher Verträge auf diesen Gebieten ab.

458 Außenhandelsbezug verleiht der Gemeinschaft die Kompetenz zum Abschluß von multilateralen Abkommen, Art. 133 (1) EG.

459 EuGH-Gutachten, 1/94 Slg. 1994 I – 5276 ff. = GRUR Int. 1995, 239 ff., Rdnr. 57.

460 EuGH-Gutachten, 1/94 Slg. 1994 I – 5276 ff. = GRUR Int. 1995, 239 ff., Rdnr. 55 f.

461 EuGH-Gutachten, 1/94 Slg. 1994 I – 5276 ff. = GRUR Int. 1995, 239 ff., Rdnr. 57.

462 Völkerrechtliche Verträge werden nach Maßgabe des Art. 300 EG durch die Mitwirkung von Kommission, Rat und Parlament geschlossen. Art. 251 EG, der das Verfahren für den Erlaß von Rechtsvorschriften in der Gemeinschaft regelt, sieht zwar ebenfalls die Beteiligung der drei Organe, jedoch ein abweichendes Verfahren vor.

ob nun ein in die Zuständigkeit der Gemeinschaft oder ein in die der Mitgliedstaaten fallender Teil geändert oder eingefügt wird.[463] Die Änderung eines völkerrechtlichen Vertrages stellt nämlich nichts anderes dar, als den Abschluß eines neuen Vertrages.[464] Da sich die Bindungswirkung der neuen Vereinbarung sowohl auf die Gemeinschaft als auch auf die Mitgliedstaaten erstreckt und sich beide nebeneinander durch den Vertragsschluß gegenüber den übrigen Vertragsparteien verpflichten, müssen neben der Gemeinschaft auch die Mitglieder einer Änderung des TRIPs zustimmen. In der EU sind daher die Gemeinschaft als solche und die Mitgliedstaaten gemeinschaftlich befugt, eine WTO-weite Erschöpfungsregelung im TRIPs zu ratifizieren.

b) Beseitigung der Rechtsprechungsdivergenzen zwischen EuGH und EFTA-GH zur Auslegung des Art. 7 (1) MRL

Möglicherweise eröffnet das WTO-weite Erschöpfungskonzept einen Ausweg aus der Rechtsprechungsdivergenz zwischen EuGH und EFTA-GH zur Auslegung des Art. 7 (1) MRL.[465] Augenblicklich herrscht ein Konflikt zwischen der vom EuGH in der Entscheidung *Silhouette*[466] vertretenen Maximallehre und der vom EFTA-GH in seinem Urteil *Maglite*[467] befürworteten Minimallehre zur europarechtlichen Erschöpfungsvorschrift über nationale Marken. Der EuGH ist der Auffassung, die Mitgliedstaaten seien gem. Art. 7 MRL nicht berechtigt, in ihrem nationalen Markenrecht die internationale Erschöpfung vorzusehen und begreift Art. 7 MRL als abschließende Maximalbestimmung.[468] Unterdessen entschied der EFTA-GH, daß in bezug auf die EFTA-EWR-Staaten die in Artt. 7 (1) MRL, 65 (2) EWRA, 2 (1) Protokoll 28 normierte EWR-weite Erschöpfung lediglich Minimalstandard sei. Damit räumt der EFTA-GH diesen Ländern das Recht ein, die internationale Erschöpfungsform in ihrem jeweiligen nationalen Recht anzuerkennen.

Die Existenz unterschiedlicher Erschöpfungsregeln innerhalb des EWR ist sowohl warenverkehrsrechtlich als auch rein erschöpfungsrechtlich problematisch. Zum einen beschränkt die unterschiedliche Auslegung des Art. 7 (1) MRL durch die obersten Gerichte des EWR Importe von EFTA-EWR-Staaten in EU-Länder, was im Widerspruch zu den Freihandelsnormen der Artt. 11, 13 EWRA

463 Stein, S. 182; Bleckmann, EuR 1976, 301, 311.

464 Stein, S. 182.

465 Dazu GA Jacobs, EuGH Rs. C-355/96, GRUR Int. 1998, 695 – Silhouette, Rdnr. 43.

466 EuGH Rs. C-355/96, GRUR Int. 1998, 695 – Silhouette.

467 EFTA-GH Rs. E-2/97, GRUR Int. 1998, 309 – Maglite.

468 Fezer, Markenrecht, § 24 Rdnr. 16d.

steht. Während Parallelimporte in EFTA-EWR-Staaten zulässig sind, verletzt der Weitertransport von parallelimportierten Produkten in die EU dortige Markenrechte und kann mithin untersagt werden. Im EWR stellt sich daher bislang die Frage, ob den nationalen Markenrechten der EU Vorrang vor der Warenverkehrsfreiheit eingeräumt werden soll.

Zum anderen steht die Rechtspraxis des EuGH und des EFTA-GH im Widerspruch zu Art. 65 (2) EWRA i.V.m. Art. 2 (1) Protokoll 28, die ausdrücklich regeln, daß das Erschöpfungsrecht der Gemeinschaft auch für die EFTA-EWR-Staaten gelten soll. Da zum Gemeinschaftsrecht neben den erschöpfungsrechtlichen Vorschriften auch die Rechtsprechungsgrundsätze des EuGH gehören,[469] verstößt die abweichende Rechtsprechung des EFTA-GH gegen diese Bestimmungen. Aufgrund dessen erzeugen die Divergenzen zwischen EuGH und EFTA-GH zur Auslegung des Art. 7 (1) MRL eine unklare und verworrene Rechtslage, die insbesondere für die Handelsindustrie nachteilig ist, weil Warenimporte in die EU und EFTA-EWR-Staaten unterschiedliche und nur schwer vorhersehbare Rechtsfolgen haben.

Unter Geltung des WTO-weiten Erschöpfungskonzeptes hingegen treten Kollisionen mit Artt. 11, 13, 65 (2) EWRA und 2 (1) Protokoll 28 nicht auf. Sowohl der EuGH als auch der EFTA-GH wären gezwungen, Art. 7 (1) MRL i.S.e. WTO-weiten Bestimmung auszulegen und anzuwenden. Die Zulässigkeit von Parallelimporten in die EU hätte zur Folge, daß Importe aus EFTA-EWR-Ländern EU-Markenrechte nicht verletzen könnten. Damit wird das Konzept dem in Artt. 11, 13 EWRA niedergelegten Freihandelsziel besser gerecht als das durch die Spruchpraxis der obersten Gerichte derzeit geltende Erschöpfungsrecht. Zudem stellt die Einführung der WTO-weiten Erschöpfung aufgrund ihrer Harmonisierungswirkung für das Erschöpfungsrecht der Vertragsparteien sicher, daß EFTA-EWR-Staaten entsprechend Artt. 65 (2) EWRA, 2 (1) Protokoll 28 den gleichen erschöpfungsrechtlichen Grundsätzen folgt, die auch in der Gemeinschaft gelten. Folglich dient das Konzept der Lösung des Rechtsprechungskonfliktes zwischen EuGH und EFTA-GH in bezug auf Art. 7 (1) MRL, was im Endeffekt die Rechtssicherheit und -klarheit für das Erschöpfungsrecht im EWR wiederherstellt.

469 Dies bringt der englische Wortlaut des Art. 2 (1) Protokoll 28 klar zum Ausdruck: "To the extent that exhaustion is dealt with in Community measures and jurisprudence, ...".

Es handelt sich bei dem NAFTA um ein Freihandelsabkommen zwischen den drei nordamerikanischen Staaten USA, Kanada und Mexiko, das den Abbau von Handelshemmnissen zur warenverkehrsrechtlichen Integration der drei Partnerstaaten vorsieht.[470] Dem Abkommen ist nichts über die Frage der Zulässigkeit von Parallelimporten zu entnehmen.[471] Demzufolge könnte man mit den Vereinigten Staaten davon ausgehen, daß es den Parteien freigestellt ist, restriktive Erschöpfungsformen vorzusehen und auch im Innenverhältnis Parallelimporte zu beschränken. Restriktive Erschöpfungsbestimmungen der Vertragsparteien haben jedoch zur Folge, daß mittels Markenrechten Preis- und Vertriebsstrategien auf Kosten der Warenverkehrsfreiheit durchgesetzt werden können.

Daß markenrechtliche Warenverkehrsbeschränkungen jedoch mit NAFTA unvereinbar sind, bringt Art. 1701 (1) NAFTA[472] zum Ausdruck. Art. 1701 (1) des Abkommens gibt den Vertragsparteien auf, sicherzustellen, daß Maßnahmen zur Durchsetzung des geistigen Eigentums nicht selbst zu Schranken für den rechtmäßigen Handel werden. Diese Formulierung, die sich ebenfalls in Erw. 1 der TRIPs-Präambel findet, muß als Verbot verstanden werden, Markenrechte warenverkehrsbehindernd einzusetzen. Damit der Warenverkehr zwischen den NAFTA-Staaten durch das Erschöpfungsrecht keine Beschränkungen erfährt, müssen sich alle drei Staaten auf dieselbe Erschöpfungsform einigen und Parallelimporte untereinander legalisieren.

Das WTO-weite Erschöpfungskonzept wird beiden Anforderungen gerecht. Wegen des Harmonisierungseffektes für alle WTO-Staaten sorgt das Konzept für die erschöpfungsrechtliche Integration der NAFTA-Staaten, mit dem Ergebnis, daß in allen drei Staaten derselbe, WTO-weite Erschöpfungsgrundsatz gälte. Dadurch verhindert das Konzept auch im NAFTA-Raum, daß Unterschiede im Erschöpfungsrecht eine marktaufteilende Wirkung entfalten können. Die WTO-weite Erschöpfung sieht darüber hinaus für alle WTO-Vertragsparteien die Le-

---

470 Zwischen den NAFTA-Mitgliedern sollen Handelshemmnisse bis zum Jahre 2009 vollständig abgebaut werden. Braun, S. 13.

471 Donnelly, 13 Santa Clara Computer and High Technology Law Journal (1997), 445, 495; Stucki, S. 31; Ragab/ Gostlow, S. 6; Tawfik, S. 33, Fn. 4 und S. 38, Fn. 72; Gonzalez, 34 Havard International Law Journal (1993), 305, 307; Kent, 28 Les Nouvelles (1993), 176, 178; Levy/ Weiser, 27 The International Lawyer (1993), 671, 686.

472 Art. 1701 (1) NAFTA lautet:

> "Each Party shall provide in its territory to the nationals of another Party adequate and effective protection and enforcement of intellectual property rights, while ensuring that measures to enforce intellectual property rights do not themselves become barriers to legitimate trade."

galisierung von Parallelimporten vor. Das Konzept stellt folglich für die Freihandelszone, aber auch über NAFTA-Grenzen hinaus sicher, daß Markenrechte nicht zur Beschränkung von Parallelimporten herangezogen werden können. Mithin steht das Konzept mit Art. 1701 (1) NAFTA im Einklang.

3. *Die Vereinbarkeit der WTO-weiten Erschöpfung mit dem Regionalismus von EWRA und NAFTA*

Auf den ersten Blick scheint der durch die Bildung von Freihandelszonen[473] zum Ausdruck gebrachte Regionalismus mit der Internationalisierung, welche das WTO-weite Erschöpfungskonzept als Fernziel unterstellt, im Widerspruch zu stehen. Dieser Widerspruch löst sich auf, begreift man Freihandelszonen nicht als handelspolitischen Selbstzweck, sondern lediglich als Zwischenschritt auf dem Weg zur Erreichung einer weiterführenden, globalen Integration. Diese These läßt sich gut mit Hilfe des GATT und dessen Umgang mit regionalen Zusammenschlüssen begründen. Art. XXIV GATT gestattet ausdrücklich den Zusammenschluß einzelner Länder zu Zollunionen oder Freihandelszonen und gewährt ihnen die vorzügliche Behandlung einer einheitlichen Vertragspartei.[474] Das GATT rückt damit nicht von seinem in der Präambel erklärten Ziel ab, die Handels- und Wirtschaftsbeziehungen der Mitglieder zu internationalisieren, um eine Erhöhung des Lebensstandards, die Verwirklichung der Vollbeschäftigung, die Erhöhung des Realeinkommens und der wirksamen Nachfrage etc. zu erreichen, sondern hält die regionale Integration für einen der globalen Integration förderlichen Zwischenschritt.[475] Gem. Art. XXIV (4) GATT soll der Zusammenschluß zu Zollunionen und Freihandelszonen der Förderung der wirtschaftlichen Integration aller WTO-Mitglieder und einer Verstärkung des Freihandels dienen. Das GATT will durch die Billigung des Regionalismus den Handel mit den zusammengeschlossenen Staaten erleichtern, nicht etwa diese handelsrechtlich absondern.

Daß der vom GATT befürwortete Regionalismus nicht auf die wirtschaftliche Blockbildung, sondern eine integrative Globalisierung zusteuert, läßt sich am Beispiel Amerikas deutlich machen. Dort ist die Errichtung einer erweiterten regionalen Freihandelszone unter der Bezeichnung Free Trade Area of the Ame-

---

473 Zwischen 1990 und 1995 hat die EU allein 42 Freihandelsabkommen mit Drittstaaten geschlossen, vgl. WTO, Regionalism, S. 25; WTO, Overview, S. 1 ff.; Schirm, S. 13 bezeichnet den Regionalisierungstrend der 90er Jahre als „neue Weltordnung".

474 Ammon, S. 102.

475 Hauser/ Schanz, S. 34; v. Bogdandy, Ordnung, RIW 1991, 55, 59.

ricas (FTAA) für alle demokratischen amerikanischen Staaten bis zum Ende des Jahres 2005 geplant.[476] Mit der Umsetzung dieser in ihrer Dimension einzigartigen Planung, die eine Einführung des zollfreien Warenverkehrs von Alaska bis Feuerland vorsieht, entstünde die weltweit größte Freihandelszone, die insgesamt 34 Staaten und etwa 800 Millionen Menschen integrieren würde.[477] Die Wachstumstendenz der bestehenden Freihandelszonen sowie die Bildung interregionaler Freihandelszonen[478] zeigen, daß die regionale Integration ein Zwischenschritt zur Internationalisierung des Welthandels darstellt, weil die wirtschaftlichen Zusammenschlüsse zur Annäherung der einzelnen Märkte führen.[479]

Im Hinblick auf die Erschöpfungsfrage läßt die beschriebene Entwicklung den Schluß zu, daß zwischen dem WTO-weiten Erschöpfungskonzept und dem derzeitigen Regionalismus der Freihandelszonen nicht nur kein Widerspruch besteht, sondern daß die WTO-weite Erschöpfung vollends dem Internationalisierungstrend der Freihandelszonen entspricht. Die Errichtung von Freihandelszonen ist kein End-, sondern nur ein Zwischenziel auf dem Weg zu einer globalen Integration, wie sie durch die WTO bereits begonnen hat. Die handelsliberalisierende Wirkung des WTO-weiten Erschöpfungsrechts ist daher auch aus Sicht der zu Freihandelszonen zusammengeschlossenen Staaten zu befürworten.

4. *Die Vereinbarkeit der WTO-weiten Erschöpfung mit der Territorialität des Markenrechts*

Die Frage nach der Zulässigkeit von Parallelimporten und das Territorialitätsprinzip werden in unterschiedlichen Zusammenhängen gesehen. Die Diskus-

---

476 Oppermann, WTO, RIW 1995, 919, 921.

477 Dazu Hujer, „Amerikaner verknüpfen Freihandel mit Demokratie", Südd. Zeitung vom 23.04.2001, S. 1; Schumacher, „Quebec-Gipfel, Gesamtamerikanischer Freihandel trifft auf Skepsis", FAZ, Politik Ausland, vom 23.04.2001; Handelsblatt, „Amerikanische Freihandelszone soll bis 2005 verwirklicht werden", Wirtschaft + Politik International, vom 23.04.2001.

478 Zwischen der EU und den MERCOSUR-Partnern laufen derzeit Verhandlungen über die gemeinsame Errichtung einer interregionalen Freihandelszone, FAZ, Politik Ausland, „Amerika-Gipfel, Freier Handel nur für Demokratien", vom 23.04.2001.

479 Die Handelsbeziehungen zwischen der EU und den USA bspw. wurden durch den Abschluß der sog. Neuen Transatlantischen Agenda (NTA) im Dezember 1995 intensiviert. Sie führten zur Einrichtung des Transatlantischen Wirtschaftsdialogs (TABD), der vor allem auf den Abbau von Handelshemmnissen gerichtet ist. Dazu Europäisches Parlament, <http://www.europarl.eu.int/dg4/factsheets/de/6 3 7.htm>; Jackson, Selina, <http://tabd.com/resources/content/jackson_eabc. html>.

sion dreht sich nicht nur um die alte Streitfrage, ob und inwieweit das Territorialitätsprinzip zur Anerkennung eines nationalen oder regionalen Erschöpfungsregimes zwingt, sondern sie betrifft darüber hinaus das Problem der territorialen Schutzwürdigkeit von Markenfunktionen. Beiden Ansätzen liegen völlig unterschiedliche Vorstellungen über das Prinzip der Territorialität zugrunde, die im folgenden nacheinander auf ihre Vereinbarkeit mit dem WTO-weiten Erschöpfungskonzept untersucht werden.

a) Das traditionelle kollisionsrechtliche Territorialitätsprinzip

Das traditionelle Territorialitätsprinzip hat im internationalen Privatrecht seinen Ursprung und ist ein Ordnungsprinzip des Kollisionsrechts.[480] Es betrifft die Beziehung zwischen Schutzrecht und Schutzland.[481] Das Territorialitätsprinzip legt zum einen fest, daß für die Entstehung, den Erwerb, den Inhalt und den Umfang des Rechts die Rechtsordnung desjenigen Landes ausschlaggebend ist, in welchem das Schutzrecht besteht.[482] Zum anderen beschränkt es die Wirkung des Markenrechts auf das Gebiet seines Heimatlandes, so daß tatsächliche Geschehnisse aus dem Ausland das inländische Markenrecht nicht verletzen können und umgekehrt.[483] Das bedeutet jedoch nicht automatisch, daß ausländische Sachverhalte auf das Markenrecht im Inland keinen Einfluß haben können.

480 Beier, Territorialität, GRUR Int. 1968, 8, 12; Beier, Erzeugnisse, GRUR Int. 1996, 1, 6; Kraft, GRUR 1969, 120, 123; Cohen Jehoram, GRUR Int. 1996, 280, 281; Körber, S. 149; Wilkinson, 80 TMR (19990), 107, 115 f.

481 Bollinger, sic! 1998, 541, 543; Körber, S. 149.

482 Beier, Territorialität, GRUR Int. 1968, 8, 12; Bodewig, S. 234; Bieri-Gut, AJP 1996, 559, 560; Kersner/ Stein, 11 North Carolina Journal of International Law and Commercial Regulation (1986), 251, 256.

483 So führte der EuGH Rs. C-9/93, GRUR Int. 1994, 614 = EuZW 1994, 467 – Ideal Standard, Rdnr. 22 zur Bedeutung des Territorialitätsgrundsatzes aus: „Die Ansprüche aus dem nationalen Warenrecht sind zunächst gebietsgebunden. Dieser im Recht der internationalen Vereinbarungen anerkannte Territorialitätsgrundsatz bedeutet, daß die Bedingungen des Schutzes eines Warenzeichens sich nach dem Recht des Staates richten, in dem dieser Schutz begehrt wird. Das nationale Recht kann im übrigen nur die Handlungen mit Sanktionen belegen, die im Hoheitsgebiet des betreffenden Staates vorgenommen worden sind.“ Zur rechtlichen Unabhängigkeit von Staaten aufgrund der Territorialität Ingenohl v. Walter E. Olsten & Co., 273 U.S. 541, 544 (1927); United Drug, 248 U.S. 48; Hanover Star Milling, 240 U.S. 415, 416. Ebenso Beier, Territorialität, GRUR Int. 1968, 8, 12; Cottier, Implications, 33 Les Nouvelles (1998), 152, 155 ; Bereskin, Barrier, 80 TMR (1990), 272, 281 ; Ebenroth, Gewerblicher Rechtsschutz, S. 24 f.; Franzosi/ de Sanctis, IP Worldwide 1996.

Früher wurde in der Rechtsprechung und Literatur auf das Territorialitätsprinzip zur Begründung des nationalen oder regionalen Erschöpfungsgrundsatzes verwiesen.[484] Dieser Ansicht lag die Auffassung zugrunde, daß wegen der Bindung der Schutzrechte an das Landesgebiet Nutzungshandlungen jenseits der Landesgrenze keine Auswirkungen auf die Rechtslage im Inland haben können. Man ging davon aus, daß der Erstvertrieb außerhalb der eigenen Landesgrenzen ein Schutzrecht nicht konsumieren könne. Der Markeninhaber war daher befugt, Parallelimporte aus dem Ausland dauerhaft abzuwehren. Dieser Ansicht zufolge wäre die WTO-weite Erschöpfung mit dem traditionellen Territorialitätsgrundsatz unvereinbar, da sie jedes Inverkehrbringen eines markierten Produktes in irgendeinem WTO-Vertragsstaat für den Erschöpfungseintritt genügen läßt und somit auch ausländische Sachverhalte berücksichtigt.

Inzwischen wird hingegen überwiegend die Auffassung vertreten, die traditionelle Territorialitätslehre sei für die Wahl der Erschöpfungsregel ohne Bedeutung, denn die Entscheidung über die Reichweite der Erschöpfung sei eine materielle Frage, die unabhängig von der Lehre über die territoriale Geltung des Markenrechts zu beurteilen sei.[485] Das Erschöpfungsrecht einer Rechtsordnung allein bestimme über die Zulässigkeit von Parallelimporten und entscheide über die Frage, ob ein inländisches Markenrecht durch den Import einer im Ausland in den Verkehr gebrachten Ware verletzt werde.[486] Das Territorialitätsprinzip

---

484 In der Rechtsprechung: LG Düsseldorf, MA 1963, 127 – Revelon; für das Patentrecht: BGH, GRUR 1976, 579, 582 – Tylosin; für das Urheberrecht: OLG Hamburg, GRUR Int. 1970, 377, 379 – Polydor, mit krit. Anm. Ulmer.
In der Literatur: Troller, Unabhängigkeit, GRUR Int. 1960, 244, 245 f.; Troller, Landesgrenzen, GRUR Int. 1967, 261; Trueb, GRUR Int. 1962, 10; Hoth, GRUR 1968, 64, 68; Kraft, GRUR 1969, 120, 123 f.; Chrocziel, Rdnr. 55; Bohrer, SMI 1994, 151, 152; Meyer, 90 SJZ (1994), 94, 96; Bohrer, SMI 1994, 151, 152; für das Patentrecht: Bodewig, S. 234.

485 In der Rechtsprechung: BGH, GRUR Int. 1964, 202, 204 – Maja, mit Anm. Beier; Schweiz. BGE 122 III 469, 479, GRUR Int. 1998, 520, 523 – Chanel.
Grundlegend in der Literatur: Beier, Maja, GRUR Int. 1964, 205, 207; Beier, Territorialität, GRUR Int. 1968, 8, 12; Ulmer, GRUR Int. 1970, 379, 380; Reimer, GRUR Int. 1972, 221, 228; Derenberg, Goodwill, 47 Virginia Law Review (1961), 733, 734 ff.; Ladas, S. 1340. Inzwischen auch: Joos, S. 133; Ebenroth, Gewerblicher Rechtsschutz, S. 23 f.; Fogel, 10 Fordham International Law Journal (1986), 308, 326 f.; Cottier/ Stucki, S. 35, 49; Cottier, Parallelimporte, SMI 1995, 37, 41; Beier, Erzeugnisse, GRUR Int. 1996, 1, 5 f.; Loewenheim, Erschöpfung, GRUR Int. 1996, 307, 309; Bieri-Gut, AJP 1996, 559, 560; Cohen Jehoram, GRUR Int. 1996, 280, 281; Albert/ Heath, Exhausted, 28 IIC (1997), 24, 25; Raßmann, S. 135; Bollinger, sic! 1998, 541, 543 f.; Heath, Paralleleinfuhr, RIW 1997, 541; Sack, Europäisches Recht, GRUR 1999, 193, 201; Fezer, Markenrecht, § 24 Rdnr. 13.

486 Joos, S. 133.

spiele dabei keine Rolle, denn es könne dem Markenrecht keinen anderen Schutzinhalt verleihen, als ihn die nationale Rechtsordnung vorsehe.[487] Das Prinzip verbiete es mithin nicht, ausländische Sachverhalte bei der Anwendung inländischer Rechtsgrundsätze zu berücksichtigen.[488] Infolgedessen sei das Territorialitätsprinzip sowohl mit der nationalen oder regionalen als auch mit der internationalen Erschöpfung vereinbar.

Die eingangs dargestellte Auffassung kann nicht überzeugen, wendet sie doch den Territorialitätsgrundsatz auch auf tatsächliche Fragen an und verleiht damit dem kollisionsrechtlichen Ordnungsprinzip materiell-rechtlichen Gehalt.[489] Die Entscheidung über die Berücksichtigung einer internationalen Nutzungshandlung für den Erschöpfungseintritt beinhaltet keine kollisionsrechtlichen Belange.[490] Das Territorialitätsprinzip beseitigt lediglich die kollisionsrechtliche Ungewißheit darüber, auf welchem Gebiet Importware dem nationalen Recht unterliegt. Erst wenn die Anwendbarkeit der nationalen Rechtsordnung auf der Basis des Territorialitätsprinzips feststeht, befindet das nationale Rechtssystem über die Zulässigkeit der Importware kraft seiner Erschöpfungsregeln. Daher kann festgehalten werden, daß das traditionelle kollisionsrechtliche Territorialitätsprinzip für die Wahl eines Erschöpfungsregimes keinen Ausschlag gibt und demzufolge per se mit jeder Form der Erschöpfung, also auch mit der WTO-weiten vereinbar ist.

b) Die Lehre von der Territorialität der Markenfunktion

Losgelöst von dem soeben dargestellten traditionellen Territorialitätsgrundsatz, der auch für Sacheigentum Geltung besitzt, wird der Begriff der Territorialität speziell für geistiges Eigentum in einem weiteren, mit der Funktionenlehre der Immaterialgüter verstrickten Zusammenhang gesehen.[491] Aus den unterschiedlichen Markenfunktionen werden in der Literatur unterschiedliche Reichweiten von Markenrechten abgeleitet.[492] Je nachdem, ob die favorisierte Markenfunktion universalen oder eher territorialen Charakter hat, heben manche Autoren die

487 Fezer, Markenrecht, § 24 Rdnr. 13.

488 Beier, Maja, GRUR Int. 1964, 205, 207; Raßmann, S. 135; Sack, Export, RIW 1995, 177, 185.

489 Beier, Erzeugnisse, GRUR Int. 1996, 1, 5; Reimer, GRUR Int. 1972, 221, 223.

490 Körber, S. 150; Joos, S. 133.

491 Teilweise ist dieser speziell auf das Immaterialgüter zurechtgeschnittene Begriff der Territorialität auch unter dem Stichwort der materiell-rechtlichen Territorialität bekannt, vgl. Joos, S. 133, Fn. 194; Emmerich, DB 1972, 1275, 1277; Körber, S. 150.

492 Kersner/ Stein, 11 North Carolina Journal of International Law and Commercial Regulation (1986), 251, 256.

Internationalität der Markenstruktur hervor und leiten aus ihr ein einmaliges internationales Nutzungsrecht her (internationale Erschöpfung), während andere unter Hinweis auf die Territorialität des Markenrechts ein für jedes Territorium separates Nutzungsrecht anerkennen (nationale oder regionale Erschöpfung). Die Auffassungen von *Beier, Derenberg* und *Ladas* bilden den Grundstock dieser Diskussion und werden im folgenden deshalb näher betrachtet.

Beier anerkennt die spezielle Bedeutung des Territorialitätsprinzips für das Immaterialgüterrecht und erachtet es als maßgebliches Prinzip.[493] In bezug auf das Markenrecht wendet er gleichwohl ein, daß der Marke aufgrund ihrer Funktion und Zweckbestimmung als Herkunftsindikator das Prinzip der Internationalität immanent sei.[494] Dem Kennzeichnungscharakter der Marke werde daher jede Nutzungshandlung gerecht, unabhängig davon, in welchem Gebiet sie erfolge.[495] Die tatsächliche Universalität des Warenverkehrs,[496] die die Internationalität der Marke erst zum Vorschein bringt, sei maßgeblich dafür verantwortlich, daß ein Inverkehrbringen im In- oder Ausland keine unterschiedlichen rechtlichen Konsequenzen haben dürfe.[497] Folglich könne die Markenerschöpfung auch durch eine Nutzungshandlung jenseits der Gebietsgrenzen ausgelöst werden.[498]

Auch *Derenberg* akzeptiert das Territorialitätsprinzip als Eckpfeiler des Markenrechts,[499] mißt ihm jedoch nur eingeschränkte Bedeutung bei. Er stellt die Territorialität der Marke von Fall zu Fall unter die Bedingung eines gebietsspezifischen Goodwills[500] und eines dahingehenden Verbraucherhorizontes. Für ihn besteht die Hauptfunktion der Marke im Schutz des durch sie verkörperten Images. Hat der Goodwill eine separate rechtliche Existenz auf den unterschiedlichen Märkten und stützt der Verbraucherhorizont[501] diese Tatsache, so recht-

---

493 Beier, Erzeugnisse, GRUR Int. 1996, 1, 6; Beier, Territorialität, GRUR Int. 1968, 8, 13; Beier/ v. Mühlendahl, Mitt., 1980, 101.

494 Beier, Erzeugnisse, GRUR Int. 1996, 1, 6.

495 Beier, Erzeugnisse, GRUR Int. 1996, 1, 6.

496 Die Universalität, auf die Beier hier Bezug nimmt, darf nicht mit der früher weit verbreiteten Universalität der Kennzeichnungsrechte verwechselt werden. Zur Universalität der Kennzeichnungsrechte vgl. Kohler, S. 442, 446.

497 Beier, Territorialität, GRUR Int. 1968, 8, 11 f. Er bezeichnet die internationale Erschöpfung auch als eine Synthese aus dem Spannungsverhältnis zwischen Territorialität des Markenrechts und der Internationalität des Warenverkehrs, Beier/ v. Mühlendahl, Mitt. 1980, 101.

498 Beier, Territorialität, GRUR Int. 1968, 8, 12.

499 Derenberg, Goodwill, 47 Virginia Law Review (1961), 733, 734.

500 Derenberg, Goodwill, 47 Virginia Law Review (1961), 733, 734 f.

501 Der von Derenberg verwandte Begriff des "public understanding" ist sinngemäß mit „Verbraucherhorizont" zu übersetzen. Läßt sich der Goodwill auf verschiede-

fertigt dies den territorialen Charakter der Marke und ihre gebietsspezifische Ausbeutung.[502] Im Umkehrschluß verleiht ein international einheitlicher Goodwill einer Marke dem Markenrecht universalen Charakter, was in der Konsequenz den internationalen Erschöpfungsgrundsatz begründet. Nach *Derenberg* ist die anzuwendende Erschöpfungsform somit im Einzelfall von der Qualität einer Marke und dem ihr anhaftenden Goodwill unter Berücksichtigung des Verbraucherhorizontes abhängig. Eine schematische Erschöpfungslösung für alle Markenrechte verbietet sich nach dieser Auffassung angesichts der Individualität jeder Marke.

Ladas schließt sich im wesentlichen der Sichtweise *Derenbergs* an, sieht jedoch die Territorialität des Markenrechts und seine Internationalität aufgrund eines überregionalen Goodwills in einem Regel-Ausnahme-Verhältnis.[503] Unter grundsätzlicher Anerkennung des Territorialitätsprinzips befürwortet er es grundsätzlich, Markenrechten Schutz gegen Parallelimporte zuzubilligen, läßt gleichwohl für internationale Marken Ausnahmen zu.[504] Für einen territorialen Markenschutz und die Anerkennung des regionalen Erschöpfungsgrundsatzes gebe es dann keinen Grund, wenn der Markeninhaber des Importmarktes die Marke auch im Ausfuhrland besitze. Demnach anerkennt auch *Ladas* den Goodwillschutz als Hauptfunktion der Marke und plädiert somit, wie auch *Derenberg*, für einen auf das individuelle Markenrecht zugeschnittenen Schutzumfang, wobei die regionale Erschöpfung die Regel und die internationale die Ausnahme darstellt.

Aus diesen unterschiedlichen Ansätzen ist ersichtlich, daß der Begriff der Territorialität im Markenrecht eine Reihe unterschiedlicher Facetten besitzt. Das streng kollisionsrechtliche Prinzip beiseite gelassen, ist für die markenspezifische Territorialität folgendes festzuhalten:

1. Der Schutzumfang einer Marke hängt unmittelbar mit der ihr immanenten Hauptfunktion ab.
2. Die Herkunfts- oder Qualitätsfunktion unterstützt die internationale Erschöpfung, der Schutz eines gebietsspezifischen Goodwills einer Marke die regionale Erschöpfung.

Unter Zugrundelegung dieser Wertungsaspekte sprechen heutzutage die besseren Argumente für die Anerkennung des internationalen Erschöpfungsgrundsatzes. Außer der Tatsache, daß die generelle Einführung der WTO-weiten Er-

---

nen Märkten aus Verbrauchersicht unterscheiden, so ist das Markenrecht nach Auffassung Derenbergs von territorialer Natur.

502 Derenberg, Goodwill, 47 Virginia Law Review (1961), 733, 737; Hiebert, Parallel Importation, S. 132.

503 Hiebert, Parallel Importation, S. 134, Fn. 43.

504 Hiebert, Parallel Importation, S. 133, Fn. 39.

schöpfung der Rechtssicherheit und -klarheit dient, weil über die Reichweite der Erschöpfung dann nicht einzelfallabhängig zu entscheiden ist, spricht auch die Funktionenlehre der Marke für die Einführung der WTO-weiten Erschöpfung. Sowohl in der EU als auch in den USA ist die Herkunftsfunktion der Marke als Hauptfunktion anerkannt.[505] Daneben wird zwar auch der Goodwill in beiden Rechtssystemen als schutzwürdig erachtet.[506] Während jedoch jede Marke als Herkunftsindikator fungiert, besitzen nur einzelne einen territorialen Goodwill. Ein Großteil der am internationalen Handel beteiligten Unternehmen haben ihren Marken nämlich ein internationales Image verliehen.[507] Das zeigt insbesondere die Tatsache, daß Unternehmen ihre Produkte über Ländergrenzen hinaus mit derselben Marke kennzeichnen.[508] Der Vorteil einer international uniformen Markenreputation besteht darin, hohe Werbe- und Marketingkosten für die Entwicklung eines eigenständigen Markenrenommees zu sparen, dem internationalen Publikum eine Wiedererkennung und damit eine sichere Kaufentscheidung zu ermöglichen und dem Verbraucher die Fortschrittlichkeit des Produktes sowie sein Format im internationalen Wettbewerb mittels einer international verstandenen Kennzeichnung zu suggerieren. Somit spricht in heutiger Zeit selbst der Goodwillschutz nicht mehr dafür, der Marke generell territorialen Charakter zu unterstellen.

---

505 Dam, 57 TMR (1967), 14, 19 ff.

506 Siehe oben S. 46, 64 ff., 70.

507 Lipner, 77 TMR (1987), 77, 97; Briner, S. 249 führt als Beispiel für die internationale Verstrickung der Markenpflege die Ausstrahlung deutschsprachiger Werbung für ein holländisches Produkt über Satelliten-Fernsehen durch einen englischen Sender und die Einblendung einer schweizerische Telefonnummer für Bestellungen der schweizerischen Abnehmer an.

508 Obwohl die unterschiedliche Kennzeichnung der Ware in den einzelnen Märkten das einfachste Mittel gegen Parallelimporte wäre (Gorelick/ Little, 11 North Carolina Journal of International Law and Commercial Regulation (1986), 205, 207; Inman, 31 American Business Law Journal (1993), 59 ff.), halten Unternehmen überwiegend an der uniformen Kennzeichnung fest. Sie bestreiten, daß die uniforme Kennzeichnung ein Indiz für die Internationalität des Goodwills ihrer Marke ist. Die einheitliche Kennzeichnung erfolge lediglich aus Kostengründen. In Wahrheit besitzen die meisten international eingesetzten Marken jedoch einen marktübergreifenden Goodwill. Das Kostenargument vermag nicht zu überzeugen, ist es doch das Züchten eines separaten Goodwills, nicht das Umbenennen der Produkte, was Kosten produziert. Wenn ein eigenständiger Goodwill bereits vorhanden ist, existieren ohnehin individuelle Marketingpläne und -strategien, die auf die individuellen Ansprüche des einzelnen Marktes und seiner Verbraucher abgestimmt sind, so daß die Ummarkierung keine nennenswerten zusätzlichen Kosten verursachen dürfte.

c) Zwischenergebnis

Die Prüfungen haben gezeigt, daß das Markenrecht prinzipiell keine territoriale Struktur aufweist, welche die Anerkennung der regionalen Markenerschöpfung nahelegt. Weder das kollisionsrechtliche Territorialitätsprinzip noch die aus dem Wesensgehalt der Marke abgeleiteten Formen der Territorialität schreiben die regionale Erschöpfung vor. Indessen hat sich herausgestellt, daß aus der zunehmenden Internationalisierung der Marke, ihres Goodwills und der industriellen Inhaber Argumente für die Vereinbarkeit des WTO-weiten Erschöpfungskonzeptes mit den herrschenden Prinzipien gewonnen werden können.

C. Die wirtschaftliche Beurteilung des Konzeptes

Die nachfolgende Untersuchung dient der Überprüfung des vorgeschlagenen Konzeptes auf seinen wirtschaftlichen Nutzen hin. Die Entscheidung über die Reichweite der Erschöpfung hat konkrete ökonomische Konsequenzen für die an Parallelimporten beteiligten Parteien, namentlich für Markeninhaber, autorisierte Vertriebshändler, Parallelimporteure sowie die Verbraucherallgemeinheit. Die folgenden Abschnitte untersuchen, welche Wirkung der Wechsel zur WTO-weiten Erschöpfung für die EU und die USA im Hinblick auf das Preisverhalten, den Goodwill bzw. Markenwert, das Außenhandelsvolumen, die Marktstrukturen, die Produkterhältlichkeit, die Arbeitsmarktsituation sowie die Konzentration nachgeahmter Waren hätte.

1. Das Preisverhalten

Es ist zu erwarten, daß die Einführung der WTO-weiten Erschöpfung in der EU und den USA zu einer Senkung der Preise führen würde.[509] Bisher können Markeninhaber der EU und der USA ihre Ausschließlichkeitsrechte aus der Marke territorial ausbeuten. Die regionale Erschöpfung räumt Rechtsinhabern die Möglichkeit der preispolitischen Segmentierung der Märkte ein, weil sie für jeden Markt, auf dem ein Schutzrecht besteht, ein separates Nutzungsrecht anerkennt.[510] Um marktspezifische Maximalerträge zu erzielen, können Markenin-

509 Knoll, 18 Law and Policy in International Business (1986), 145, 174; NERA-Studie, S. 123.

510 Dam, 57 TMR (1967), 14, 17 f.; Amador, IP Worldwide 1997; Verma, 29 IIC (1998), 534, 539, 552.

haber die Preise für den jeweiligen Absatzmarkt derart gestalten, daß sie ihre Produkte unter dem jeweils profitgünstigsten Verkaufspreis absetzen (Preisdiskriminierung).[511] Preisdiskriminierung soll der Effizienzsteigerung von Vertriebsstrategien und der Gewinnerhöhung dienen.[512]

a) Die Preisstruktur parallelimportierter Waren

Die Zulassung von Parallelhandel führt tendenziell zu einer marktübergreifenden Egalisierung der Preise.[513] Diese Wirkung erzielen Parallelimporte, weil günstigere Einkaufspreise ausländischer Märkte ausgenutzt werden, um die Produkte in Hochpreisgebieten mit Profit wieder zu verkaufen. Gleichwohl können Parallelhändler die dort üblichen Preise der offiziellen Händler in der Regel unterbieten und senken somit das Preisniveau des Importmarktes.[514] Der Preisvorteil von Parallelimporten setzt mithin Preisunterschiede zwischen dem Import- und Exportmarkt voraus.[515] Ein Ausgleich dieser Unterschiede durch Parallelhandel kommt jedoch nicht in Betracht, als sie das Resultat substantieller Markt- oder Importbedingungen, wie Immobilienpreise, Zölle, Technologiestandards, Währungskurse, die Verbraucherbesteuerung oder Transportkosten sind.[516] Diese Faktoren verursachen nämlich bei allen Händlern und somit auch bei Parallelimporteuren Kosten. Die Einflußnahme dieser Faktoren auf das Preisniveau ist daher unvermeidbar, so daß sich die Preise der autorisiert vertriebenen und der parallelimportierten Waren hinsichtlich der von diesen Ursachen hervorgerufenen Preisspanne nicht unterscheiden.

---

511 Hilke, 12 World Competition (1988), 75, 76; Knoll, 18 Law and Policy in International Business, (1986), 145, 171 ff.; Staaf, Discrimination, 4 Intellectual Property Journal (1989), 301, 307 f.; Donnelly, 13 Santa Clara Computer and High Technology Law Journal (1997), 445, 501 f.; Weigand, 26 Columbia Journal of World Business (1991), 53, 59; Nagle/ Holden, S. 210; Stern/ El-Ansary/ Coughlan, S. 354; Kotler, S. 487 ff.; Verma, 29 IIC (1998), 534, 559; kritisch: Malueg/ Schwartz, S. 6.

512 Quick, 33 Les Nouvelles (1998), 148 ; zur Ramsey Theorem vgl. Arnold, S. 54.

513 Donnelly, 13 Santa Clara Computer and High Technology Law Journal (1997), 445, 503; Verma, 29 IIC (1998), 534, 560.

514 Berichten von Parallelimporteuren zufolge beziehen sie die Ware im Ausland bis zu 60% unterhalb des offiziellen Verkaufpreises im Inland, was sie dazu befähigt, ihre Produkte um bis zu 40% günstiger anzubieten, Ragab/ Gostlow, S. 10 f.; kritisch: Gilbert/ Ludwig/ Fortine, 18 Law and Policy in International Business (1986), 103, 113.

515 Hilke, 12 World Competition (1988), 75, 76.

516 NERA-Studie, S. 33 f.; Kotler, S. 487 ff.; Stern/ El-Ansary/ Coughlan, S. 354; Staaf, Discrimination, 4 Intellectual Property Journal (1989), 301, 313; Knoll, 18 Law and Policy in International Business (1986), 145, 171.

Hingegen können Parallelimporte gegenüber dem autorisierten Vertrieb Preisvorteile erzielen, soweit sie sich Preisunterschiede zunutze machen, die auf Wechselkursen oder willkürlichen Dispositionen des Markeninhabers, also Preisdiskriminierung beruhen. Während der autorisierte Händler an seine offizielle Bezugsquelle aufgrund entsprechender Vertriebsvereinbarungen gebunden ist, können Parallelhändler ihre Lieferanten frei wählen.[517]

Im übrigen können Parallelhändler ihre Ware aber auch deshalb günstiger als autorisierte Händler anbieten, weil sie häufig effizienter disponieren.[518] Grund dafür ist u.a., daß sie dem Markeninhaber gegenüber nicht zur Erbringung von Serviceleistungen oder zur Abnahme kompletter Produktpaletten verpflichtet sind, sondern die Verbraucher hinsichtlich Garantien und Serviceleistungen auf den autorisierten Vertrieb verweisen und nur die verkaufsstarken Artikel anbieten können.[519] Außerdem besitzen Parallelhändler die Freiheit, auf alternative Verkaufsmedien, wie Telefon- oder Internetbestellung, bzw. Warenversandt zurückzugreifen.[520] Schließlich kassieren sie nicht wie viele Angestellte des autorisierten Handels Verkaufsprovisionen und erzielen auch im Hinblick auf Schaufenstermieten, Verkaufsraumeinrichtung und -dekoration sowie Ladenstandorte Einsparungen.[521] Der Absatz von Parallelimporten erzeugt daher eine Senkung des Preisniveaus auf dem Importmarkt.

b) Auswirkungen des Parallelhandels auf die Preispolitik des autorisierten Vertriebes

In den Hochpreisgebieten stellt sich durch die Legalisierung des Parallelhandels langfristig auch beim autorisierten Handel eine Reduzierung der Verkaufspreise ein, weil Parallelimporte den autorisierten Vertrieb zu einer uniformen Preisgestaltung zwischen den unterschiedlichen Absatzmärkten zwingen. Die autorisierte Industrie muß auf die Zunahme an intrabrand Wettbewerb mit einer Senkung der Preise in den von Parallelimporten betroffenen Hochpreisgebieten reagieren, um dem Preiswettbewerb mit Parallelimporten standzuhalten.[522] Letztlich

---

517 In der Regel verletzen diejenigen Händler, von welchen Parallelimporteure ihre Ware beziehen, ihrerseits Vertriebsvereinbarungen mit Markeninhabern, weil sie meist dazu verpflichtet sind, nur an Privatkunden und nicht an andere Händler zu verkaufen. Vgl. Meyer, 90 SJZ (1994), 94.

518 Staaf, Discrimination, 4 Intellectual Property Journal (1989), 301, 302; Fogel, 10 Fordham International Law Journal (1986), 308, 321.

519 Fogel, 10 Fordham International Law Journal (1986), 308, 322.

520 Fogel, 10 Fordham International Law Journal (1986), 308, 321.

521 Fogel, 10 Fordham International Law Journal (1986), 308, 321.

522 Arnold, S. 55; NERA-Studie, S. 41.

resultiert die Zulassung von Parallelhandel daher in einer marktübergreifenden Nivellierung des Preisniveaus und einer Zurückdrängung der diskriminierenden Preispolitik.[523]

Ob diese Entwicklung wünschenswert ist, ist fraglich. Teilweise wird die Auffassung vertreten, daß eine segmentierende und diskriminierende Preispolitik nicht nur für Markeninhaber, sondern auch für Verbraucher von Vorteil sei. Als Grund dafür wird genannt, daß die Profitabilität einer nichtuniformen Preisgestaltung in Form des bestmöglichen Preises an Verbraucher weitergegeben werden könne,[524] während Unternehmen, die gezwungen seien, ihre Preise uniform zu gestalten, weniger effizient und rentabel kalkulieren und folglich langfristig einen relativen Preisanstieg nicht verhindern könnten. Folglich sei die diskriminierende im Vergleich zur uniformen Preispolitik jedenfalls langfristig wohlfahrtssteigernd.[525] Allerdings ignoriert diese Ansicht die Nachteile, die eine diskriminierende Preispolitik für Verbraucher der Hochpreisgebiete hat.[526] Es muß davon ausgegangen werden, daß das Preisniveau mittels Preisdiskriminierung, die durch die markenrechtlichen Abschottung der Märkte ermöglicht wird, künstlich hochgehalten wird und teilweise weit über der Rentabilitätsmarke

---

523 Manche Autoren haben die Befürchtung geäußert, daß Markeninhaber versuchen könnten, Parallelimporte durch die Anhebung der Preise in den Niedrigpreisgebieten beizukommen (Donnelly, 13 Santa Clara Computer and High Technology Law Journal (1997), 445, 503; NERA-Studie, S. 41; Arnold, S. 54). In diesen Fällen verhielten sich die Preise in den Hochpreisgebieten freilich konstant. Eine uniforme Preisgestaltung auf dem Niveau der Hochpreisländer würde vorwiegend Entwicklungsländern schaden, die aufgrund ihrer schwachen Kaufkraft nicht in der Lage sind, solche Preise zu entrichten. Aufgrund dessen ist davon auszugehen, daß diese Alternative langfristig zum Verlust der Niedrigpreismärkte führen würde. Die Entwicklungsländer von einer Marktbeteiligung auszuschließen, würde jedoch der Weltwirtschaft im Ganzen schaden. Wie auch das WTO-Übereinkommen in Erw. 2 seiner Präambel klarstellt, herrscht allgemein das Bestreben, die globale Wohlfahrt durch die wirtschaftliche Einbindung der Entwicklungsländer zu steigern, so daß die uniforme Preisgestaltung i.S.e. Anhebung der Preise in den ärmeren Ländern dieser Intention abträglich wäre.
Eine derartige Entwicklung könnte allenfalls vereinzelt auftreten, stellt aber kein erfolgsversprechendes Mittel gegen Parallelimporte dar. Preisunterschiede bestehen sogar zwischen den großen, wichtigen Märkten der Hochpreisgebiete, wie etwa zwischen der EU und den USA. Da internationale Unternehmen sich Umsatzeinbußen oder gar eine Verdrängung von solchen Märkten nicht leisten können, ist die Wahrscheinlichkeit groß, daß sie die hohen Preise senken, anstatt die niedrigen anzuheben.

524 NERA-Studie, Executive Summary, S. 6.

525 Donnelly, 13 Santa Clara Computer and High Technology Law Journal (1997), 445, 504.

526 Arnold, S. 54.

liegt.[527] In vielen Industriestaaten haben Markeninhaber dazu die öffentliche Auffassung geprägt, daß hohe Preise ein Indiz für gute Qualität seien,[528] was dazu führt, daß dem Konsumenten die Überteuerung der Markenartikel oftmals verborgen bleibt. Darüber hinaus schadet die diskriminierende Preispolitik auch der einheimischen Industrie und Wirtschaft, da es sich bei den Markeninhabern häufig um ausländische Unternehmen handelt, welche die erzielten Gewinne ins Ausland transferieren, was im Endeffekt einen Devisenabfluß zur Folge hat.[529] Darüber hinaus könnten sich Konsumenten veranlaßt sehen, in anderen Ländern einzukaufen, um an billigere Produkte zu gelangen (sog. Einkaufstourismus), wodurch Kapital ebenfalls ins Ausland abfließt.[530] Im übrigen bringt die diskriminierende Preispolitik Standortnachteile für Hochpreisgebiete, weil sich das Preisniveau anderer Volkswirtschaften vergleichsweise niedrig darstellt und somit Käufer und Investoren abzieht. Preisdiskriminierung bringt Markeninhabern Profite auf Kosten von Verbrauchern, der Industrie und der Volkswirtschaft.[531] Da Parallelimporte die Preisdiskriminierung zurückdrängen und das Preisniveau drücken, ist auch aus dieser Perspektive die Einführung der WTO-weiten Erschöpfung wünschenswert.

c) Das zu erwartende Aufkommen an Parallelhandel am Beispiel des EWR

Sowohl die EU als auch die USA stellen Hochpreisgebiete dar, die für Parallelimporte profitversprechend sind und somit als Zielmärkte in Frage kommen.[532] Daher ist zu erwarten, daß Parallelimporte in beiden Regionen verstärkt aufträten und dementsprechend ihre preissenkende Wirkung entfalten würden. Ein Blick auf den EWR relativiert die Prognose gleichwohl, weil sich dort gezeigt hat, daß Parallelimporte nur in sehr begrenztem Umfang auftreten. Innerhalb des EWR, wo Parallelimporte zulässig sind, kann beobachtet werden, daß Parallelhandel

527 Fogel, 10 Fordham International Law Journal (1986), 308, 335.
528 Fogel, 10 Fordham International Law Journal (1986), 308, 335.
529 Hilke, 12 World Competition (1988), 75, 78, Fn. 16.
530 Zäch, 91 SJZ (1995), 301, 304.
531 Hilke, 12 World Competition (1988), 75, 79.
532 Parallelhandel wirkt sich in der Regel nur in Hochpreisgebieten preissenkend aus, weil die Waren in Niedrigpreisgebieten erworben und anschließend in den Industriestaaten mit hohem Preisniveau abgesetzt werden. Der Warenfluß im Parallelhandel läuft daher entgegen dem Preisgefälle. Auf diese Weise verspricht Parallelhandel die größten Profite. Ein Land, in dem ohnehin niedrige Preise bestehen, kommt mithin nur als Export-, nicht aber als Importmarkt für parallelgehandelte Ware in Betracht.

die teilweise sogar hohen Preisunterschiede nur zu einem Teil ausgleicht.[533] Aus der Situation im EWR könnte man für den internationalen Handel schlußfolgern, daß die prognostizierte Preissenkung im Falle der Einführung einer WTO-weiten Erschöpfung nicht wie erwartet einträte.[534] Daß im EWR trotz der Zulassung von Parallelhandel deutliche Preisunterschiede bestehen bleiben, hat seine Ursache zum Teil in Transportkosten,[535] in den Unterschieden des Immobilienpreisniveaus, in der Größe der nationalen Märkte und in Sicherheits- und Technologiestandards.[536] Da diese Faktoren auch für Parallelhändler Fixkosten darstellen, bilden diese Preisunterschiede keinen Anreiz für Parallelimporte.

Zu einem anderen Teil verhindern aber auch restriktive Vertriebsabsprachen zwischen Markeninhabern und Vertriebshändlern, daß Parallelimporteure sich willkürliche oder wechselkursbedingte Preisdifferenzen zunutze machen.[537] Sol-

533 Insbesondere in den Bereichen der Automobilindustrie, der Verbraucherelektronik, der alkoholischen Getränke sowie auf dem Schuh- und Lederwarensektor konnten zwischen einzelnen europäischen Staaten große Preisunterschiede festgestellt werden. Dementsprechend lassen diese Marktsegmente hohe Gewinnmargen für Parallelimporteure erhoffen. Wider Erwarten trat Parallelhandel jedoch nur in geringem Umfang auf. Zum Umfang von Parallelimporten in den einzelnen Branchen ausführlich Schwedisches Außenministerium, britische Behörde für Handel und Industrie, S. 17 ff.; NERA-Studie, Appendix C; eine tabellarische Übersicht über das Ergebnis der Untersuchung bietet NERA-Studie, Executive Summary, S. 12; siehe auch Arnold, S. 56, die den Grund für den geringen Preisausgleich jedoch darin erblickt, daß 95% des Preisunterschiedes als Profit bei den Parallelimporteuren verbleiben und die Ware für Verbraucher nur um wenige Prozentpunkte günstiger werden.

534 NERA-Studie, Executive Summary, S. 11; “Hardly the Full Monti”, The Economist vom 28.02.-05.03.1999, <http://www.wright.edu/~tdung/parallel-imports.htm>.

535 „Levi's 501 ist in Hamburg 40 Prozent teurer als in New York“, FAZ vom 14.05.2001, S. 26; “Hardly the Full Monti“, The Economist vom 28.02.-05.03.1999, <http://www.wright.edu/~tdung/ parallel-imports.htm>.

536 Schwedisches Außenministerium, britische Behörde für Handel und Industrie, S. 15 f.; “Levi's 501 ist in Hamburg 40 Prozent teurer als in New York“, FAZ vom 14.05.2001, S. 26; NERA-Studie, Executive Summary, S. 7.

537 Solche sog. vertikalen Restriktionen sind zwar weder in der EU noch den USA generell unzulässig (für die EU: Arnold, S. 55; für die USA: Hahm, 81 TMR (1991), 58, 87 ff.; Knoll, 18 Law and Policy in International Business (1986), 145, 155). Sofern sie jedoch darauf abzielen, Preise künstlich in die Höhe zu treiben, sind sie unter kartellrechtlichen Gesichtspunkten problematisch. Bspw. ist aus der Automobilbranche bekannt geworden, daß italienische und dänische Händler seitens des Volkswagen-Konzerns instruiert worden waren, nicht an ausländische Kunden zu verkaufen, um das immense Preisgefälle von bis zu 30% innerhalb des Binnenmarktes für neue VW-Modelle nicht aufzuweichen. VW ist in der Folgezeit vom EuGH zur Zahlung hoher Geldstrafen in dreistelliger Millionenhöhe (Euro) verur-

che Vertriebsbindungen enthalten meist das Verbot, die Produkte an Wiederverkäufer zu veräußern, womit es Parallelimporteuren erschwert werden soll, an Importware zu gelangen.[538] Dementsprechend könnte man befürchten, daß auch im internationalen Warenverkehr private Maßnahmen als strategische Mittel gegen Parallelimporte eingesetzt werden. Solchen wettbewerbsbeschränkenden Vertriebsabsprachen dürften allerdings durch wettbewerbs- und kartellrechtliche Vorgaben Grenzen gesetzt sein, sobald Parallelimporte markenrechtlich legalisiert sind. In Europa ist es nach Art. 81 EG unzulässig, Vertriebsvereinbarungen mit dem Ziel zu treffen, den Wettbewerb innerhalb des Gemeinsamen Marktes zu beschränken. Auch das antitrust law der USA stellt strenge Anforderungen an die Zulässigkeit von Vertriebsvereinbarungen (vertical price oder non-price restraints), welche Parallelhandel innerhalb der USA zu unterbinden versuchen, weil Parallelhandel unter kartellrechtlichen Gesichtspunkten grundsätzlich als wettbewerbsfördernd und somit wettbewerbsrechtlich wünschenswert beurteilt wird.[539] Kartellrechtlich können unter besonderen Voraussetzungen auch extraterritoriale Maßnahmen geahndet werden.[540] Im Falle der Einführung der WTO-weiten Erschöpfung müßte unter den Wettbewerbsbegriff auch der durch Parallelimporte hervorgerufene intrabrand Wettbewerb subsumiert werden, so daß auch Parallelhandel wettbewerbsrechtlich Schutz genießt. Vertriebsvereinbarungen, die Parallelimporte zu unterbinden versuchen, wären dann nichtig. Mittels

---

teilt worden. Zum Rechtsstreit VW/ Kommission ausführlicher siehe Tagesspiegel vom 06.07.2000, <http://195.170.124.152/archiv/2000/07/05/ak-wi-un-9883.html>.

538 „Levi's 501 ist in Hamburg 40 Prozent teurer als in New York", FAZ vom 14.05.2001, S. 26; NERA-Studie, S. 59; "Hardly the Full Monti", The Economist vom 28.02.-05.03.1999, <http://www.wright.edu/~tdung/parallel-imports.htm>.

539 Zur Zulässigkeit von Vertriebsvereinbarungen, die dem Zwecke der Unterbindung von Parallelimporten innerhalb der USA dienen, vgl. Parkway Baking Co. v. Freihofer Baking Co. 154 F. Supp. 823, 825-26 (E.D. Pa. 1957), affirmed 25 F.2d 641, 648-49 (3rd Circuit 1958); Continental TV Inc. v. GTE Sylvania Inc., 433 US 36 (1977); Kelly, 11 North Carolina Journal of International Law and Commercial Regulation (1986), 231, 244 ff.; Knoll, 18 Law and Policy in International Business (1986), 145, 155 f., Fn. 41; Gorelick/ Little, 11 North Carolina Journal of International Law and Commercial Regulation (1986), 205, 228 f.; Nolan-Haley, 5 New York Law School of International and Comparative Law, 231, 236 f.

540 Damit im Ausland vorgenommene Handlungen nach US-Recht belangt werden können, müssen

1. Auswirkungen auf den Wirtschaftsverkehr der Vereinigten Staaten gegeben sein,
2. die Auswirkungen hinreichend groß sein, um eine Rechtsverletzung nach US-Bundesrecht darzustellen und
3. besondere Interessenslagen des Außenhandelsverkehrs vorliegen, die eine Berücksichtigung des extraterritorialen Sachverhaltes rechtfertigen.

Dazu siehe Aktuelle Informationen, GRUR Int. 1991, 504 f.

entsprechender wettbewerbs- und kartellrechtlicher Maßnahmen kann die ungehinderte Durchführung von Parallelhandel daher gewährleistet werden. Somit sollte es möglich sein, sicherzustellen, daß das Auftreten von Parallelimporten durch entsprechende Vertriebsstrategien der Markeninhaber nicht verhindert wird.

Als weitere Ursache für das geringe Auftreten von Parallelhandel im EWR ist weiterhin die unklare Rechtslage zu nennen. Wie sich an anderer Stelle gezeigt hat, ist die erschöpfungsrechtliche Situation im EWR von Rechtsprechungsdivergenzen der obersten Gerichte gekennzeichnet und stellt sich auch in bezug auf die binnenrechtliche Situation sehr unübersichtlich dar.[541] Es ist deswegen davon auszugehen, daß sich Parallelhändler im EWR dem Risiko eines Rechtsstreits nicht aussetzen möchten, weil sie die Rechtslage nicht übersehen und deswegen ihr Verlustrisiko nicht einschätzen können. Es ist zu erwarten, daß Parallelimporte im Falle der Einführung der WTO-weiten Erschöpfung gehäuft aufträten und somit ihre preissenkende Wirkung entfalten könnten, da die WTO-weite Legalisierung von Parallelimporten eine überschaubare Rechtslage schafft und rechtliche Unsicherheiten ausräumt. Festgehalten werden kann daher, daß die Zulassung von Parallelhandel in der WTO für Hochpreisländer eine preissenkende Tendenz haben würde, soweit die Preisunterschiede auf einer diskriminierenden Preispolitik oder Wechselkursschwankungen beruhen.

2. Die Einflußnahme auf den Goodwill und Markenwert

Es stellt sich weiterhin die Frage, ob die Zulassung von Parallelhandel möglicherweise den Goodwill oder Wert einer Marke beeinflussen kann. Markeninhaber monieren, der Goodwill ihrer Marke komme dadurch zu Schaden, daß parallelimportierte von schlechterer Qualität als die autorisiert vertriebenen Produkte seien[542] und daß der Preisvorteil parallelgehandelter Ware durch einen „free ride“ der Investitionen der autorisierten Industrie erzielt würde.[543] Grund dafür sei, daß Parallelimporteure kaum in die Imagepflege der Marke investier-

541 Siehe oben S. 134 f.

542 Gilbert/ Ludwig/ Fortine, 18 Law and Policy in International Business (1986), 103, 113; Fogel, 10 Fordham International Law Journal (1986), 308, 318 f.; Knoll, 18 Law and Policy in International Business (1986), 145, 168.

543 Hilke, 12 World Competition (1988), 75, 76; “Hardly the Full Monti”, The Economist vom 28.02. – 05.03.1999, <http://www.wright.edu/~tdung/parallel-imports.htm>; Upadhye, 20 Seton Hall Legislative Journal (1996), 59, 64; NERA-Studie, S. 40, 42, 53; Fogel, 10 Fordham International Law Journal (1986), 308, 318; Knoll, 18 Law and Policy in International Business (1986), 145, 160 ff.; Arnold, S. 56.

ten und ihre Kunden hinsichtlich Beratung, Service, Reparatur oder Reklamationen an die autorisierten Vertriebshändler verwiesen.[544] Da sie diese Dienstleistungen an fremden Waren jedoch nur ungern ausführen, belaste Parallelhandel außerdem das Verhältnis zwischen Markeninhaber und Händlern.[545] Dadurch würde die Integrität des Vertriebsnetzes erschüttert, was dem Wert des Goodwills abträglich sei. Die Beschädigung des Goodwills wiederum führe zu Umsatzrückgängen und könne im schlimmsten Fall in der Verdrängung des Unternehmens vom Markt resultieren.[546]

a) Die Qualität parallelimportierter Produkte

Bei parallelimportierten Produkten handelt es sich um unveränderte Originalware. Sofern die Ware überhaupt Unterschiede zur Inlandsqualität ausweist, muß dies auf Produktionsunterschiede des Markeninhabers zurückzuführen sein. Insoweit dürfte die Warenbeschaffenheit möglicherweise anders, nicht aber grundsätzlich schlechter sein. Da Markeninhaber es außerhalb der vorgegebenen nationalen Technologie- und Sicherheitsstandards selber in der Hand haben, solche Unterschiede zu beseitigen, sind sie diesbezüglich nicht schutzwürdig.

Im übrigen hängt der Erfolg des Parallelhandels von der Wiedererkennung der Marke auf dem Importmarkt ab, so daß dafür meist nur exklusive Markenwaren mit hohem Renommee in Betracht kommen.[547] Bzgl. solcher Produkte kann unterstellt werden, daß es sich marktübergreifend um qualitativ hochwertige Artikel handelt, die folglich nicht geeignet sind, die Käufererwartung zu enttäuschen oder dem Goodwill der Marke zu schaden.

Es bestehen allerdings Zweifel, ob die Qualität parallelimportierter Produkte durch die unsachgemäße Behandlung der Parallelhändler gefährdet ist. Da sie nicht in das Vertriebsnetz der Markeninhaber eingebunden und deshalb im Hinblick auf den Umgang mit der Ware keinen spezifischen Bestimmungen unterliegen, könnten die Produkte hinsichtlich der Art und Weise oder Länge des Transports oder der Lagerung Qualitätseinbußen erleiden.[548] Eine unsachgemäße Behandlung der parallelimportierten Ware, die sich auf ihre Qualitätsbeschaffenheit auswirkt, stellt eine Produktveränderung dar, die eine Ausnahme zum WTO-weiten Erschöpfungsgrundsatz rechtfertigt. Wie beispielsweise auch im

544 Gilbert/ Ludwig/ Fortine, 18 Law and Policy in International Business (1986), 103, 112.

545 Lansing/ Gabriella, 31 American Business Law Journal (1993), 313 ff.

546 NERA-Studie, S. 40.

547 Gilbert/ Ludwig/ Fortine, 18 Law and Policy in International Business (1986), 103, 109; Hilke, 12 World Competition (1988), 75, 84.

548 Knoll, 18 Law and Policy in International Business (1986), 145, 168.

deutschen Markenrecht sollten Produktveränderungen ab einem bestimmten Grad des Eingriffs einen Ausnahmetatbestand zum Erschöpfungsgrundsatz bilden.[549] Vor dem Hintergrund einer schutzrechtsorientierten Beurteilung dieser Fälle, dürfte auch insoweit von Parallelimporten keine Gefahr für den Goodwill oder Markenwert ausgehen.

b) Die Trittbrettfahrer-Problematik

In der Regel ist zu beobachten, daß beim Verkauf von Parallelimporten nicht dieselben Begleitdienstleistungen angeboten werden, die einem Kunden seitens der autorisierten Händler zur Verfügung stehen.[550] Parallelimporteure sind im übrigen freilich nicht in dem Maße der Imagepflege der entsprechenden Marke verpflichtet wie es die offiziellen Vertriebshändler aufgrund der Vereinbarungen mit dem Markeninhaber sind. Daraus jedoch kurzerhand den Schluß zu ziehen, Parallelimporteure schöpften die Investitionen der autorisierten Händler ab und profitierten folglich wettbewerbswidrig auf deren Kosten, ist unzutreffend.[551]

Erstens sind Parallelimporteure zwar nicht dem Ruf der Marke als solcher, jedoch sehr wohl ihrem Ruf als Einzelhändler und den allgemeinen Gesetzen der Marktwirtschaft verpflichtet. Insbesondere im Volumengeschäft wie dem Parallelhandel ist die Erhaltung des Markengoodwills von entscheidender Bedeutung, weil sich der Umsatz nach der öffentlichen Bewertung der Marke richtet.[552] Parallelimporteure müssen darüber hinaus ebenso wie andere Einzelhändler darauf bedacht sein, ihre Kunden zufrieden zu stellen.[553] Deshalb bieten sie ihrer Kundschaft häufig eigene Serviceleistungen oder selbständige Garantien an, um sie dauerhaft an sich zu binden.[554] Jedoch setzt die Wirtschaftlichkeit der Parallelhändler voraus, daß sie die Werbe- und Marketingmaßnahmen auf einem Niveau halten, das sich mit ihren Tiefpreisen vereinbaren läßt. Aus diesem Grund ist es Parallelimporteuren nicht möglich, Werbung über Massenmedien zu senden, wie

549 Staat vieler: Wiedemann, S. 124 ff.; Fezer, Markenrecht, § 24 Rdnr. 36 ff.; Albert/ Heath, Exhausted, 28 IIC 1997, 24 ff.; Albert/ Heath, Gefärbte Jeans, GRUR 1996, 275 ff.

550 Lansing/ Gabriella, 31 American Business Law Journal (1993), 313 ff.; NERA-Studie, Executive Summary, S. 7; Gilbert/ Ludwig/ Fortine, 18 Law and Policy in International Business (1986), 103, 111 f.

551 So i.E. auch Joller, Erschöpfungsgrundsatz, GRUR Int. 1998, 751, 752 f.; Cornish, 20 EIPR (1998), 172, 173; Fogel, 10 Fordham International Law Journal (1986), 308, 318.

552 Fogel, 10 Fordham International Law Journal (1986), 308, 322.

553 Fogel, 10 Fordham International Law Journal (1986), 308, 320, 322.

554 Hilke, 12 World Competition (1988), 75, 86; NERA-Studie, Executive Summary, S. 8; Fogel, 10 Fordham International Law Journal (1986), 308, 320, 322.

dies seitens des autorisierten Vertriebes üblich ist. Diese Einsparungen schaden dem Goodwill der Marke jedoch nicht. Verbraucher erwerben Parallelimporte aus Preisgründen.[555] Sie entscheiden sich bewußt für den Preisvorteil und nehmen dafür gewisse Einsparungen in Kauf. Folglich sind sie darauf vorbereitet, ein abgelegeneres Geschäftslokal aufzusuchen, schlechter bedient zu werden oder sich im Reparaturfall an den autorisierten Vertrieb wenden zu müssen. In diesem System kann der Kunde wählen, ob er die Annehmlichkeiten des offiziellen Vertriebes über den Preisvorteil der Parallelimporte stellt.[556] Entscheidet er sich freiwillig für die günstigere Alternative, so zeigt das, daß seine Ersparnisse die hinzunehmenden Abstriche im Servicebereich überwiegen. Deshalb wird aus Sicht der von Parallelimporten angesprochenen Verbrauchergruppe das Markenimage nicht belastet.[557]

---

555 Jedoch ist lediglich ein Teil der Käufer dazu bereit, Markenware von Parallelhändlern zu beziehen, weil einige Verbraucher nicht nur auf das Produkt an sich, sondern darüber hinaus auch auf Nebenaspekte wie geschulte Beratung, persönliche Behandlung oder Kaufatmosphäre Wert legen und die Ware aufgrund dessen trotz der teureren Preise weiterhin vom autorisierten Händler beziehen.

556 Einzige Voraussetzung dafür, daß der Verbraucher eine echte und freiwillige Kaufentscheidung für parallelimportierte Produkte treffen kann, ist seine Aufklärung über die Parallelimportnatur der Waren. Sollte der Kauf nämlich Resultat einer Verwechslung der autorisiert mit den nicht autorisiert vertriebenen Produkten sein, so käme es möglicherweise tatsächlich zu enttäuschten Kauferwartungen. Die Verbraucheraufklärung würde am besten durch die Einführung einer Kennzeichnungspflicht parallelimportierter Ware gewährleistet, vgl. unten S. 120.

557 Markeninhaber haben sich in jüngster Zeit immer häufiger der aus den USA und England stammenden Vertriebsform der Factory Outlets geöffnet. Ebenso wie im Parallelimportbereich müssen Kunden auch beim Fabrikverkauf auf den gewohnten Service oder die Innenstadtlage des Geschäftslokals verzichten. Gleichwohl hat diese Absatzalternative einen enormen Zuspruch. In Deutschland gibt es derzeit etwa 1.500 Outlets, die jährlich rund 5 Millionen Kunden anziehen und einen Umsatz von etwa 0,8 Milliarden Euro machen. Das Image der Marke Hugo Boss bspw. hat durch seinen weithin bekannten Fabrikverkauf in Metzingen keinen Schaden genommen, obwohl dabei jährliche Umsätze in Höhe von über 35 Millionen Euro erzielt werden. In Zweibrücken ist erst im März 2001 ein ganzes Einkaufszentrum für Fabrikverkäufe von etwa 45 verschiedenen Designern entstanden. Im DOZ (Designer Outlet Zweibrücken) werden sogar Exklusivmarken wie Versace, Bogner, Burberry oder Trussardi unter beträchtlichem Preisnachlaß angeboten. Insbesondere die Inhaber exklusiver Handelsmarken würden den zusätzlichen Absatz nicht gegen einen Imageverlust eintauschen, wenn es sich dabei um schwere Beeinträchtigungen handeln würde. Die Entwicklung des Fabrikverkaufs zeigt, daß die günstige Abgabe der Markenware nicht nur aus der Perspektive preisbewußter Verbraucher, sondern vor allem auch aus Sicht der Markeninhaber wünschenswert ist und die Absatzsteigerung und nicht die Imagepflege im Vordergrund steht.

Zweitens haben die Parallelhändler die Investitionen des autorisierten Vertriebes bereits mit Zahlung des Kaufpreises im Ausland abgegolten.[558] Sie sind keine Trittbrettfahrer, da der entrichtete Kaufpreis auch die Kosten für Reparaturansprüche und Garantien des autorisierten Vertriebes abdecken, die sie nun lediglich an ihre Kunden weiterreichen.[559] Das Argument, die Investitionen der autorisierten Industrie seien deshalb nicht voll abgegolten, weil der Zugang zum Importmarkt, wo der Parallelhändler den Kaufpreis entrichtet, für den Markeninhaber finanziell aufwendiger sei als die Beteiligung am Exportmarkt, greift für internationale Unternehmen zu kurz, da sie in der Lage sind, ihre Kosten umzuverteilen.[560] Internationale Unternehmen können sich folglich auf das free-rider Argument nicht berufen.

Drittens spricht der statistisch nachweisbare Gleichlauf zwischen dem Wechselkurs des Dollars und der Zu- bzw. Abnahme an Parallelimporten der letzten Jahrzehnte dagegen, daß die Profitabilität von Parallelimporten mit einer Investitionsabschöpfung der offiziellen Händler begründet werden kann.[561]

c) Die Erschütterung der Integrität des Vertriebsnetzes

Markeninhaber werden durch die Zulassung von Parallelimporten mit dem Problem konfrontiert, daß sie Vertriebshändlern gegen Zahlung eines entsprechenden Entgeltes den Alleinvertrieb der Markenprodukte in einem bestimmten Gebiet überlassen, gegen dieses Alleinvertriebsrecht von Parallelhändlern jedoch verstoßen wird. Parallelimporte enttäuschen daher die Händlererwartung, durch die erlangte Exklusivstellung eine bestimmte Umsatzgarantie hinsichtlich aller in dem belegten Territorium vorgenommenen Verkäufe des Markenproduktes zu erhalten. Tatsächlich ist damit zu rechnen, daß die Legalisierung von Parallelimporten auch zum Absatz der inoffiziellen Ware in den Verkaufsrevieren der exklusiven Vertriebshändler führt. Parallelimporteure ziehen ihnen nicht nur Umsätze ab, sondern beanspruchen darüber hinaus auch ihre Begleitdienstleistungen für die eigenen Kunden.

---

558 Fogel, 10 Fordham International Law Journal (1986), 308, 320 f.

559 Gorelick/ Little, 11 North Carolina Journal of International Law and Commercial Regulation (1986), 205, 208; Fogel, 10 Fordham International Law Journal (1986), 308, 322.

560 Internationale Unternehmen evaluieren ihre Gesamtkosten und -profite bei der Preisentwicklung für ihre Waren. Weniger profitable Marktbeteiligungen werden durch Geschäfte in gewinnstarken Märkten ausgeglichen. Dazu ausführlicher Fogel, 10 Fordham International Law Journal (1986), 308, 325.

561 Joller, Erschöpfungsgrundsatz, GRUR Int. 1998, 751, 752 f.; Hilke, 12 World Competition (1988), 75, 83 f., 88 f.

Zu einer Belastung des Verhältnisses zwischen Markeninhaber und Vertriebshändlern kommt es jedoch nur dann, wenn der Rechtsinhaber die Möglichkeit des Auftretens von Parallelimporten nicht in die Vertriebsabsprachen mit seinen Händlern mit einbezieht. Sofern er den Parallelhandel als festen Bestandteil seiner Vertriebskette anerkennt, entsprechende Dispositionen trifft[562] und auch die autorisierten Händler darüber informiert, dürfte es zu einer Erschütterung der Händlerbeziehungen nicht kommen. Mithin obliegt es der Organisation der Schutzrechtsinhaber, sich und das Händlernetz auf die Präsenz von Parallelimporten einzustellen und Differenzen vorzubeugen. Folglich schaden Parallelimporte nicht per se den Beziehungen zwischen Schutzrechtsinhabern zu ihren Vertriebshändlern. Belastungen in diesem Verhältnis sind allenfalls die Folge eines ignoranten Umgangs der Markeninhaber mit der Parallelimportindustrie.

d) Die Einführung einer Kennzeichnungspflicht für parallelimportierte Ware

Um Mißverständnissen der Verbraucher bezüglich der Warenherkunft vorzubeugen und zum Schutze der autorisierten Industrie könnte man an die Einführung einer Kennzeichnungspflicht für parallelimportierte Waren denken.[563] Dadurch würden autorisiert und parallelimportiert vertriebene Produkte unterscheidbar und Verbraucher in die Lage versetzt, eine echte Kaufentscheidung treffen zu können.[564] Aufgrund der Unterschiede im Servicebereich muß Käufern ein Interesse an einer Aufklärung über die Parallelimportqualität ihres Einkaufes zugebilligt werden.[565] Auch dem autorisierten Vertrieb kommt die Einführung einer Labelling-Pflicht zugute, weil auf diese Weise sichergestellt werden kann, daß anspruchsvollere Käufer, für die der Erwerb von parallelimportierten Produkten nicht in Frage kommt, den Weg zum Vertriebshändler finden und nicht irrtümlicherweise an Ware aus den parallelen Kanälen geraten. Mithin

562 Bspw. könnten Markeninhaber auf Parallelimporteure zugehen und versuchen, sie in ihre Vertriebsstrukturen zu integrieren (NERA-Studie, S. 42), ihre Händler für an parallelimportierten Produkten vorgenommenen Serviceleistungen entschädigen und sich den Parallelhandel zur Etablierung eines dualen Vertriebsnetzes zunutze machen, indem über die Parallelimporteure eine neue, preisbewußtere Kundenschicht erschlossen wird, während sich der herkömmliche Vertrieb gänzlich dem anspruchvolleren Verbraucher widmet.

563 Mackintosh/ Graham, 11 North Carolina Journal of International Law and Commercial Regulation (1986), 293, 297; Knoll, 18 Law and Policy in International Business (1986), 145, 181; Inman, 31 American Business Law Journal (1993), 59 ff.

564 Fogel, 10 Fordham International Law Journal (1986), 308, 319.

565 Zur Gefahr der Verbrauchertäuschung durch parallelimportierte Ware vgl. Hilke, 12 World Competition (1988), 75, 80.

beugt die Kennzeichnungspflicht einer Enttäuschung der Käufererwartung vor und schont daher den Goodwill einer Marke.

e) Zwischenergebnis

Es hat sich herausgestellt, daß der Goodwill oder Markenwert durch die Zulassung von Parallelimporten keinen Schaden nehmen muß. Parallelimporte haben grundsätzlich Originalqualität und sollten im Falle der Veränderung durch den Parallelimporteur rechtlichen Beschränkungen unterliegen. Parallelhandel ist nicht immanent wettbewerbswidrig, weil er nicht Investitionen der autorisierten Industrie abschöpft, sondern Preisvorteile unter Ausnutzung der diskriminierenden Preispolitik der Markeninhaber, von Wechselkursschwankungen sowie aufgrund effizienter Kalkulationen erzielt. Des weiteren erschüttet das Auftreten von Parallelimporten nicht per se das Vertriebsnetz der Schutzrechtsinhaber. Differenzen mit Händlern haben Markeninhaber selber zu vertreten, wenn sie ihnen exklusive Vertriebsregionen zusichern und dabei die Existenz von Waren aus parallelen Kanälen ignorieren, anstatt den Parallelhandel als zusätzlichen Zweig ihrer Vertriebskette zu akzeptieren. Schließlich kann man über die Einführung einer Kennzeichnungspflicht für parallelimportierte Waren nachdenken, die sicherstellen soll, daß auf Verbraucherseite keine Verwechslungen hinsichtlich der Produktherkunft und damit einhergehende Enttäuschungen auftreten und der autorisierten Industrie ihre Käuferschicht erhalten soll.

3. Das Außenhandelsvolumen

Es ist davon auszugehen, daß die Außenhandelsvolumina der EU und der USA sowie derjenigen WTO-Staaten im Falle der Liberalisierung des Erschöpfungsrechts steigen würden, welche sich am Außenhandel mit ihnen beteiligen. Der Anstieg an Parallelimporten in die EU und die USA würde begleitet von einem Zuwachs an Parallelausfuhren der importierenden WTO-Partner. In Anbetracht des Umfangs der Handelsbeziehungen zwischen der EU und den USA dürfte Parallelhandel zwischen beiden Handelspartnern ein nicht unerhebliches Volumen einnehmen.[566] Daneben bieten die EU und die USA die weltweit größten

566 Die USA ist der größte Handelspartner der EU und die EU für die USA der größte Wirtschafts- und Investitionspartner und zweitgrößte Handelspartner (auf die EU und die USA zusammen entfällt fast die Hälfte aller produzierten Waren und mehr als die Hälfte des gesamten weltweiten Außenhandels). Für Einzelheiten zu den Wirtschaftsbeziehungen zwischen der EU und den USA siehe Europäisches Parlament vom 01.06.1999, <http://www.europarl.eu.int/dg4/factsheet/ de/6_3_7.htm>;

Absatzmärkte auch für alle anderen WTO-Staaten, was zur Konsequenz haben dürfte, daß aus allen, auch exportschwächeren Ländern Markenprodukte in beide Wirtschaftsregionen parallelimportiert würden, sofern die Voraussetzungen (günstiger Wechselkurs, Preisdiskriminierung) dafür vorliegen.

Auch ist nicht zu befürchten, daß der durch die Zulassung von Parallelimporten erzielte Handelszuwachs dadurch nivelliert würde, daß der Handel entlang der autorisierten Vertriebskanäle aufgrund der Zunahme an intrabrand Wettbewerb abnimmt. Zwar ist der Marktanteil des Parallelhandels nicht als Reinzuwachs zum autorisierten Vertriebsgeschäft zu verbuchen. Es muß damit gerechnet werden, daß ein Teil der Endabnehmer den Kauf der autorisiert vertriebenen Waren zugunsten des Erwerbs der parallelimportierten unterließe. Jedoch ist es als erwiesen anzusehen, daß parallelimportierte und autorisiert vertriebene Erzeugnisse jedenfalls teilweise unterschiedliche Käuferschichten ansprechen.[567] Aufgrund des Preisvorteils, den parallelimportierte Waren gewähren, können Neukunden gewonnen werden, die sich das Produkt zu dem im autorisierten Vertrieb veranschlagten Preis nicht leisten können oder wollen.[568] Der durch die Gewinnung von Neukunden bewirkte Konsumanstieg im Bereich von Markenartikeln ist für den Anstieg der Exportzahlen der beteiligten Staaten verantwortlich.

4. Die Marktstrukturen

Des weiteren würde die Liberalisierung des Parallelhandels Marktstrukturen im Bereich des Warenhandels in der EU und den USA dahingehend verändern, daß eine Zunahme an inoffiziellen Groß- und Einzelhändlern und Rückgang der autorisierten Händlerzahlen zu verzeichnen wäre.[569] Die inoffiziellen Händler erzeugen intrabrand Wettbewerb für die autorisierten Vertriebshändler, wodurch sie ihnen einen Teil ihres Umsatzes abziehen.[570] Dazu kommt, daß der autorisierte Vertrieb zu einer Senkung der Preise veranlaßt wird, um mit denen der Parallelhändler konkurrieren zu können. Daraus resultieren Umsatzeinbußen des

---

Bureau of European and Canadian Affairs vom 24.11.1997, <http://www.state.gov/www/>.

567 Gorelick/ Little, 11 North Carolina Journal of International Law and Commercial Regulation (1986), 205, 208 f.

568 Tawfik, S. 31; Rumberger, 10 Hastings Commercial and Entertainment Law Journal (1988), 1101, 1104; Lewin, 18 Law and Policy in International Business (1986), 217 ff.

569 NERA-Studie, S. 38.

570 Stern/ El-Ansary/ Coughlan, S. 535; Verma, 29 IIC (1998), 534, 560.

offiziellen Vertriebes, die langfristig eine Verdrängung einiger autorisierter Vertriebshändler vom Markt zur Folge haben könnte.[571] Diese Gefahr besteht auch deshalb, weil Parallelimporte die Distributionsstrategien der Markeninhaber unterlaufen. Rechtsinhaber vertreiben ihre Waren kontrolliert und selektiv durch die offiziellen Kanäle, da sie Marktstrategien aufgrund des Einflusses, den sie vereinbarungsgemäß auf Vertriebshändler haben, durchsetzen können. Für Markeninhaber sind Parallelimporteure und deren Händler dritte Parteien, deren Verkaufsmethoden sie nicht nur nicht steuern können, sondern von denen sie nicht einmal Informationen über kulturelle, politische oder wirtschaftliche Bedingungen des Absatzmarktes zu erwarten haben, die sie für ein integeres Vertriebssystem benötigen würden.[572] Die Aufweichung dieser Vertriebsstrukturen schwächt auch die wirtschaftliche Stellung der Vertriebshändler, die vom Marketingerfolg der Markeninhaber abhängig sind. Folglich würde die WTO-weite Erschöpfung eine Zunahme an inoffiziellen Groß- und Einzelhändlern bewirken, die zu einem Teil die autorisierten Vertriebsstellen ersetzen würden.

5. Die Produkterhältlichkeit

Der Wechsel zur WTO-weiten Erschöpfung würde die Bandbreite an Markenprodukten in der EU und der USA und somit die Warenvielfalt erhöhen. Insbesondere ausländische Waren, die von offiziellen Vertriebshändlern bislang nicht angeboten wurden, könnten über parallele Kanäle in die EU und die USA gelangen. Darüber hinaus erleichtern Parallelimporte den Zugang zu den offiziell vertriebenen Produkten, da die Zunahme an Groß- und Einzelhändlern zur Vermehrung von Geschäftslokalen führt, wodurch sowohl die Verfügbarkeit als auch die Erhältlichkeit von Markenartikeln steigt.

6. Die Arbeitsmarktsituation

Entsprechend den Befürchtungen der USA[573] behaupten Kritiker, Parallelimporte hätten negative Auswirkungen auf die Arbeitsmarktsituation.[574] Aufgrund der Verdrängung offizieller Händler vom Markt, so die Behauptung, verlören ganze Zweige der Einzelhandelsindustrie ihre Beschäftigung. Diese Sichtweise

---

571 Ragab, S. 9 ff.; Fogel, 10 Fordham International Journal (1986), 308, 322; Knoll, 18 Law and Policy in International Business (1986), 145, 173.

572 Fath, S. 2, 3; Stern/ El-Ansary/ Coughlan, S. 535.

573 Siehe oben S. 86 f.

574 Lansing/ Gabriella, 31 American Business Law Journal (1993), 313 ff.

vernachlässigt jedoch die Tatsache, daß der Abbau der offiziellen Vertriebstellen von einem Zuwachs der Parallelimportindustrie begleitet wird. Hinsichtlich der Folgen für die Beschäftigungsquote ist zunächst zwischen Groß- und Einzelhandel auf der einen und der Produktionsindustrie auf der anderen Seite zu unterscheiden. Im Groß- und Einzelhandel dürfte die Beschäftigtenzahl stagnieren oder leicht ansteigen.[575] Der für Markenprodukte erwartete Konsumanstieg, bewirkt einen Umsatzanstieg, von dem auf einen Zuwachs der Beschäftigungsquote durch Parallelimporte geschlossen werden kann. In der Regel herrschen bei inoffiziellen Händlern zwar geringere Anstellungsquoten als bei autorisierten Vertriebshändlern, die mehr Personal im Servicebereich einsetzen. Gleichwohl führt der Konsumanstieg dazu, daß zusätzliches Personal für die entstehenden Handelsbetriebe sowie für den Logistik- und Transportbereich benötigt wird, wodurch das Beschäftigungsminus im Service aufgewogen wird.

Was die Produktionsindustrie anbelangt, dürfte der Konsumanstieg von Markenartikeln sich nur insoweit auf die nationale Beschäftigungssituation auswirken, als es sich um Reimporte handelt. Sofern parallelimportierte Erzeugnisse aus einer ausländischen Produktion stammen, kann deren Einfuhr keine Auswirkungen auf die Beschäftigungszahlen der einheimischen Industrie haben. Da jedoch die Mehrzahl der Paralleleinfuhren Reimporte sind,[576] dürfte auch in bezug auf die Produktionsindustrie ein Zuwachs der Beschäftigtenzahl als Resultat aus der Legalisierung von Parallelimporten hervorgehen.

Schließlich spricht auch die Preisstruktur von Parallelimporten gegen einen beschäftigungsreduzierenden Effekt. Die preissenkende Wirkung, welche von Paralleleinfuhren ausgeht, führt zu einem Kapitalzuwachs in den Händen der Verbraucher. Aufgrund dessen reduziert sich der Druck nach Gehaltserhöhungen, so daß durch die Zulassung von Parallelimporten sogar außerhalb der Einzelhandels- und Produktionsindustrie Arbeitsplätze gesichert werden können. Folglich ist davon auszugehen, daß Parallelhandel den Arbeitsmarkt der EU und der USA tendenziell beleben würde.

7. Die Bekämpfung nachgeahmter Waren

Gegen die Legalisierung von Parallelimporten könnte eingewendet werden, daß sie zu einer Zunahme an nachgeahmten Waren in der EU und den USA führen würde, da Plagiate über parallele Kanäle einfacher als über offizielle Vertriebs-

---

575 Fogel, 10 Fordham International Law Journal (1986), 308, 318.
576 NERA-Studie, S. 39.

netze auf den Importmarkt gelangen.[577] Grund dafür könnte sein, daß offizielle Händler ihre Waren entweder direkt vom Hersteller oder von ihren Zwischenhändlern beziehen, wo die Echtheit der Markenware in der Regel gewährleistet ist. Unterdessen erwerben Parallelimporteure die Produkte teilweise von abgelegen Verkaufsstellen im Ausland, da es ihr Ziel ist, die billigsten Produktquellen zu erschließen. Darüber hinaus haben Parallelimporteure oft keine besonderen Fachkenntnisse über das zu importierende Produkt, was dazu führen könnte, daß sie nicht in der Lage sind, Plagiate von Originalerzeugnissen zu unterscheiden. Insofern besteht sogar die Gefahr, daß sie Plagiate unbewußt an Kunden weiterreichen.

Einer Zunahme von nachgeahmten Waren könnte jedoch mit strengeren Importkontrollen im Zollbereich begegnet werden. Bereits nach der gegenwärtigen Rechtslage der EU und der USA existiert das Instrument der Grenzbeschlagnahme, um das Eindringen von Plagiaten ins Inland zu verhindern.[578] Somit müßten nicht einmal neue Verfahren geschaffen, sondern lediglich die bestehenden ausgebaut werden. Zusätzliche Kosten ließen sich dadurch vermeiden, daß die Einsparungen an Personal- und Sachkosten zur Abwehr von Parallelimporten für eine verstärkte Bekämpfung von Plagiaten verwendet würden.

8. Zwischenergebnis

Die Einführung der WTO-weiten Erschöpfung würde zu einer Zunahme an Parallelimporten in der EU und den USA führen. Eine Folge davon wäre die Senkung des Preisniveaus. Für den Goodwill oder Markenwert sind negative Auswirkungen durch die Parallelhandelsindustrie nicht zu befürchten. Als weitere Konsequenzen der Legalisierung von Parallelimporten wird eine Erhöhung des Außenhandelsvolumens, der Produkterhältlichkeit sowie der Beschäftigungszahlen erwartet. Marktstrukturen würden langfristig durch eine Abnahme autorisierter Vertriebshändler und einen Zuwachs inoffizieller Groß- und Einzelhändler gekennzeichnet. Einem Konzentrationsanstieg an nachgeahmten Waren könnte durch entsprechende Kontrollmaßnahmen am Zoll begegnet werden. Die WTO-weite Erschöpfung läßt somit positive wirtschaftliche Auswirkungen für die EU und die USA erwarten.

---

577 "Hardly the Full Monti", The Economist vom 28.02.-05.03.1999, <http://www.wright.edu/~tdung/ parallel-imports.htm>; NERA-Studie, S. 53.

578 Siehe oben S. 60, 70 f.

IV. Gesamtergebnis

Sowohl das EU- als auch das US-Recht belegt Parallelimporte aus Drittstaaten mit strengen Restriktionen. In der EU herrscht der regionale Erschöpfungsgrundsatz, wonach Parallelimporte aus Drittstaaten generell unzulässig sind. Das Erschöpfungssystem der USA beinhaltet eine Reihe von Ausnahmen und Rückausnahmen, die einer Kategorisierung im Sinne des regionalen Erschöpfungsgrundsatzes entgegenstehen. Im Ergebnis kommt das Erschöpfungsrecht der USA dem regionalen Erschöpfungsgrundsatz jedoch sehr nahe, da Parallelimporte überwiegend als unzulässig beurteilt werden.

Das Erschöpfungsrecht der EU und der USA steht im Widerspruch zum Geist von TRIPs und GATT, wie anhand der Prüfungen zu Artt. 16, 7, 15, 3 (1) TRIPs sowie Artt. XI (1), I (1), III (4) GATT nachgewiesen wurde. Die Bedeutung der beiden Abkommen für das geistige Eigentum und die Integration der Märkte verlangt nach einer TRIPs- und GATT-konformen Modifikation des Erschöpfungsrechts der EU und der USA. Die Notwendigkeit einer Legalisierung von Parallelimporten besteht jedoch nicht nur rechtlich, sondern auch handelspolitisch. Beide Handelspartner sollten ihrer Vorbildrolle in der WTO gerecht werden, ihr Erschöpfungsrecht vertragsgemäß gestalten und sich von protektionistischen und wettbewerbsfeindlichen Schutzmaßnahmen der einheimischen Industrie verabschieden. Auch im Vergleich mit anderen wichtigen Handelspartnern wie Japan oder der Schweiz zeigt sich der restriktive Umgang mit Paralleleinfuhren als ungerechtfertigte Handelsbeschränkung. Diese Drittstaaten, die inzwischen Parallelimporte als Teil eines unbeschränkten Wettbewerbes anerkennen und befürworten, treten gegenüber der EU und den USA in Vorleistung. Solange die Legalisierung von Parallelimporten nicht durch gegenseitige Vereinbarungen gesichert ist, besteht die Gefahr, daß auch diese Drittstaaten aus handelspolitischen Gründen wieder zu Parallelimportverboten zurückkehren.

Eine Liberalisierung des Erschöpfungsrechts sollte im Wege der Einführung des WTO-weiten Erschöpfungsgrundsatzes geschehen. Die Normierung einer entsprechenden Erschöpfungsregel im Markenteil des TRIPs würde der EU und den USA die Gegenseitigkeit dieser Liberalisierungsmaßnahme mit den übrigen Vertragsparteien garantieren und ihre effektive Rechtsdurchsetzung ermöglichen. Zur Einigung der Parteien über die WTO-weite Legalisierung von Parallelimporten können neben den rechtlichen auch ökonomische Argumente beitragen. Das WTO-weite Erschöpfungssystem wäre für die EU und die USA wohlfahrtssteigernd. Zu nennen sind neben einer Senkung des Preisniveaus für Markenartikel, die Steigerung des Außenhandelsvolumens, die Erhöhung der Produkterhältlichkeit sowie die Belebung des Arbeitsmarktes.

Frankfurter wirtschaftsrechtliche Studien

Herausgegeben von
Theodor Baums, Friedrich Kübler, Hans-Joachim Mertens,
Eckard Rehbinder, Gunther Teubner

Band 1 Tomas Brinkmann: Unternehmensinteresse und Unternehmensrechtsstruktur. Aufgaben und Grenzen eines normativen Regulativs unternehmenspolitischer Prozesse. 1983.

Band 2 Rüdiger Hahn: Behinderungsmißbräuche marktbeherrrschender Unternehmen. Eine Untersuchung der Beeinträchtigung von Wettbewerb und Marktstruktur durch horizontalen Nichtleistungswettbewerb als Gegenstand der Mißbrauchaufsicht nach § 22 Abs. 4 S. 2 Nr. 1 GWB. 1984.

Band 3 Peter Buchmann: Registerpublizität und Gläubigerschutz bei der Einmann-Gesellschaft. 1984.

Band 4 Christian Joerges/Eugen Hiller/Knut Holzscheck/Hans-W. Micklitz: Vertriebspraktiken im Automobilersatzteilsektor. Ihre Auswirkungen auf die Interessen der Verbraucher. 1985.

Band 5 Annette Boerner: Die Haftung des herrschenden Kommanditisten. 1985.

Band 6 Dirk H. Mahler: Rechtsmißbrauch und einstweiliger Rechtsschutz bei Dokumentenakkreditiven und "Akkreditiven auf erstes Anfordern": Eine rechtsvergleichende Untersuchung. 1986.

Band 7 Brigitte Kratz: Ausländische Eingriffsnorm und inländischer Privatrechtsvertrag. 1986.

Band 8 Dimitris Tsibanoulis: Die genossenschaftliche Gründungsprüfung. 1987.

Band 9 Jürgen Braun: Rechtsfragen des Transport-Unfall-Informations- und Hilfeleistungs-Systems der deutschen chemischen Industrie. 1987.

Band 10 Thomas Pfeiffer: Die Bedeutung des privatrechtlichen Immissionsschutzes. Eine Untersuchung zu §§ 1004, 906 BGB. 1987.

Band 11 Michael Bothe/Josef Brink/Christian Kirchner/Albrecht Stockmayer: Rechtsfragen der internationalen Verschuldungskrise. Voraussetzungen, Formen und Verfahren internationaler Umschuldungsmaßnahmen und Umschuldungsvereinbarungen. 1988.

Band 12 Felix Dörr: Die fehlerhafte GmbH. 1989.

Band 13 Rolf Trittmann: Anwendungsprobleme des Haager Beweisübereinkommens im Rechtshilfeverkehr zwischen der Bundesrepublik und den Vereinigten Staaten von Amerika. Exklusive Regelung zur Überbrückung der Unterschiede zwischen dem kontinental-europäischen und anglo-amerikanischen Zivilprozeßrechtssystem? 1989.

Band 14 Margaretha Sudhof: Dreieckige Rechtsverhältnisse im Wirtschaftsverwaltungsrecht - Am Beispiel von Konkurrentenklagen. 1989.

Band 15 Michael Weigel: Schriftformklauseln in Allgemeinen Geschäftsbedingungen. 1989.

Band 16 Hans-Peter Schröder: Der sichere Weg bei der Vertragsgestaltung. 1990.

Band 17 Matthias Haas: Haftungsfreizeichnungsklauseln in Allgemeinen Geschäftsbedingungen. Eine rechtsdogmatische und ökonomische Analyse. 1991.

Band 18 Andreas Hahn: Instandhaltungsverträge. Begriffe, Einordnung, Rechtsfolgenbestimmung, Auswirkung auf die Kautelarpraxis. 1991.

Band 19 Jürgen Götz: Der Entherrschungsvertrag im Aktienrecht. 1991.

Band 20 Friedrich Wächtershäuser: Das Gesellschaftsrecht des internationalen Joint Ventures. 1992.

Band 21 Christina Escher-Weingart: Nutzungsausfall als Schaden und sein Ersatz. 1993.

Band 22 Jean-Claude Zerey: Rechtliche Probleme der Finanzierung von *Leveraged Buyouts* und *Tender Offers* durch Banken in den USA und in der Bundesrepublik Deutschland. Eine rechtsvergleichende Studie über die Rolle der Banken bei Unternehmenskontrolltransaktionen in den USA und in der Bundesrepublik Deutschland. 1994.

Band 23 Markus Bauer: Gläubigerschutz durch eine formelle Nennkapitalziffer - Kapitalgesellschaftsrechtliche Notwendigkeit oder überholtes Konzept? Eine rechtsvergleichende Untersuchung der Gläubigerschutzkonzepte des amerikanischen und deutschen Kapitalgesellschaftsrechts. 1995.

Band 24 Marion Vollmann: Minderheitenschutz im aktienrechtlichen Beschlußmängelrecht. Eine Bestandsaufnahme und Vorschläge zu einer rechtspolitischen Reform. 1997.

Band 25 Lydia Klose-Mokroß: Gläubigerschutz im Kapitalgesellschaftsrecht am Beispiel der Lehre von der verdeckten Sacheinlage. 1997.

Band 26 Stephan Aubel: Der vereinfachte Bezugsrechtsausschluß. Aktionärs- und Gesellschaftsinteressen beim vereinfachten Bezugsrechtsausschluß nach Maßgabe des § 186 Absatz 3 Satz 4 AktG. 1998.

Band 27 Kurt Peter Dittrich: Die Privatplazierung im deutschen Kapitalmarktrecht. Eine Untersuchung der Vorschriften des Auslandinvestmentgesetzes, des Wertpapier-Verkaufsprospektgesetzes und des Gesetzes über Kapitalanlage-Gesellschaften unter Berücksichtigung des Rechts der Vereinigten Staaten von Amerika und des Vereinigten Königreichs. 1998.

Band 28 Viola Sailer: Aktienrechtliche Minderheitskompetenzen zwischen Mißbrauch und unternehmerischer Entscheidungsfreiheit. 1999.

Band 29 Marc Zimmerling: Kapitalerhaltung und Konzernfinanzierung. Eine Untersuchung der kapitalerhaltungsrechtlichen Problematik aufsteigender Sicherheiten im Konzern. 1998.

Band 30 Joachim Wichert: Die Finanzen der Kommanditgesellschaft auf Aktien. 1999.

Band 31 Kerstin Andrea Müller: Produktverantwortung und ihre Durchsetzung. Eine kartellrechtliche Beurteilung von Selbstverpflichtungen im Umweltrecht aus deutscher und europäischer Sicht unter besonderer Berücksichtigung der Altautoentsorgung. 1999.

Band 32 Bettina Friedrich: Konvergenzen im Gesellschaftsrecht. Recht-Fertigung durch Status- und Befundsicherung. 2000.

Band 33 Rudolf Lemke: Haftungsrechtliche Fragen des Ratingwesens – ein Regelungsproblem? 2000.

Band 34 Klaus R. Roller: Die Vergütung des Aufsichtsrats in Abhängigkeit vom Aktienkurs. 2000.

Band 35 Bettina Bokelmann: Personelle Verflechtungen über Aufsichtsräte. Aufsichtsratsmitglieder mit hauptberuflicher Vorstandsfunktion. 2000.

Band 36 Kai-Uwe Steck: Regulierung von US-amerikanischen Investmentgesellschaften (Investment Companies). Unter besonderer Berücksichtigung des National Securities

Markets Improvement Act of 1996 (NSMIA) und anderer aktueller Rechtsanpassungen. 2000.

Band 37 Kristofer Bott: Wissenszurechnung bei Organisationen. 2000.

Band 38 Ursula Lenzen: Unerlaubte Eingriffe in die Börsenkursbildung. 2000.

Band 39 Martin Schulz: Verfassungsrechtliche Vorgaben für das Kollisionsrecht in einem Gemeinsamen Markt. Eine rechtsvergleichende Untersuchung zu den Grenzen einzelstaatlicher Anknüpfungsmethoden im internationalen Vertrags-, Delikts- und Gesellschaftsrecht am Beispiel der Vereinigten Staaten von Amerika. 2000.

Band 40 Maximilian Koch: Diversifizierung und Vorstandskompetenzen. 2001.

Band 41 Corrado Wohlwend: Die Hauptversammlung im Wandel der Kommunikationsformen. 2001.

Band 42 Michael Rozijn: Der Unternehmensmaklervertrag. Zur Anwendung des allgemeinen Maklervertragsrechts auf Mergers & Acquisitions-Dienstleistungen. 2001.

Band 43 Konstantinos N. Kyriakakis: Die Überwachung einer US-amerikanischen Aktiengesellschaft durch institutionelle Anleger. 2002.

Band 44 Uta Fredebeil: Aktienemissionen. Das underwriting agreement (der Übernahmevertrag) und seine spezifischen Klauseln. 2002.

Band 45 Michaela G. Döbler: Die Einführung des WTO-weiten Erschöpfungsgrundsatzes in das Markenrecht der EU und der USA. 2002.

Band 46 Jan Liersch: Regulierung des Blockhandels an den organisierten Aktienmärkten der Vereinigten Staaten, Großbritanniens und Deutschlands. 2002.

Band 47 Sascha Lotze: US-amerikanisches Kapitalmarktrecht und Internet. Aufsichts- und haftungsrechtliche Fragen des Internet-Einsatzes bei Wertpapieremissionen und im Wertpapierhandel. 2002.

Band 48 Boris Trautmann: Die Konkurrenz von Haftpflicht- und Versicherungsanspruch. Ein Beitrag zur ökonomischen Analyse des Rechts unter Berücksichtigung von Unsicherheit und Verhaltensanomalien. 2002.

FSC
www.fsc.org
MIX
Papier | Fördert
gute Waldnutzung
FSC® C083411

Kolibri 360 GmbH
Ferdinand-Jühlke-Straße 7
99095 Erfurt, Deutschland
produktsicherheit@kolibri360.de

Druck:
CPI Druckdienstleistungen GmbH
im Auftrag der
Kolibri 360 GmbH
Ferdinand-Jühlke-Str. 7
99095 Erfurt